［英］约翰·诺克斯·劳顿 —— 著
李勤 —— 译

角逐深蓝

霍雷肖·纳尔逊、皇家海军与大英帝国的海洋霸权

HISTORY OF
HORATIO
NELSON

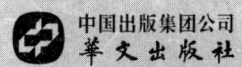

图书在版编目（CIP）数据

角逐深蓝：霍雷肖·纳尔逊、皇家海军与大英帝国的海洋霸权 /（英）约翰·诺克斯·劳顿著；李勤译. -- 北京：华文出版社，2021.1
（华文全球史）
ISBN 978-7-5075-5419-9

Ⅰ.①角… Ⅱ.①约… ②李… Ⅲ.①纳尔逊 (Nelson, Horatio 1758-1805)—生平事迹 ②海军—军事史—英国 Ⅳ.①K835.615.2 ②E561.53

中国版本图书馆CIP数据核字(2020)第269678号

角逐深蓝：霍雷肖·纳尔逊、皇家海军与大英帝国的海洋霸权

作　　者：	[英]约翰·诺克斯·劳顿
译　　者：	李勤
选题策划：	华盛章也
插图供应：	029-85504182
责任编辑：	杨荣刚　魏丹丹
出版发行：	华文出版社
社　　址：	北京市西城区广外大街305号8区2号楼
邮政编码：	100055
网　　址：	http://www.hwcbs.com.cn
电　　话：	总编室010—58336239
	发行部010—58336212
经　　销：	新华书店
印　　刷：	三河市燕春印务有限公司
开　　本：	710×1000　1/16
印　　张：	23
字　　数：	328千字
版　　次：	2021年1月第1版
印　　次：	2021年1月第1次印刷
标准书号：	ISBN 978-7-5075-5419-9
定　　价：	90.00元

版权所有　侵权必究

出版前言

随着中国开放的大门越开越大,关注世界各国尤其是西方国家文明的源流、发展和未来已经成为当下世界史研究的一个热点。为了成系统地推出一套强调"史源性"且在现有世界史出版物中具有拾遗补阙价值的作品,我们经过认真论证,推出了"华文全球史"系列,首次出版约一百个品种。

"华文全球史"系列从书目选择到译者的确定,从书稿中图片的采用到人名地名的规范,都有比较严格的遴选规定、编审要求和成稿检查,目的就是要奉献给读者一套具有学术性、权威性和高质量的世界史系列图书。

书目的选择。本系列图书重视世界史学科建设,视角宽阔,层级明晰,数量均衡,有所突出。计划出版的"华文全球史"中,既有通史,也有专题史,还有回忆录,基本上是世界历史著作中的上乘之作,填补了国内同类作品出版的空白。

人名地名规范。本系列图书中人名地名,翻译规范,重视专业性。在人名翻译方面,我们坚持"姓名皆全"的原则,加大考据力度,从而实现了有姓必有名,有名必有姓,方便了读者的使用。在注释方面,书中既有原书注,完整地保留了原著中的注释;也有译者注,体现了译者的研究性成果。

书中的插图。本系列图书的一个重要特点是书中都有功能性插图,这些插图全方位、多层次、宽视角反映当时重大历史事件,或与事件的场景密切相关,涉及政治、军事、经济、社会、外交、人物、地理、民俗、生活等方面的绘画作品与摄影作品。功能性插图与文字结合，赋予文字视觉的艺术，丰富了文字的内涵。

译者的确定。本系列图书的翻译主要凭借的是一个以大学教师为主的翻译团队，团队中不乏知名教授和相关领域的资深人士。他们治学严谨，译笔优美，为确保质量奉献良多。

"华文全球史"系列作为一套具有较高学术价值的优秀的世界历史丛书，对增加读者的知识，开阔读者的视野，具有积极的意义。同时要看到，一方面很多西方历史学家的观点符合事实，另一方面不少西方历史学家的观点是错误的，对于这些，我们希望读者不要不加分析地全盘接受或全盘否定，而是要批判地吸收外国文化中有益的东西。

华文出版社
2019年8月

目 录

001　**第 1 章**
　　身世背景和投身海军之初

049　**第 2 章**
　　北美洲和西印度群岛

073　**第 3 章**
　　科西嘉岛

101　**第 4 章**
　　热那亚湾

125　**第 5 章**
　　情人节战役

153　**第 6 章**
　　尼罗河战役

189　**第 7 章**
　　那不勒斯和巴勒莫

221	第 8 章
	哥本哈根战役

257	第 9 章
	地中海舰队总指挥

281	第 10 章
	追踪法兰西舰队到西印度群岛

297	第 11 章
	特拉法尔加战役

| 335 | 译名对照表 |

第1章
身世背景和投身海军之初

精彩看点

时代背景——霍雷肖·纳尔逊的家族关系——霍雷肖·纳尔逊的母族——埃德蒙·纳尔逊与沃波尔一家——霍雷肖·纳尔逊的名字——纳尔逊家族与早期英格兰王国海军——霍雷肖·纳尔逊的兄弟姐妹——霍雷肖·纳尔逊的童年——"上校随从"——如何成为皇家海军军官——皇家海军的陋习——宝贵的学习机会——"海马"号军舰——霍雷肖·纳尔逊身份的变化——威廉·洛克——"布里斯托尔"号军舰——霍雷肖·纳尔逊在"洛斯托夫特"号军舰服役——攻占格林纳达——在巴斯疗养

1781年10月，英国的国运似乎前所未有地萎靡。海外战争频繁、国内四分五裂，无一不是政府官员贪污腐败、以权谋私的后果。此时的战争大臣是后来被军事法庭断定"不能以任何军事领导身份效忠国王陛下"的萨克维尔子爵乔治·杰曼，而贵为英国海军大臣的则是后来被宣判"饶他不死，以证明主的慈悲"的桑威奇伯爵约翰·蒙塔古。

　　曾经身经百战的将军互不买账。德高望重的海军上将觉得在这样的领导手下效力，无论是性命，还是荣誉都岌岌可危，于是纷纷向乔治三世请辞，局势一片混乱。北美各殖民地得到法兰西王国、西班牙王国、尼德兰七省共和国的援助和北方联盟的支持，正在发起独立运动。英国的殖民统治似乎即将被推翻。多格滩战役打得旷日持久，说明大不列颠连荷兰都快打不过了。法兰西王国在切萨皮克湾的胜利使北美殖民地的独立已成定局。1781年10月17日，二十年前即1761年，领导英国皇家海军进入巅峰的爱德华·霍克男爵逝世，似乎在有意给那个辉煌时代画上句号。

　　次日，即1781年10月18日，奥福德伯爵霍雷肖·沃波尔写道："爱德华·霍克男爵溘然长逝，却还没找到传人。"他如果知道这个传人已经产生，并且不是别人，正是以他名字命名的、身材矮小、其貌不扬、衣着寒酸的表弟霍雷肖·纳尔逊子爵，就一定会比谁都惊讶。凭借家里的人脉，霍雷肖·纳尔逊虽然年纪轻轻已经被提拔为上校，但即便在英国皇家海军内部，他也不过是个无名小卒。除少数几个渴望了解下属的将领以外，谁也不认得他。这个世界还要等上好几年，才会知道爱德华·霍克男爵非凡的军事才能在霍雷肖·纳尔逊的身上传承着。这个师从爱德华·霍克男爵的部下威廉·洛克的年轻人将获得辉煌的战绩，比爱德华·霍克男爵在基伯龙湾的胜利更辉煌，让英国皇家海军的声威更大。

1758年9月29日，在诺福克郡的伯纳姆索普，霍雷肖·纳尔逊出生了。霍雷肖·纳尔逊出生于牧师之家，但子承父业的传统对霍雷肖·纳尔逊没有丝毫影响。霍雷肖·纳尔逊的祖父埃德蒙·纳尔逊曾是希尔伯勒的牧师。霍雷肖·纳尔

爱德华·霍克男爵

霍雷肖·纳尔逊的父亲埃德蒙·纳尔逊

逊的父亲也叫埃德蒙·纳尔逊，接替父亲担任希尔伯勒的牧师，同时是诺福克郡的伯纳姆索普、伯纳姆圣艾伯特和伍尔特顿的牧师；霍雷肖·纳尔逊的两个兄弟、两个姑夫也是牧师。这些家人、亲戚都极其平庸，一生恪尽职守，没有什么值得夸耀的天赋或光宗耀祖的成就。

霍雷肖·纳尔逊的母亲凯瑟琳·萨克林的家族倒是值得一提。霍雷肖·纳尔逊的外祖父莫里斯·谢尔顿·萨克林博士是威斯敏斯特的受俸牧师、诺福克郡伍顿教区的牧师，是约翰·萨克林爵士的侄孙。约翰·萨克林爵士是个小有名气的诗人，可惜天不假年，否则很可能在文坛享有更高的声誉。此外，萨克林家族还出过几位名人。1664年，莫里斯·谢尔顿·萨克林博士的祖父罗伯

莫里斯·萨克林

特·萨克林曾担任诺福克郡的警长。莫里斯·谢尔顿·萨克林博士的儿子、埃德蒙·纳尔逊的夫人凯瑟琳·萨克林的弟弟——莫里斯·萨克林供职于英国皇家海军。指挥"无畏"号时，他英勇的表现曾被传诵一时。

1757年10月，"奥古斯塔公主"号的指挥官阿瑟·福里斯特受驻牙买加海军总指挥的派遣，率领"无畏"号和"爱丁堡"号——均配有六十门以上的大炮，巡航弗朗索瓦角，目的是拦截准备返回法兰西王国的商船。不料，商船的护航舰火力远超预料。1757年10月21日——四十八年后的这一天，即1805年10月21

阿瑟·福里斯特

日,将是纳尔逊家族更光辉荣耀的日子。当然,这是后话。这天,法兰西四艘战列舰和三艘大型巡航舰主动出击,目标是驱逐、俘获或摧毁英国的巡航舰队。据说,阿瑟·福里斯特上校派出小分队之前,与两位同僚莫里斯·萨克林和威廉·兰登船长有过半分钟的磋商。在"奥古斯塔公主"号的后甲板上,阿瑟·福里斯特说:"大家都看到了,他们这是要拼老命了。"莫里斯·萨克林回答说:"那我们总要成人之美吧。"威廉·兰登也深表赞同。于是,阿瑟·福里斯特上校拍板:"那大家就各就各位吧。"接着,"无畏"号领头,三艘战列舰迎向法兰西七艘战舰。经过三小时激战，法兰西军舰落荒而逃，英军二十三人阵亡，一百余人负伤，桅杆、索具毁坏严重，也无力追击。"无畏"号更是受损严重，主桅和后桅完全毁坏，无法继续航行，不得不返回牙买加。法兰西护航舰队虽然受重创，需要维修，但法兰西商船安全抵达目的地，可以说法兰西指挥官居伊·弗朗索瓦·科内普林·德·凯尔桑完成了自己的使命。但阿瑟·福里斯特和战友以寡敌众，不但毫无惧色，而且还让对方占不到便宜，这难道不值得称颂？

莫里斯·萨克林上校的母亲，即莫里斯·谢尔顿·萨克林博士的妻子安妮·萨克林是诺福克郡查尔斯·特纳男爵和玛丽·沃波尔的女儿。玛丽·沃波尔是罗伯特·沃波尔和霍雷肖·沃波尔男爵的亲姐姐。罗伯特·沃波尔长期

罗伯特·沃波尔

霍雷肖·沃波尔

担任第一财政大臣。1756年,霍雷肖·沃波尔获封伍尔斯顿的奥福德勋爵,其子霍雷肖·沃波尔后来获封奥福德伯爵。霍雷肖·纳尔逊是奥福德伯爵霍雷肖·沃波尔的远房表弟,同时是他的教子。他们虽然是远亲,但始终没有断绝联系,血浓于水的感情一直都在。埃德蒙·纳尔逊牧师之所以能娶到凯瑟琳·萨克林为妻,是因为埃德蒙·纳尔逊在伯纳姆索普、伯纳姆圣艾伯特和伍尔特顿教区工作,与沃波尔一家产生了联系,而沃波尔一家为之撮合。

"霍雷肖"这个名字的来历值得一提。爱德华·沃波尔育有两子两女:罗

爱德华·沃波尔

伯特·沃波尔、霍雷肖·沃波尔、玛丽·沃波尔和多萝西·沃波尔。爱德华·沃波尔在英格兰内战时期曾经与霍雷肖·汤森子爵一起作战，后来以"霍雷肖"为自己的儿子命名。霍雷肖·汤森子爵的儿子查尔斯·汤森又娶了爱德华·沃波尔的女儿多萝西·沃波尔。因此，"霍雷肖"这个名字从汤森家族通过姻亲传到了沃波尔家族，而纳尔逊家族则是从沃波尔家族沿用来的。比汤森家族更早使用"霍雷肖"这个名字的是维尔家族：霍雷肖·汤森子爵的父亲罗杰·汤森爵士娶了蒂尔伯里的维尔男爵霍勒斯·维尔的女儿、男爵头衔的继承人玛丽·德·维尔。虽然纳尔逊家族与这些显赫的家族没有任何血缘关系，但彼此间的纽带很牢固：与沃波尔家族是靠神圣的宗教维系的；而与"战斗的维尔家族"和罗杰·汤森爵士的友谊更是可以追溯到英格兰舰队与西班牙无敌舰队作战、攻打加的斯的年代。

此外，纳尔逊家族与早期英格兰海军也有千丝万缕的联系。纳尔逊家族定居在诺福克郡北部有数代人，与当地的许多家族都联姻，包括肖维尔、纳伯勒、明格斯、费希尔等布莱克尼地区的小乡绅。不难想象这些人际关系不少可以被纳尔逊家族所用。后来，霍雷肖·纳尔逊展现出的天才的海战能力和独特的指挥风格跟英格兰海军早期的作战风格类似。比如，在巴夫勒尔，英格兰舰队冲入法兰西舰队；在北佛兰德，英格兰海军总指挥鲁珀特亲王冲入荷兰舰队；在格拉沃利讷战役中，英格兰舰队的"玛格丽特"号和"约翰"号冲进西班牙舰队。霍雷肖·纳尔逊的风格是不是与这些战例相似呢？

埃德蒙·纳尔逊牧师夫妇子嗣众多，儿女共十一个，其中三个早夭。幸存下来的孩子中，霍雷肖·纳尔逊排行第五，比霍雷肖·纳尔逊大的三个子女终生独身，第四个成家后没有子嗣。霍雷肖·纳尔逊去世时，尚有三个兄弟姐妹在世，包括比他大十七个月的威廉·纳尔逊。哥哥威廉·纳尔逊既是霍雷肖·纳尔逊儿时的玩伴，也是他毕生的知己。威廉·纳尔逊已经成为俸薪牧师，担任坎特伯雷修教区副教长。霍雷肖·纳尔逊去世后，威廉·纳尔逊被封为特拉法尔加的纳尔逊伯爵。1755年出生的苏珊娜·纳尔逊，于1780年嫁给了托马斯·博尔顿。由于威廉·纳尔逊没有生育男性继承人，在他去世后，苏珊娜·纳尔逊的儿子继承了特拉法尔加的纳尔逊伯爵爵位。1767出生的凯瑟琳·纳尔逊，于1787年嫁给了乔治·马乔姆。凯瑟琳·纳尔逊出生短短数月后，即1767年12月，他们的母亲凯瑟琳·萨克林就去世了。此时，最大的孩子莫里斯·纳尔逊刚刚十四岁，而霍雷肖·纳尔逊才九岁。

关于霍雷肖·纳尔逊的童年，世人知道的不多。他自称曾在诺里奇的文法学校就读，后来又在北沃尔舍姆上过学。至今，北沃尔舍姆还有一块砖上刻着

霍雷肖·汤森子爵

查尔斯·汤森

玛丽·德·维尔

巴夫勒尔战役

北佛兰德战役

他名字的缩写H.N。很多年后，乔治·威廉·曼比上校在自己的回忆录中讲到霍雷肖·纳尔逊曾经是他在道纳姆就读时的校友，但老人的记忆通常都不太可靠。即便确实如此，霍雷肖·纳尔逊自己不记得，说明他在此停留的时间非常短暂或年纪很小。北沃尔舍姆的学校好像确实是他就读的最后一个学校，并且很可能是在1768年1月，也就是他母亲去世后入学的。

关于霍雷肖·纳尔逊的童年也没有什么特别值得一提的趣事，大多都是事后的附会，或者经过一再夸张的小事。比如，霍雷肖·纳尔逊的祖母玛丽·布兰德称，霍雷肖·纳尔逊自称什么都不怕。祖母玛丽·布兰德觉得这预示着孙子

乔治·威廉·曼比上校

霍雷肖·纳尔逊了不起的一生。比如，霍雷肖·纳尔逊去校长家的花园里偷梨，还笑话那些没胆去偷的小朋友。诸如此类，不仅真实性很可疑，而且即便真实也没有记录的价值，毕竟太多孩子都有过类似的童年旧事，而更多的祖母坚称这样的孙子天下罕有。我们还是赶紧看看霍雷肖·纳尔逊真实可考的生活轨迹吧。1770年11月17日，莫里斯·萨克林上校被任命为"合理"号战列舰的舰长。1771年1月1日，这艘有六十四门大炮的战列舰船员名单上多了一个名字：莫里斯·萨克林上校的外甥、见习船员霍雷肖·纳尔逊。

恰在此时，福克兰群岛危机爆发。自从七年前，即1783年，签订《巴黎和约》后如一潭死水的英国海军这下终于沸腾了。1770年6月，西班牙王国强行夺取福克兰群岛，将英国军队驱逐，这引起了英国国内的激烈反应。"罗马公

《巴黎和约》签订现场，图上的人物是美国的代表，右边空白部分本来是给英国代表留的位置，因为英国代表拒绝同框，所以这幅画从未完成

民"①的呼声高涨——该给西班牙一点儿教训,让西班牙懂得凡是涉及英国的国际事务,它都不能为所欲为。许多军舰都接到任务,前往查塔姆群岛与"合理"号会合。于是,霍雷肖·纳尔逊这个皇家海军实习生天天听到大家说如何让"这帮傲慢的西班牙老爷"懂规矩。其实,"这帮傲慢的西班牙老爷"还是懂规矩的,他们意识到自己掀起了一场无法应付的大风暴,而此时法兰西王国即使有心帮助,也没有能力出兵。因此,西班牙乖乖地放弃了自己的主张,撤回了军队。英国海军回到埃格蒙特港,几艘出征的军舰接受犒赏,整件事就这样愉快地结束了。莫里斯·萨克林上校被派往梅德韦河的"喜悦"号哨舰,外甥霍雷肖·纳尔逊一同前往。不过,这次,霍雷肖·纳尔逊以"上校随从"的身份一同前往。

"喜悦"号哨舰

---

① "我是罗马公民!"是古罗马演说家西塞罗在《反对维勒斯的演讲》中的辩护词,意思是罗马公民只能接受罗马的审判。作者在这里引用的目的可能是表示福克兰群岛是英国的领地,西班牙人竟然不问英国人的意见擅入。——译者注

晚年的伊丽莎白一世

在那个时代，要成为英国皇家海军军官有两种途径。一种是在朴次茅斯皇家海军学院读两年书，然后作为见习军官加入海军。另一种也是更常见的一种，那就是作为指挥官的随从。当然他们不需要真的从事低贱的工作，仅是表示一种依附关系。因此，舰长的兄弟、子侄、亲朋好友往往利用这样的方式进入皇家海军。这种习俗从海军建立之初就风行，早已司空见惯。直到伊丽莎白一世统治后期，政府发现舰长因各种裙带关系塞进海军的人数实在过于庞大，才规定四十名到五十名船员中，只能有两个随从。这个习俗持续近两百年，鲜有间断。很多上层社会的青年加入海军，同时舰长的收入也随之提高，这是因为随从的薪俸是由舰长代领的,随从必要的开支则由其家人、朋友提供。同样,其他军官也可以带一个亲属作为随从,加入皇家海军。虽然要由自己训练,但随从还是属于"军官"编制。

此外,还可以以其他身份加入皇家海军,比如"一等水手"和"见习船员"。顾名思义,"一等水手"就是掌握各种水手技能,可以承担水手工作的人。"见习船员"则可以担任士官。虽然这早已普遍实行,连海军上将也心知肚明,但一个学龄儿童无论是作为"一等水手"还是"见习船员",都难免有弄虚作假的嫌疑。莫里斯·萨克林上校把自己年仅十二岁的外甥作为见习船员安排到

皇家海军制服及一些随身装备

艾萨克·科芬上校

"合理"号上,显而易见是以权谋私。而将他作为随从带到"喜悦"号则符合当时的规定,不合规定的是后来把霍雷肖·纳尔逊从"喜悦"号调到一艘商船上,却继续以"喜悦"号船员的名义领取报酬和各种物品。当时风气如此,几乎所有海军军官都不能免俗,人们也不认为这是什么大奸大恶之举。1788年,艾萨克·科芬上校被军事法庭认定有罪,罪名为签署伪造的船员名单:船员名单中有四名他所谓的随从,其实根本没有这些人。直到这起案件闹得沸沸扬扬,大家才有所收敛。

这种普遍存在的陋习,无论从法律上,还是从道义上讲,都必须受到谴责。一个十二岁的孩子在岸上读书习文,他的船长却在船上以这个孩子的名义领取报酬,显然与法律精神背道而驰。莫里斯·萨克林上校至少还可以为自己辩护：他的外甥确实在船上学习船员的基本技能，这样的学习虽然粗浅，至少实用。后来，霍雷肖·纳尔逊被调到船长约翰·拉思伯恩的商船上。约翰·拉思伯恩曾在七年战争期间担任"无畏"号的大副，承担重要工作，后来又通过了相关规定的考试。但七年战争结束时，约翰·拉思伯恩发现自己不但不能升迁，连在海军继续服役都困难，于是决定从商。此时，他的商船要前往西印度群岛进行贸易。

整个航程持续了近一年。1772年7月，霍雷肖·纳尔逊重返"喜悦"号。具体时间无据可考，大约是在1772年7月19日，霍雷肖·纳尔逊作为见习船员入编"喜悦"号。霍雷肖·纳尔逊称自己已经是合格的水手了。无疑，他学会了很多，包括海员身上的豪情万丈。他也学着水手说："追求荣耀，勇往直前。""胸中有经纬，一身焦油味。"莫里斯·萨克林自然少不了敲打这个轻狂的年轻人。可能正因为年轻时感受过水手的意气风发，霍雷肖·纳尔逊一生都与水手亲近，并且赢得了他们的喜爱和尊敬。在这段时间里，霍雷肖·纳尔逊潜心学习航海。作为对他勤奋的奖励，莫里斯·萨克林派他驾驶"喜悦"号的补给小船。渐渐地，霍雷肖·纳尔逊觉得自己成了领航员中的好手，在布满岩石和浅滩的河道里如鱼得水，在梅德韦河和泰晤士河上如履平川。

1773年春，因为霍雷肖·纳尔逊一再请求，加上莫里斯·萨克林表示支持，所以斯凯芬顿·勒特威上校接受霍雷肖·纳尔逊作为"卡尔卡斯"号的一名见习船员，前往北极探险。一同前往探险的还有康斯坦丁·菲普斯上校，即后来的马尔格雷夫男爵，指挥"赛马"号。当然，在这次远航任务中，年仅十五岁的霍雷肖·纳尔逊还谈不上有什么贡献。对他来说，这是一次宝贵的学习机会，见识各种艰难险阻，学会各种随机应变，学会独当一面。1773年10月14日，他们返回德特福德后，两艘船发放报酬，船员解散。十三天后，即1773年10月27日，霍雷肖·纳尔逊作为见习船员，在"海马"号的船员名单上正式登记入册，年龄一栏里写着"十八岁"。同时，他的名字依然保留在"喜悦"号的船员名单中。这种做法虽然在当时极其普遍，但掩盖不了违规的事实。

"卡尔卡斯"号和"赛马"号的北极之旅

此时，一支舰队正准备前往东印度群岛。1773年11月19日出发的"海马"号也是其中之一。准将爱德华·休斯爵士任总指挥。爱德华·休斯爵士后来与法兰西海军将领皮埃尔·安德烈·德·叙弗朗有过五次交手，均不分胜负，英国海军凭着勇气和荣誉感抗击实力超过自己的法兰西舰队。我们完全可以想象霍雷肖·纳尔逊凭东印度群岛之行和爱德华·休斯爵士建立起来的关系。霍雷肖·纳尔逊得知这些战斗的具体情形时，一定会仔细研究其中细节，研究双方各自的优势，哪一方的战术或意志稍逊一筹。不过，这是近十年后的事了。

爱德华·休斯爵士

乔治·法默

"海马"号的上校叫乔治·法默。1779年10月6日,他指挥"魁北克"号与法兰西巡航舰"监督者"号进行了一场力量悬殊的战斗。"魁北克"号着火爆炸,船员几乎全部遇难。乔治·法默留给这个世界的最后一个身影是,手臂已经负伤的他坐在船首的锚架上督战、鼓舞士气。政府为了表彰他的英勇无畏,把他当时名义上担任"海马"号上校随从的长子封为从男爵,每年给他的遗孀两百英镑和九个孩子每年二十五英镑的抚恤金。海军部的纪要里赫然写着:"要让所有将领都争相效仿,用这样的方式扬名立万;要让他们羡慕而不是同情乔治·法默的命运;要让他们相信,如果他们也以这样壮烈的方式为国捐躯,他们的后代必将因国家给他们的荣誉,对得起先辈的付出而感到无比欣慰。"霍

"魁北克"号着火

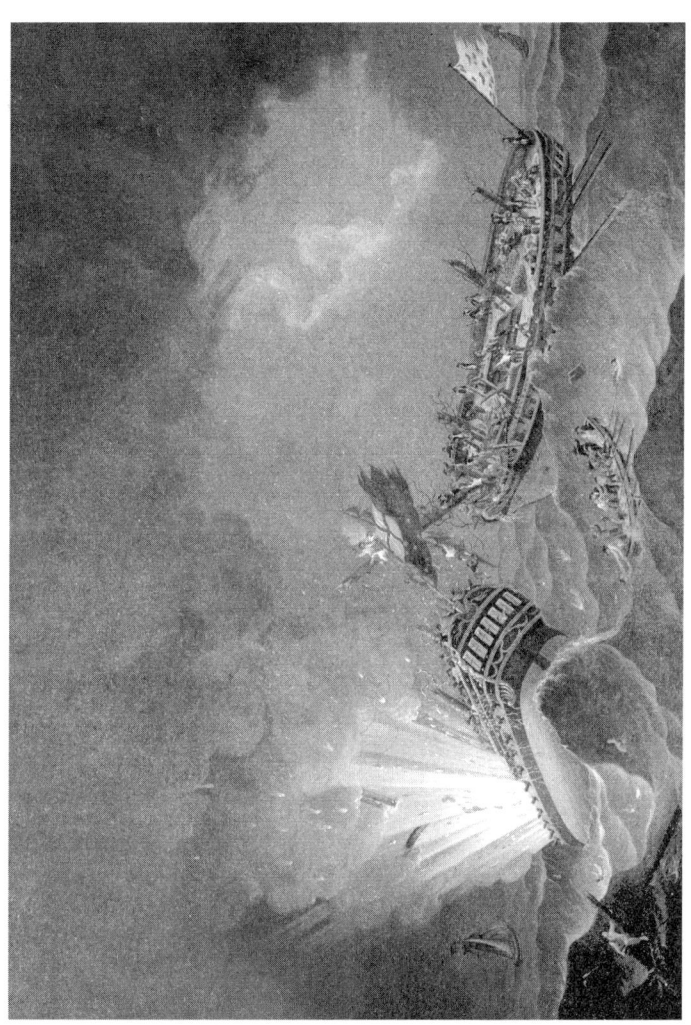

"魁北克"号爆炸

雷肖·纳尔逊在褪去稚气、成为一个有为青年的过程中，耳濡目染的就是这样一位上校的言传身教。幸运的霍雷肖·纳尔逊不仅得遇良师，而且有亲密的益友。其中，比他年长几岁的托马斯·特鲁布里奇将是他日后亲密的战友。

1774年4月5日，霍雷肖·纳尔逊成为"一等水手"。1775年10月31日，霍雷肖·纳尔逊再次成为"见习船员"。当然，这些身份的变化，除报酬一年三英镑或一年四英镑的区别以外，对霍雷肖·纳尔逊没有任何实质影响。他变为"一等水手"是因为一艘巡航舰上"见习船员"的数量有规定，而乔治·法默船长当时想把这个身份给别人，准确的说就是给他自己的儿子、未来的从男爵。等到"见习船员"的名额再次空缺，乔治·法默又把这个身份还给了霍雷肖·纳

托马斯·特鲁布里奇

尔逊。这样的身份变化,对霍雷肖·纳尔逊的影响,用他自己的话说,他作为见习船员登上"海马"号时,他的岗位是前桅楼,成为一等水手之后,他守卫后甲板。在"海马"号上的那段时间,他从门加尔到巴梭拉,把东印度群岛探访了个遍。但东印度群岛和波斯湾恶劣的气候使他身体变得虚弱。1776年3月14日,指挥官命令他停止服役,乘坐"海豚"号返回英国。"海豚"号舰长休·皮戈特的细心照料使他脱离了生命危险。"海豚"号抵达英国时,霍雷肖·纳尔逊感觉完全康复了。1776年9月24日,"海豚"号发饷。两天后,即1776年9月26日,霍雷肖·纳尔逊被派往配有六十四门大炮的"伍斯特"号,晋升为执行上校,任命是由当时任朴次茅斯海军总指挥的詹姆斯·道格拉斯爵士签发的。当时,霍雷肖·纳尔逊的舅舅莫里斯·萨克林担任英国皇家海军审计官,其权责几乎相当于甚至超过了英国海军大臣。

1776年10月8日,霍雷肖·纳尔逊到"伍斯特"号正式报到,马克·鲁宾孙上校亲切地接待了他。霍雷肖·纳尔逊则递上了舅舅莫里斯·萨克林的推荐信。马克·鲁宾孙随后带他一同拜访了朴次茅斯的海军总指挥詹姆斯·道格拉斯爵士。在朴次茅斯短暂停留期间,马克·鲁宾孙对他以同事、朋友相待。马克·鲁宾孙善良、勇敢。五年后,即1781年,在切萨皮克湾一次激烈的战斗中,马克·鲁宾孙指挥舰队前锋——"什鲁斯伯里"号。这次战斗十分惨烈,不仅马克·鲁宾孙本人失去了一条腿,"什鲁斯伯里"号和整个舰队前锋的所有船都严重损坏了。但霍雷肖·纳尔逊从中学到了马克·鲁宾孙宝贵的战术技巧。当然,这是后话。1776年冬,"伍斯特"号被派往直布罗陀海峡护航。霍雷肖·纳尔逊负责警戒甲板,心满意足。马克·鲁宾孙夸奖他说:"霍雷肖·纳尔逊喜欢甲板,就像军官们喜欢船舱。"回到英国后,霍雷肖·纳尔逊通过了海军军官考试。第二天,即1777年4月10日,他晋升为舰长,供职于"洛斯托夫特"号。这艘配备三十二门大炮的巡航舰即将前往牙买加驻地。

霍雷肖·纳尔逊一上船就收到了舅舅、海军审计官莫里斯·萨克林的信。在信中,莫里斯·萨克林一再提醒霍雷肖·纳尔逊作为一个海军军官的职责。

莫里斯·萨克林作为一个老上校，反复嘱咐年轻人，一些看似再平常不过的日常事务必须一丝不苟地对待，如检查帆桁是否平直，缆绳是否系紧，有没有荡落在船舷外，升帆时要注意协调，"最笨的做法就是升好这个，再升那个"。"洛斯托夫特"号的舰长叫威廉·洛克，在七年战争中担任"实验"号的中尉，因登上并缴获了"泰勒·马科斯"号而闻名遐迩。基伯龙湾战役时，威廉·洛克正在巡航舰"蓝宝石"号上，目睹了战役的整个过程。1760年3月，在比斯开湾，威廉·洛克加入了爱德华·霍克男爵的旗舰"皇家乔治"号。爱德华·霍克男爵

"皇家乔治"号

威廉·洛克

很赏识威廉·洛克,而威廉·洛克向我们描述了爱德华·霍克男爵如何为人、如何治军,使我们了解到,除欧洲历史书上记载的爱德华·霍克男爵作为海军上将建立的赫赫战功以外,大家拥戴他的更重要的原因是他纪律严明,对自己的手下和整个英国皇家海军产生了深远的影响。威廉·洛克本人也认为,自己的海军生涯中最值得骄傲的就是"与爱德华·霍克男爵的私人情谊,以及依靠他的建议和经验,完善了自己之前掌握的知识"。

威廉·洛克把爱德华·霍克男爵给予自己的一切,又传给了霍雷肖·纳尔逊。要说他事先就知道指导这个年轻人有多么重要可能略显夸张,但我们完全可以想象,作为一个听闻过各种军事传奇人物,又在实战中阅人无数的优秀将领,威廉·洛克在霍雷肖·纳尔逊这个年轻的上尉身上看到的,绝不仅是海军审计官外甥这个身份,更重要的是他对知识的渴望、对海军的热情和使不完的劲。这些素质赢得了威廉·洛克的赏识和充分信任,这种信任即使在今天也实属难得,更不要说早在1777年了。威廉·洛克对霍雷肖·纳尔逊成才发挥了怎样的作用,我们还缺乏充分的认识,所以只能根据威廉·洛克本人的一些特点做合理的推论。威廉·洛克不仅得到了爱德华·霍克男爵的亲自指点,而且他一生穷尽自己的空余时间,搜集了关于海军的大量信息,为后来约翰·查诺克写《海军人物志》打下了基础。

霍雷肖·纳尔逊在"洛斯托夫特"号服役的过程乏善可陈。他自己讲过的一件事倒是值得一提,并不是因为这件事多么重要,而在于他的讲述本身。1799年,《海军编年史》的编辑约翰·麦克阿瑟在编撰关于霍雷肖·纳尔逊的生平时,需要霍雷肖·纳尔逊提供一些素材。在访谈的过程中,霍雷肖·纳尔逊讲道:"在'洛斯托夫特'号发生的一件事很能说明我的性格。这件事对当事人没什么不良影响,所以我说说无妨。我们的船逮住了一艘美国私掠武装船,一名中尉奉命登船。但当时海面上风急浪高,所以他没能登上。他返回'洛斯托夫特'号后,威廉·洛克问:'我的船上就没有一个军官能登上那艘被逮住的船吗?'说完转身就往舷梯走,准备亲自登船。我叫住他说:'该轮到我了。如果我也登不上去,你再上。'我不时回想起这件事,意识到这确实展现了我的性格:事情越是艰难危险,越能激起我尝试的欲望。"

在这次谈话中,他还讲道,他觉得"洛斯托夫特"号巡航舰过于庞大,不利于执行某项任务时,就利用"洛斯托夫特"号的供应船。这种中型帆船把他变成了"一个全能的领航员,在伊斯帕尼奥拉岛以北众多的小岛之间自由穿行"。在后来的海军生涯中,他没有再回到过那片海域。但在那个险象环生的复杂海域里积累起来的航行经验,足够他应对其他类似的环境。正因为年轻时在伊斯帕尼奥拉岛以北的航行经验,他才敢在阿布基尔湾、桑德海峡和利翁湾大胆航行。

彼得·帕克爵士

1778年年初，驻牙买加海军的总指挥彼得·帕克爵士将霍雷肖·纳尔逊调到了自己的旗舰"布里斯托尔"号上。这在当时就意味着升迁，或者说在牙买加的罗亚尔港至少意味着走上了升迁之路。当时，在所有驻海外的英国海军中，如果军官过世，其职位空缺，当地总指挥全权负责任命，再由英国海军部批准。如果指挥官的职位空缺，总指挥就会把自己旗舰的中尉提拔上来；如果是上校的职位空缺，总指挥就会提拔自己旗舰上的大副。总之，总指挥手里有个名单，宗族亲戚也好，社会关系也好，一旦职位出现空缺需要填补，他就会从中挑选加以提拔。所以一有机会，他就把打算提拔的人安排到自己的旗舰上，然后论资排辈，步步升迁。升迁速度的快慢取决于关系的亲疏、利益的多寡，跟个人能力和品德的关系不大。常有人说彼得·帕克爵士慧眼识英雄，看中了"洛斯托夫特"号上的这个年轻上尉。其实，当时霍雷肖·纳尔逊根本没有显露过什么才华。虽然彼得·帕克爵士可能询问过威廉·洛克对十九岁出头的霍雷肖·纳尔逊的看法，但可以肯定的是，在彼得·帕克爵士的眼里，霍雷肖·纳尔逊最大的优点就是他是英国海军审计官的外甥。

在今天这个自由、平等、公平选拔的社会，我们很难想象，在整个18世纪和19世纪上半叶，甚至更长时间，一个人的可利用价值几乎决定了他的一切。也很难想象一个上将会任人唯亲，或者用职位来拉拢在他看来有利可图之人，忽视出身普通却能力超群的人。当然，例外总是有的。圣文森特伯爵约翰·杰维斯就提拔过不少出身平民却德才兼备的人。霍雷肖·纳尔逊因为圣文森特伯爵约翰·杰维斯的言传身教和自己的正义感，也成为很多平民军官的伯乐。但毕竟这样的事因为少，所以才被传为佳话，在霍雷肖·纳尔逊年轻时代就更罕见了。战时，军人的升迁必须凭借军功。即使最利欲熏心、最明目张胆假公济私的人，嘴上也不得不表示赞成。在和平时期，军人的功绩高低就不太明显，以利益关系决定升迁也就没有那么不合理，甚至十恶不赦了。至少，这使大量青年身居要职。其中，有才华、有能力的青年一遇到机会，就能立刻脱颖而出。

官至上校以后，再提拔就要严格地论资排辈了。三十五岁以前成为中校的人少之又少，成为中校往往要近四十岁。然后，在中校的位置上再熬五年到十年，之后当上十五年到十六年的上校。想让将级军官的候选名单上不至是清一色的老者，唯一的办法就是让五十五岁的上校全部退役。对已经跻身将军行列的人来说，是进一步提升还是退役，完全凭运气。很少有人能在五十岁前

圣文森特伯爵约翰·杰维斯

成为将军。但18世纪大部分时期,十八岁成为中校,二十岁就升为上校的大有人在,即使进一步升迁要慢慢熬,但不少人很年轻就成了指挥官。爱德华·博斯科恩成为少将,作为总指挥前往印度的时候才三十七岁。爱德华·霍克男爵平民出身,指挥海峡舰队并在比斯开湾全歼德拉埃斯特恩侯爵亨利-弗朗

爱德华·博斯科恩

理查德·豪

索瓦·德·埃尔比耶舰队时，不过四十二岁。奥地利王位继承战争结束后，英国皇家海军军官的升职停滞了很长一段时间。理查德·豪和圣文森特伯爵约翰·杰维斯也受此影响，分别于四十四岁和五十二岁才晋升为少将，但他们担任上校，独立指挥的时候分别为二十岁和二十五岁。此后，海军军官的升职速度加快了。霍雷肖·纳尔逊三十八岁刚出头就成为少将。在如今的制度下，霍雷肖·纳尔逊一辈子到头不过是上校或者中校。

霍雷肖·纳尔逊在"布里斯托尔"号上见习的时间不长。1778年12月8日，他过完二十岁的生日才六周，就升为"獾"号双桅横帆船的中校。在安然无事的半年巡航之后，1779年6月11日，他晋升为"欣钦布鲁克"号的上校。"欣钦布鲁克"号本是一条从法兰西舰队缴获的巡航舰，编入英国皇家海军后，为了向约翰·蒙塔古致敬，起名"欣钦布鲁克"号。当时"欣钦布鲁克"号正在海上执行巡航任务，所以霍雷肖·纳尔逊暂时还不能登上这艘船。"欣钦布鲁克"号迟迟没有返回英格兰驻牙买加的军事基地，不安的情绪在蔓延。有传言说"欣

约翰·蒙塔古

塞缪尔·巴林顿

钦布鲁克"号已经被俘。当时,夏尔·亨利·赫克托·德·埃斯坦率领的法兰西舰队在圣卢西亚被塞缪尔·巴林顿打得落荒而逃。接着,在格林纳达打了一场极不光彩的胜仗后,他从圣基茨岛灰溜溜地撤退,来到了海角地区。据说,这里集结着法兰西两万多人的部队。大量运兵船都在待命,准备运送部队。大家都相信,在战场上窝囊的夏尔·亨利·赫克托·德·埃斯坦,准备对付手无寸铁的殖民地人民,以便展示他的威力。为了应对夏尔·亨利·赫克托·德·埃斯坦的到来,牙买加海军基地做了万全的准备。海军基地为数不多的船全部集结待命;在附近海域的船全部被召回;大炮沿海岸密布。七千人的部队集结起来,

圣卢西亚战役

格林纳达战役

其中五百人驻守查尔斯堡,由霍雷肖·纳尔逊指挥。结果是虚惊一场。所谓在海角地区集结的法兰西船队,不过是在等待舰队护航、返回法兰西的商船。两万人的法兰西部队更是子虚乌有。至于夏尔·亨利·赫克托·德·埃斯坦,虽然奉命与商船一同返回法兰西,却经不起北美叛乱殖民地的一再请求,最终开往北美大陆。在萨凡纳再次遭到重创之后,他才返回法兰西。

与此同时,"欣钦布鲁克"号终于安全抵达牙买加,随即又奉命进行几个月的巡航。霍雷肖·纳尔逊既然已经被任命为"欣钦布鲁克"号的上校,当然

夏尔·亨利·赫克托·德·埃斯坦

威廉·康沃利斯上校

也一同前往。1779年9月中旬,霍雷肖·纳尔逊再次抵达牙买加的时候,他已经俘获了四艘敌舰,可以得到八百英镑的奖励。在牙买加罗亚尔港,他一直和威廉·康沃利斯上校同住,并且与之成为终生的好友。虽然他们协同作战的机会不多,但在他们海军生涯的巅峰时刻,也是英国历史上最关键的时刻,一个封锁布雷斯特港,一个封锁土伦港,彼此扶助,相互支持。

就在这时,霍雷肖·纳尔逊得到了一个机会,担任一艘西班牙造的大型

查尔斯·英格利斯上校

军需船的指挥官。这艘叫"索尔兹伯里"号的船是查尔斯·英格利斯上校缴获的，正在被改造成配备三十六门大炮的巡航舰。但霍雷肖·纳尔逊谢绝了，可能是因为"欣钦布鲁克"号已经接到任务——攻占尼加拉瓜湖旁的格林纳达。遗憾的是，进攻比合适的时间晚了整整三个月。"欣钦布鲁克"号本应该在1780年1月，洪水退去、气候宜人的时候到达圣胡安河，却直到1780年4月中旬雨季才到达。结果，士兵每天两三次淋雨，晚上暴露在瘴气中，加上蚊虫叮咬，疟疾横生，迅速病倒。普通士兵因为工作繁重，病情最严重。霍雷肖·纳尔逊称自己当时曾驾驶小船逆流而上，运送部队到人迹罕至的地方。据说，除海盗猖獗时期，西班牙船曾经来过以外，这里几乎无人涉足。将士们登上了存在敌人军事基地的小岛，架起了大炮向敌人开火，这次任务才得到圆满执行。霍雷肖·纳尔逊的说法得到了陆军上校指挥官约翰·波尔森的证实。他说："我不知道如何感激霍雷肖·纳尔逊上校和爱德华·德斯帕德中尉的帮助。无论是白天，还是夜晚，霍雷肖·纳尔逊上校总是身先士卒。"

霍雷肖·纳尔逊一直斗志高昂，但痢疾和高烧让他病倒了。当"胜利者"号单桅帆船和配备四十四门炮的"贾纳斯"号接力把他送回牙买加时，他已

霍雷肖·纳尔逊及其身后的圣胡安堡

经奄奄一息了。比他年长十岁却刚刚升为上校的朋友卡斯伯特·科林伍德接替他担任了"欣钦布鲁克"号的上校。"欣钦布鲁克"号原有将士两百人,其中一百四十五人丧生。霍雷肖·纳尔逊称另外四十五人很快相继病逝,可见当时疫情之凶险。在牙买加修养的很长一段时间里,霍雷肖·纳尔逊一直在死神的门前徘徊。最终,多亏彼得·帕克的夫人玛格丽特·纽金特不知疲倦的精心照顾,霍雷肖·纳尔逊才捡回了一条命。不过,他依然虚弱得无法工作。1780年9月4日,霍雷肖·纳尔逊与朋友威廉·康沃利斯上校一同乘坐"狮子"号返回英国。1780年11月24日,他抵达朴次茅斯,径直前往18世纪所有负伤和生病的海军军官的"疗养院"——巴斯。当时,霍雷肖·纳尔逊饱受病痛的折磨,卧床不起,失去了行动能力。

卡斯伯特·科林伍德

霍雷肖·纳尔逊曾在日记中写道,1781年1月中旬,他每天吃三次药,喝三次巴斯的矿泉水,隔天泡一次温泉,接受精心的照料。半个月后,他开始考虑销假复职。虽然他的手脚还不太灵便,但他确信再过几周自己就会痊愈了。事实上,整个1781年2月,他不得不继续接受治疗。到了1781年3月5日,星期一,他在日记中写道:"我觉得前所未有的健康。我决定下周三或下周四就返回城里。"但这个打算一直拖延到再下一周的星期一才实现。直到出院,他才得知自己的主治医生弗朗西斯·伍德沃德向他收取的诊疗费有多低。霍雷肖·纳尔逊向弗朗西斯·伍德沃德表示,希望他提高收费数额。弗朗西斯·伍德沃德却回答说:"霍雷肖·纳尔逊上校,请你允许我在自己的岗位上尽职。你患病是为了我们的国王和我们的国家,请相信,我对二者的爱让我宁愿少收一些钱。"

不过,"巴斯疗法"的疗效好像没有霍雷肖·纳尔逊想象的那么好。1781年5月,在伦敦,霍雷肖·纳尔逊再次接受治疗,并且与供职英国海关大楼的舅

英国海关大楼

舅威廉·萨克林住在一起。而他一生无数次仰仗的舅舅、英国海军审计官莫里斯·萨克林在三年前，即1778年7月，已经去世了。1781年5月7日，霍雷肖·纳尔逊致信自己的哥哥威廉·纳尔逊："我的左胳膊已经完全不能动弹，左腿也几乎不能行走。多亏伦敦了不起的外科医生罗伯特·阿代尔先生的照料，他给了我信心，我觉得再过几周就能康复。到时候，我一定要回诺福克郡住上一段日子，直到我接到新的命令。"后来，一切果然如计划进行。

第2章
北美洲和西印度群岛

精彩看点

指挥"阿尔比马尔"号巡航舰——坏血病——结识塞缪尔·胡德子爵——结识威廉·亨利王子——赢得人心——求婚安德鲁斯小姐遭拒——哥哥威廉·纳尔逊随行——理查德·休斯爵士的夫人——与理查德·休斯爵士的争执——约翰·穆特雷——霍雷肖·纳尔逊的违纪行为——与弗朗西丝·伍尔沃德·尼斯贝特相识——与弗朗西丝·伍尔沃德·尼斯贝特订婚——霍雷肖·纳尔逊成婚——回到诺福克郡——渴望投身海战

1781年8月，霍雷肖·纳尔逊上校担任装有二十八门炮的巡航舰——"阿尔比马尔"号的指挥。1781年8月24日，霍雷肖·纳尔逊在伍利奇正式就任。"阿尔比马尔"号这种级别的军舰，设施简陋，但霍雷肖·纳尔逊说他对"阿尔比马尔"号巡航舰非常满意，夸奖它"船头气派，船尾整洁"。几个月后，他又说"它的驾驶系统很好。这简直是一艘'阿尔戈'号。即使很多帆不用，我们也能开得和'企业'号一样快。"这就是霍雷肖·纳尔逊的鲜明特点，他总能坚定地认为

"企业"号模型

"自己家的鹅赛天鹅",坚信自己的船、自己的舰队是英国皇家海军的中坚力量,自己手下的军官和船员也都是俊杰。他觉得"'阿尔比马尔'号巡航舰的后甲板上,士兵都是翩翩少年,船长格外出色,准尉人人优秀。这艘船上的所有人都很出色,无论是军官,还是士兵,无一不令我满意"。没过多久,他又说大副乔治·米切尔"是我见过的最好的士官",上尉布罗米奇是"优秀的军官"。总之,他对自己的船员非常满意。在未来的海军生涯中,霍雷肖·纳尔逊还会不断发出这类深情的赞美。

并不是霍雷肖·纳尔逊特别幸运,总能遇到优秀的手下。相反,霍雷肖·纳尔逊带过的军官中,只有一个威廉·霍斯特爵士出类拔萃。爱德华·贝里爵士

爱德华·贝里爵士

托马斯·马斯特曼·哈迪爵士

和托马斯·马斯特曼·哈迪爵士都很优秀，但绝对谈不上超乎寻常。离开了霍雷肖·纳尔逊，他们都是平凡的人。但有了霍雷肖·纳尔逊，他们的潜力就被激发出来。这不是因为霍雷肖·纳尔逊对他们的小恩小惠，而是因为他的真诚，真诚地认为自己手下的一切都是最棒的。这就导致所有来到他麾下的人都迅速感到自己被长官格外赏识，于是竭尽全力证明自己不负所望。

虽然"阿尔比马尔"号巡航舰的战绩并不辉煌，但在埃尔西诺的护航经历使霍雷肖·纳尔逊积累了在北欧海域航行的经验。这种经验将来会派上大用场。1782年春,霍雷肖·纳尔逊在朴次茅斯港和科克港护送商船。1782年4月月底,霍雷肖·纳尔逊和"代达罗斯"号的上校托马斯·普林格尔一同护卫一支船队前往纽芬兰的圣劳伦斯。1782年5月月底,他到达了圣约翰。护送商船沿河而上后,"阿尔比马尔"号巡航舰失踪了整整十周,1782年9月中旬才抵达魁北克。霍雷肖·纳尔逊和船员都患上了坏血病。霍雷肖·纳尔逊在日记中写道:"八周以来,我和所有船员都靠腌牛肉为食。普通船员更是从1782年4月7日开始就没有吃过任何新鲜饭菜了。"

当时英国皇家海军还不知道如何防范坏血病,而霍雷肖·纳尔逊显然已经知道了新鲜牛肉的重要性。我们完全有理由推测威廉·洛克丰富的知识让霍雷肖·纳尔逊明白了其中的关系,了解了在长期封锁布雷斯特港的过程中,爱德华·霍克男爵如何想方设法确保新鲜食物的供应。学来的知识经过此次经历

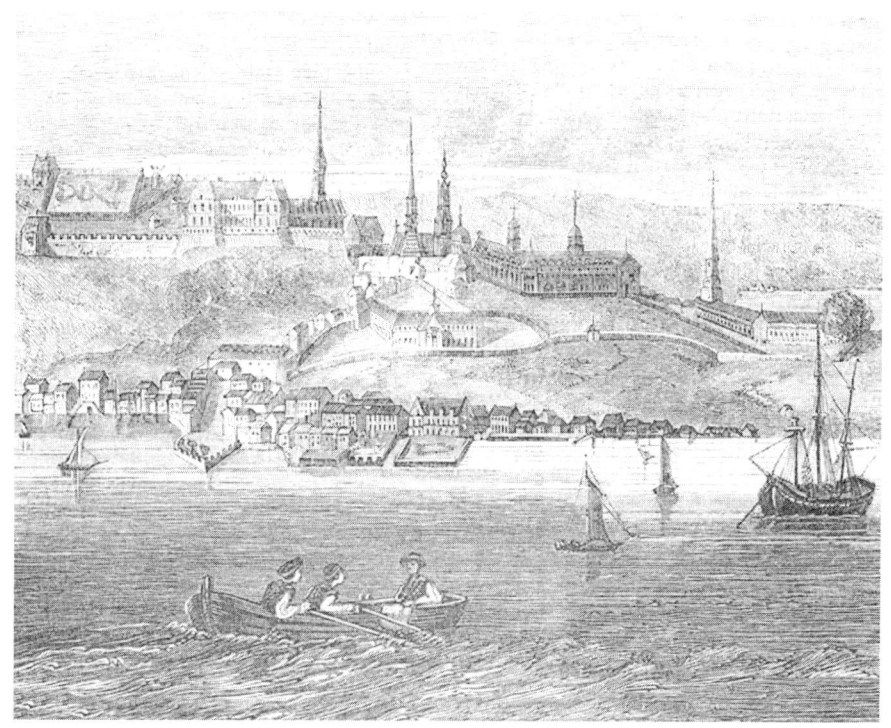

魁北克

的验证，足以让霍雷肖·纳尔逊终身铭记。这才是他此行真正的收获，远比俘获几艘破旧的敌船重要千倍，甚至比在波士顿湾摆脱四艘法兰西军舰的追击还要可贵。

在魁北克休养几周之后，船员陆续恢复健康。"阿尔比马尔"号巡航舰按计划继续开往纽约。在纽约，霍雷肖·纳尔逊结识了1782年4月因战功卓著而刚刚获得爱尔兰贵族头衔的塞缪尔·胡德子爵。塞缪尔·胡德子爵似乎一眼就看中了这个"阿尔比马尔"号巡航舰年轻的指挥官。在得到英军驻北美总指挥海

塞缪尔·胡德子爵

军少将罗伯特·迪格比的同意之后,霍雷肖·纳尔逊指挥"阿尔比马尔"号巡航舰一同前往西印度群岛。其间,塞缪尔·胡德子爵把霍雷肖·纳尔逊引荐给英国威廉·亨利王子,即后来的克拉伦斯公爵,也就是后来的威廉四世。多年后,威廉·亨利王子回忆起与霍雷肖·纳尔逊相识的过程:"我当时还是'巴夫乐'号的见习船员。'巴夫乐'号正在斯塔滕岛附近的海峡航行,我正在甲板上站岗。这时,'阿尔比马尔'号的上校霍雷肖·纳尔逊来了。他是我见过的上校中看起来最年轻的,简直就是个孩子。他的装束也很醒目,制服上上下下都是束紧的,油光光的头发没有敷粉,细长的辫子裹着布条,背心的式样很老,更增加了他身上的古典气质,让我忍不住多看了他几眼。但我不知道他是谁,也猜不出他来干什么。不过,我的疑惑很快就得到了解答。塞缪尔·胡德子爵把他介绍给我。霍雷肖·纳尔逊的言谈有一种令人无法抵挡的魅力,他谈起海军时由衷的热情,让人一见就觉得此人不凡。后来,霍雷肖·纳尔逊和我们一起去了西印度群岛,在塞缪尔·胡德子爵麾下服役,不知疲倦地巡航弗朗索瓦角。在整个美国独立战争期间,霍雷肖·纳尔逊最大的心愿就是能指挥一艘战列舰。至于俘获敌舰赢得奖金,他向来不在乎。他一直以舅舅莫里斯·萨克林为榜样。"

1783年2月25日,霍雷肖·纳尔逊在给威廉·洛克的信中说:"在任何年轻人看来,我在塞缪尔·胡德舰队的待遇都是最高的。塞缪尔·胡德爱我如子,我坚信,无论我提出什么要求,他都会满足。威廉·亨利王子也特别优待我。塞缪尔·胡德竟然对威廉·亨利王子说,如果他提出任何关于海上战术的问题,那么我可以给他的答案绝不逊于舰队里任何一个军官。真的,我都不知道如何表达我的惶恐。我确信,威廉·亨利王子将是英国海军的财富。你一定想不到,他是个优秀的水兵,并且具备你希望的一切素质。"在此之前,霍雷肖·纳尔逊从未加入过舰队,对舰队的战术和运行方式的所有知识只停留在理论上,并且这些知识恐怕都是零星来自威廉·洛克、威廉·康沃利斯、彼得·帕克、塞缪尔·胡德子爵的言谈。其中,彼得·帕克的某些意见可能还帮了倒忙。

遗憾的是,"阿尔比马尔"号巡航舰所在舰队的西印度群岛之行无功而

威廉·亨利王子

返。美国独立战争已经基本宣告结束。1783年3月,"阿尔比马尔"号巡航舰所在舰队袭击特克斯群岛的企图也落空了。1783年5月,舰队奉命返航,"阿尔比马尔"号巡航舰打头。1783年6月25日,舰队抵达斯皮特黑德。1783年7月3日,"阿尔比马尔"号巡航舰船员解散,霍雷肖·纳尔逊开始领取半薪。

到达伦敦之后,霍雷肖·纳尔逊忙着"替在他的船上服过役的手下讨薪水。英国皇家海军的水兵最痛恨的是,不停地从这条船调到那条船,导致他们和军官之间无法建立情感,军官对他们也毫不在意"。霍雷肖·纳尔逊与手下亲如一家,关心他们的利益,由此事可见一斑。在他的军旅生涯中,很多水兵一直追随他的左右,可见他为官多么被认可。他的上尉、船长、普通水兵都是他的牵挂。这绝不是为自己收买人心,而是军人间真挚的手足之情。但没有比这更能赢得人心的。他爱惜手下,手下爱戴他,这一步一步影响到整个英国海军。"阿尔比马尔"号巡航舰船员解散之时,他在日记中写道:"船上的全体人员都表示,无论我被调到哪艘船,都愿意随我前往。但我现在不想出海,以我目前的状况,我承受不了海上的生活。"

于是,霍雷肖·纳尔逊返回伯纳姆小住了一段时间。1783年10月,霍雷肖·纳尔逊前往法兰西,似乎打算在国外待一段日子。他在圣奥默尔旅居期间,开始学习法语,结识并爱上了当地一位英国牧师的女儿安德鲁斯小姐①。1784年1月,霍雷肖·纳尔逊请求舅舅威廉·萨克林资助他成家。舅舅威廉·萨克林答应每年给他一百英镑。这份额外的收入很可能增强了他求爱的信心,可惜安德鲁斯小姐拒绝了他的求婚。当然,这件事他是不会主动告诉别人的。但他致信舅舅威廉·萨克林请求资助是在1784年1月14日,而仅仅五天之后,即1784年1月19日,他就回到了伦敦。这足以使我们推测,在短短的几天里到底发生了什么,让他这么急于给自己找点儿事做。之前,虽然他下定决心要赋闲一段时间,但1784年3月19日,他就登上了自己的新岗位——配有二十八门炮的巡航

---

① 有学者考证这位不知名的安德鲁斯小姐可能是伊丽莎白·安德鲁斯。——译者注

舰"北风神"号，接替了五六个月前上任的上校托马斯·韦尔斯，奉命前往背风群岛。1784年5月，"北风神"号从斯皮特黑德出发之前，西印度群岛的海军总指挥理查德·休斯爵士的妻子和女儿乘上了"北风神"号，同行的还有随行神职人员霍雷肖·纳尔逊的哥哥威廉·纳尔逊。

威廉·纳尔逊为何会以随行神职人员的身份来到"北风神"号？这里稍微解释。早在霍雷肖·纳尔逊指挥"阿尔比马尔"号巡航舰的时候，威廉·纳尔逊就希望到海军服役，但霍雷肖·纳尔逊一直给威廉·纳尔逊泼冷水，威廉·纳尔逊只得作罢。现在，西印度群岛之行又唤醒了他加入海军的愿望。尽管霍雷肖·纳尔逊依然不赞成威廉·纳尔逊加入海军，但考虑到哥哥的意愿，也就答应了。然而，威廉·纳尔逊很快就发现，自己虚弱的身体状况根本无法适应这里的气候。一个习惯了安逸、享乐的身体很容易受不了这里的天气。因此，"北风神"号靠岸后没几个星期，威廉·纳尔逊就舍它而去，返回英国了。

霍雷肖·纳尔逊对理查德·休斯爵士的夫人深感厌烦。一开始他就觉得这些客人是强加给自己的。在马德拉群岛时，他在日记中写道："如果与他们分别，我不会惋惜。他们都是好人，但开销实在太大。"到达安提瓜岛时，他已经烦透了，尤其对理查德·休斯爵士的夫人。他毫不客气地称她为"没完没了的碎嘴婆"。对理查德·休斯爵士本人，他也没有什么好印象。理查德·休斯爵士英勇、和蔼，但绝不是做总指挥的理想人选。霍雷肖·纳尔逊加入他的部队短短几周后，就曾在日记中坦陈："我不喜欢他，他对我太过卑躬屈膝。""一个总指挥，在巴巴多斯竟然寄宿在别人家，完全没有一个英国上将的风范。"他还说："理查德·休斯爵士爱拉小提琴，整日忙于调和音阶，军队自然荒腔走板。"不过，霍雷肖·纳尔逊对理查德·休斯爵士出言不逊，可能与海军条令有关，他们两次产生了严重分歧，而霍雷肖·纳尔逊都拒不执行理查德·休斯爵士的命令。霍雷肖·纳尔逊这个年轻军官的性格有多倔强，由此可见一斑。

英国的《航海法案》严格限制英国及其殖民地与外国商船贸易。已经取到独立的美国当然就属于"外国"了，但美国人希望继续享受被英国殖民时的贸易便利。在这一点上,当地商人和美国人的立场一致。当地商人与美国商船的贸易利润丰厚,当然没有自断财路的道理。于是,他们找到总指挥理查德·休斯爵士,希望他准许他们与美国商船的贸易。理查德·休斯爵士本来就是个老好人,自然就默许了。但霍雷肖·纳尔逊和当时担任"调停者"号的上校——卡斯伯特·科林伍德提醒他《航海法案》的规定,理查德·休斯爵士便号令他们依法办事。于是,霍雷肖·纳尔逊作为最高指挥被派往圣基茨岛,雷厉风行地驱逐了所有美国商船。当地商人纷纷向理查德·休斯爵士申诉。于是,霍雷肖·纳尔逊收到命令:如果当地政府允许美国商船进出,英国海军不得干涉。

圣基茨岛总督托马斯·雪利爵士选择允许美国商船出入。霍雷肖·纳尔逊责问他的时候,他说:"老将军没有听小伙子意见的习惯。"霍雷肖·纳尔逊答道:"我有幸和首相①同岁。我相信我有能力指挥皇家海军的这艘船,就像首相先生有能力执掌政府一样。"霍雷肖·纳尔逊回答理查德·休斯爵士的态度就更加强硬了,大意是说总指挥的命令违反了《议会法令》,所以他拒绝遵守。虽然理查德·休斯爵士脾气温和,但这次也怒不可遏,想撤销霍雷肖·纳尔逊的职务。但他和旗舰舰长谈过此事之后,意识到军队中普遍认为霍雷肖·纳尔逊是对的,总指挥的命令是违法的、无效的。于是,理查德·休斯爵士的命令成了一纸空文,但没有被撤销。美国商人状告霍雷肖·纳尔逊非法扣查商船,理查德·休斯爵士自然袖手旁观。

霍雷肖·纳尔逊查处、扣押了五艘美国商船,限制船长不得离船上岸。经过审讯,美国的商船被判处罚金。但霍雷肖·纳尔逊的行为被认定为非法扣押,需要赔偿美国商船四千英镑。霍雷肖·纳尔逊一旦下船登岸,将被立即逮捕并要求支付全部罚金。内维斯岛委员会主席约翰·理查森·赫伯特主动提出,如果霍雷肖·纳尔逊宁愿被捕也要上岸,尽管与美国的贸易被叫停导致他的损失比任何人都大,但他愿意为霍雷肖·纳尔逊支付一万英镑的保释金。不

---

① 指二十四岁担任首相的小威廉·皮特。——译者注

久，英国王室出资为霍雷肖·纳尔逊辩护，暂时解决了此事。几年后，虽然这件事再起波澜，霍雷肖·纳尔逊又收到了传票，但英国王室一直在为他辩护。在整个过程中，最打击霍雷肖·纳尔逊的可能是英国财政部表彰了理查德·休斯爵士，感谢他保护英国的商业活动，而对霍雷肖·纳尔逊的行动只字未提。

这起涉及政治、法律、军事的争端悬而未决，霍雷肖·纳尔逊再次与理查德·休斯爵士发生冲突。这次是关于一个技术性更强的问题。当时有个惯例，上将会在国内和国外的每个船坞派驻一个上校军官。这种上校通常只领取半薪。当时被派驻在安提瓜岛船坞的上校是约翰·穆特雷。约翰·穆特雷是一个忠诚踏实、没有什么突出战功的老军官。五年前，即1777年，约翰·穆特雷因为一起颇受瞩目的诉讼出了名。他当时作为"拉米伊"号的上校负责护送一支船队，保护一批价值高昂、十分重要的货物。在圣文森特角附近，"拉米伊"号遇上了法兰西和西班牙的联合舰队。最终，船队被俘。约翰·穆特雷以渎职罪遭

"拉米伊"号

到起诉,"拉米伊"号被解散。当时的舆论普遍认为,政府让这么重要的船队穿过法兰西和西班牙的联合舰队出没的区域,却没有提供更强大的保护,过错在政府,而不在护航的将士。1782年,随着政府的改组,约翰·穆特雷被再次起用,在安提瓜岛的海港担任专员,算是对他的补偿。

因为只领半薪,约翰·穆特雷实际上没有行政权力。港口不断有各种船来往,最高指挥官频频更换,在理查德·休斯爵士看来,这会带来诸多不便。于是,他命令约翰·穆特雷升起准将的将旗,以海港最高指挥官的身份在港口办公。领半薪的军官要恢复全薪,必须经过海军部的批准。无论当时,还是现在,这都是海军的惯例。因为大家都知道约翰·穆特雷是领取半薪的,所以霍雷肖·纳尔逊一进入安提瓜岛,就要求约翰·穆特雷撤下准将的将旗,并且提醒他不能再听从理查德·休斯爵士这样的命令,除非海军部恢复他的全薪。

约翰·穆特雷似乎很顺从地默认了霍雷肖·纳尔逊的意见,因为他很清楚理查德·休斯爵士的命令是违法的,他以半薪军官的身份行使管理权不符合规定。霍雷肖·纳尔逊再次对理查德·休斯爵士抗命不遵,令理查德·休斯爵士忍无可忍。于是,理查德·休斯爵士向海军部报告了事情的经过。虽然霍雷肖·纳尔逊也向海军部申诉,但因为自己强硬的做事方式遭到了批评,他被告知应该把自己的质疑告诉总指挥,而不该自己挑战约翰·穆特雷行使职权的合法性。理查德·休斯爵士也收到了这份批评霍雷肖·纳尔逊的文件,才平息了怒火。至于约翰·穆特雷,因为已经被召回英国,此事也就告一段落。19世纪末,无论英国本土的港口,还是国外的港口,所有船坞管理员都领全薪,并且手握大权。

在这两件事中,霍雷肖·纳尔逊的主张都是正确的。美国商人希望得到的贸易许可确实违反了英国的《议会法令》,约翰·穆特雷当时的身份确实不具有行政权力。但我们不能因敬仰霍雷肖·纳尔逊而忽视了一个事实:从军队的角度看,他的行为是违纪的。一个军官的首要职责就是服从命令,有疑虑可以向总指挥反映,以善意的方式质疑自己认为的不妥之处。有了争议就自行其是,或者按照自己的判断采取行动,将命令置于不顾,是无视军人服从命令的天职。请读者注意，霍雷肖·纳尔逊面临的并不是什么事前无法预计的突发情况，从而不得不违反指示。身为军人确实会遇到这样的紧急情况，这时，能否相机而动、当机立断是对一个军官能力的检验。而在圣基茨岛和安提瓜岛的事件中，没有任何导致霍雷肖·纳尔逊不能等待上级指示而需要紧急决策的情况。海军部给霍雷肖·纳尔逊的训诫表达的就是这个意思。我们完全可以说，本来应该严惩的重大违纪被从轻发落了。虽然这两件事的后果不严重，但它们足以说明霍雷肖·纳尔逊从军早期的处事风格，也可以据此预见他未来的行事方式。对渴望了解他传奇经历的读者，这两件事具有重大的意义。

关于安提瓜岛上的这桩"公案"，还有一件趣事。霍雷肖·纳尔逊虽然质疑约翰·穆特雷的职权，义正词严地要求对方撤下准将将旗，但其实他和约翰·穆特雷私交甚笃，尤其和约翰·穆特雷的夫人感情很不一般。虽然我们不知道确切的数字，但约翰·穆特雷的夫人比丈夫年轻很多是确凿的事实。霍雷肖·纳尔逊到达安提瓜岛后不久就曾在信中说："要不是约翰·穆特雷的夫人对我如此体贴，我恐怕早就在这个活地狱上吊了。"因约翰·穆特雷的将旗起争执期间，霍雷肖·纳尔逊在给哥哥威廉·纳尔逊的信中坦陈："我亲爱的、挚爱的朋友要回家了。我真是个多愁善感的傻瓜。我替她高兴，但站在我自己的立场，我感到万分痛苦。无论何时何地，我再也找不到可以和她媲美的人。"在这封信中，霍雷肖·纳尔逊还讲到海军基地里几位年轻女士及和她们的一些交往，随后说道："总督大卫·帕里的侄女已经开始出入社交场所了。她是乘'北风神'号去内维斯岛的。我是个老派守旧的人，所以他们都放心把年轻姑娘交给我。"

几周后，也就是1783年3月中旬，霍雷肖·纳尔逊的船驶往圣基茨岛。在圣基茨岛，霍雷肖·纳尔逊待了好几个月，爱上了内维斯岛委员会主席约翰·理查森·赫伯特的外甥女弗朗西丝·赫伯特·伍尔沃德①，即约翰·理查森·赫伯特

---

① 与霍雷肖·纳尔逊成婚后改称弗朗西丝·纳尔逊。——译者注

的姐姐玛丽·赫伯特与威廉·伍尔沃德法官的女儿。弗朗西丝·伍尔沃德·尼斯贝特1761年出生,时年二十四岁。1779年6月,她嫁给了乔赛亚·尼斯贝特。遗憾的是,他很快就精神错乱,十八个月后,即1781年1月,就去世了。他的遗孀和襁褓内的儿子靠弗朗西丝·伍尔沃德·尼斯贝特的舅舅约翰·理查森·赫伯特帮扶。

虽然霍雷肖·纳尔逊此前多次进出内维斯岛,但无缘结识弗朗西丝·伍尔沃德·尼斯贝特。而这一次,霍雷肖·纳尔逊返回内维斯岛很快引起了弗朗西丝·伍尔沃德·尼斯贝特的注意。1783年3月中下旬,弗朗西丝·伍尔沃德·尼斯

弗朗西丝·伍尔沃德·尼斯贝特

贝特在圣基茨岛的一位朋友在信中对她说："今天我们终于见到了'北风神'号闻名已久的上校。他是晚饭前到的，虽然为人很热情，话却不多，可能老话说得对：'想得多的人说得少。'他滴酒不沾，但晚饭后，主席先生像往常一样举杯：'为国王陛下、王后陛下和王室干杯！'这个奇怪的人补充说，'还有塞缪尔·胡德子爵'，然后频频举杯，每次都会说同样的祝词。他说这是他的习惯。然后，他说不喝就不喝，又缄口不言了。凭这次接触，我们谁也看不透他的性格。看他的行为举止，他似乎比较内敛、严肃。有那么一刻，我们可以从他身上感觉到那种聪明人常有的忧郁。我坐在他旁边，一直尽最大努力跟他攀谈，引起他的谈兴。然而，除了'是的''不是'，一无所获。亲爱的范妮①，如果你在场，我相信你一定能有办法，你一贯善于跟各种奇怪的人打交道。"

1783年5月12日，霍雷肖·纳尔逊在给哥哥威廉·纳尔逊的信中偶然提到自己在内维斯岛遇到了一位年轻的寡妇。1783年6月29日，他写道："上将和夫人、小姐昨天都离开了，我虽然现在住着他们的房子，但失去了他们的陪伴。"紧接着，他又补充了一句："告诉你个秘密，如果我说我要当新郎了，你可别大吃一惊。严格来说，还要等一个月。别告诉别人！"这时，他是否已经求爱成功，我们不得而知，但短短几周后，他显然赢得了美人的芳心。1783年9月11日，霍雷肖·纳尔逊从安提瓜岛寄出的信赫然以"我亲爱的范妮"开头，而结尾则署着"你亲爱的"。信中讨论了他们未来的婚事，语气冷静，有条不紊。显然，这是他给弗朗西丝·伍尔沃德·尼斯贝特写的第一封信，客气有余，激情不足，更像是写给好朋友，而不是热恋的情人。这封信的重点当然是他们的婚事，因为他们已经真心相爱了——至少很多人都这么认为。我不妨引用其中一段："我离开内维斯岛时给约翰·理查森·赫伯特留了一封信，现在他给我回信了。我最大的心愿就是和你结为夫妻。我们的婚姻会幸福，因为幸福婚姻的基础是爱情和尊重，而我相信你知道，我对你的爱已经无以复加。我相信你的舅舅约

---

① 弗朗西丝·伍尔沃德·尼斯贝特的昵称。——译者注

翰·理查森·赫伯特也非常爱你，所以愿意你嫁给自己称心的人，只要你称心的人的品格和人生都是清白的，不是很有钱也无妨。我郑重宣布，除非我确信你已经完全倾心于我，我绝不会勉强你接受我的求婚。我们都深知金钱不一定能保证幸福。大家都知道，我一向对钱财很淡泊，否则无论利用公职还是私交，我早就可以发财了。现在，我坦白了我的感情，请你决定。如果你也对我抱有同样的感情，那么我就是你亲爱的霍雷肖·纳尔逊。——附言：我可否斗胆请你回信？除非你觉得我的来信令你不快。"接着，霍雷肖·纳尔逊当然要给他的舅舅威廉·萨克林写信，请求舅舅像两年前他向安德鲁斯小姐求婚前一样，答应给他每年一百英镑的补贴。威廉·萨克林果然再次慷慨地应允了。霍雷肖·纳尔逊认为，约翰·理查森·赫伯特先生在世期间，应该会给他的外甥女弗朗西丝·伍尔沃德·尼斯贝特每年几百英镑。约翰·理查森·赫伯特还承诺，如果他的女儿先于自己去世，他会留给外甥女弗朗西丝·伍尔沃德·尼斯贝特两万英镑的遗产或他众多房产的一大部分。

财务问题就这样愉快地谈妥了，他们顺利订婚了。霍雷肖·纳尔逊不在内维斯岛的时候就与他的未婚妻保持通信，其中偶有热烈的，甚至疯狂的情书，但绝大部分显得十分清醒和冷静，完全像是写给卡斯伯特·科林伍德等亲密朋友的。他在给舅舅威廉·萨克林的信中说："我没想到我们这么快就要结婚了。我一直以为我们要等到1787年才能返回英国，但有报告说我们今年，即1784年夏天就要返航了。"

其实，这个报告有误，"北风神"号继续在内维斯岛、安提瓜岛和巴巴多斯岛之间往返。从为霍雷肖·纳尔逊立传的角度看，这是一件幸事，因为两地相隔的未婚夫妻少不了写信，其中一些还很有趣味。这段时间，霍雷肖·纳尔逊的生活都是一些日常琐事，因扣押美国商船而引起的诉讼继续令他烦恼。他需要为此不时写一些公函或私信。恶劣的天气和诉讼的焦虑使他的健康每况愈下。1784年7月5日，他向舅舅威廉·萨克林描述："我已经瘦得皮包骨头了。不过，我相信医生和驴奶会帮助我恢复。"接下来的一段话恰巧印证了威廉·亨利王子的印象，莫里斯·萨克林在他的外甥霍雷肖·纳尔逊心中是何等地位。"你永远是我最好的朋友，我相信我能坚持住，用我的行为证明我没有辜负亲爱的舅舅①为我提供的在英国海军服役的机会。对我的国家来说，我感到我就是舅舅的继承者。我要斗胆说，英国永远需要舅舅的指引。我觉得他希望我继承他的遗志。在他弥留之际，如果我能守在他的病榻前，他一定会对我说：'孩子，我把你留给我的国家。为它尽忠，它不会抛弃你，永远都会回报你。'"

1784年8月，西印度群岛英军总指挥理查德·休斯爵士返回英国，霍雷肖·纳尔逊作为最高长官留守基地。因此，1784年11月，威廉·亨利王子指挥巡航舰"珀伽索斯"号来西印度时，霍雷肖·纳尔逊就成了他的上司，他们之间的友谊变得更加牢固。威廉·亨利王子得知自己的上司兼朋友即将结婚，坚持参加婚礼并亲自把新娘交给霍雷肖·纳尔逊。霍雷肖·纳尔逊对威廉·亨利王子的印象极好。这段时间，在他写给未婚妻弗朗西丝·伍尔沃德·尼斯贝特、他的哥哥威廉·纳尔逊和老舰长威廉·洛克的信中，处处洋溢着对威廉·亨利王子的赞美。"在业务能力上，他比海军三分之二的人都优秀。""像他这样服从命令、尊重上级的人难得一见。""我真希望皇家海军所有上校都像他一样对待命令一丝不苟。"这就是霍雷肖·纳尔逊对英国未来国王的评价。当然，这样热情的赞扬背后有忠于王室、热爱王室的因素，同时反映了霍雷肖·纳尔逊对威廉·亨利王子作为海军军官和水手的高度评价。

1787年3月11日，霍雷肖·纳尔逊结婚了。威廉·亨利王子如约到场，把新娘弗朗西丝·伍尔沃德·尼斯贝特托付给霍雷肖·纳尔逊。1787年6月，霍雷肖·纳尔逊向海军部报告，"北风神"号腐蚀严重，如果在飓风季节航行，将无法承受恶劣的天气。"北风神"号投入使用的年限并不长，十三年前，即1774年才下水，但木质船的使用寿命不长，尤其约翰·蒙塔古担任第一海军大臣期间制造的船，质量堪忧。总之，"北风神"号目前的状况需要大修。1787年7月4日，"北

---

① 此处指莫里斯·萨克林。——译者注

风神"号抵达斯皮特黑德。霍雷肖·纳尔逊夫人弗朗西丝·纳尔逊则乘坐一条商船到达英国。

当时,英国与法兰西王国的关系极不稳定,有人认为战争一触即发,所以最好不要遣散"北风神"号的船员。英国皇家舰队已经在朴次茅斯整装待发,一旦接到出海的命令,"北风神"号势必立即参与行动。霍雷肖·纳尔逊则认为这个夏天是安全的,来年却必有一战。1787年8月中旬,"北风神"号被派往诺尔,但同时被告知随时等待出海的命令。1787年9月,霍雷肖·纳尔逊在日记中写道:"我们离岸只有七英里[①],我和妻子却两地相隔,仿佛我远在东印度群岛。现在看来,一场战争近在咫尺,'北风神'号很可能被遣散,船员即将各奔东西。至于我本人的去向,全凭理查德·豪的命令。我一直都在战场,这次也不想做个旁观者。"1787年10月31日,他又写道:"我已经向理查德·豪申请指挥一艘战列舰,但'北风神'号已经配备了三个月的食物,准备出海了。我本人也接到命令随时准备上船。"

在诺尔河上,霍雷肖·纳尔逊与哥哥威廉·纳尔逊和老舰长威廉·洛克通信频繁,从未显示过对自己接到的任务的不满,或者对海军部有任何微词。坊间传说他对此安排极其不满,打算拒不执行,甚至萌生了退役的念头,这实不足信。有很多流传至今的关于霍雷肖·纳尔逊的传言,其实都是不负责任的以讹传讹。

最终,1787年12月,"北风神"号被遣散。在接下来的一个月里,霍雷肖·纳尔逊处理了一些私事,然后带着妻子弗朗西丝·纳尔逊前往巴斯。他在信中写道:"我们不得不放弃在伦敦附近的生活,因为我妻子弗朗西丝·纳尔逊的肺部严重感染,承受不了伦敦的烟尘。无论这里生活条件多么优越,我都不敢设想把她留在这里的后果。明年夏天,我会回诺福克郡,然后从长计议。"此时,威廉·亨利王子已经乘坐他的"珀伽索斯"号返回了英国,他邀请

---

① 英制长度单位,1英里等于1609.344米。——译者注

霍雷肖·纳尔逊前往普利茅斯。霍雷肖·纳尔逊在给威廉·洛克的信中再次高度评价了威廉·亨利王子作为军官和水兵的表现,并且补充说:"这下,那些大人物不但不能再无视王子殿下,还要成为王子殿下的下属。这滋味他们恐怕不会喜欢。"

1788年夏末,霍雷肖·纳尔逊如期回到诺福克郡。经过一番犹豫,他决定在父亲埃德蒙·纳尔逊于伯纳姆索普的家中住下。此后四年半的时间,霍雷肖·纳尔逊除偶尔离家在外,都在父亲埃德蒙·纳尔逊的家中度过。他因为当年在西印度群岛扣押了美国商船,查处当地在供应政府军需物资时的欺诈行为,所以仍不时受到诉讼的困扰。直到1789年年底,事情才彻底解决。但海军部对他的做法是否已经毫无芥蒂,仍然存疑。虽然他的确收到了几个政府部门的表彰,但他很有可能留给大家这样一个印象:太过冲动,在和平时期少不了惹是生非。他也感觉到海军部对自己有意见,塞缪尔·胡德子爵对他只是维持基本的礼貌,难怪他请战的要求石沉大海。西班牙舰队在努特卡海湾截获了英国船,促使英法摩擦和俄罗斯侵占奥恰科夫造成的英俄冲突陆续平息了。舰队的船该另行派遣的被派遣,该遣散的被遣散,霍雷肖·纳尔逊却无人问津。

可以肯定的是,此时,霍雷肖·纳尔逊的经济非常拮据。一个上校的半薪很少——大约一年一百二十英镑。此外唯一的收入就是舅舅威廉·萨克林每年给的一百英镑。至于约翰·理查森·赫伯特有没有如上文所说给他的外甥女、霍雷肖·纳尔逊的夫人弗朗西丝·纳尔逊补贴,因为没有任何地方提及,我们也就无从知晓。霍雷肖·纳尔逊强烈请求上舰服役很大程度上是出于经济上的窘迫。这恐怕不是妄断。在伯纳姆索普暂住的这段时间,霍雷肖·纳尔逊过着一种近乎退休的田园生活,侍弄花园,耕种土地,跟妻子弗朗西丝·纳尔逊在林间散步,掏掏鸟窝。不过,最多的时间是用来读读写写,研究地图,制订计划,尤其值得一提的是读书,并且读得恐怕远比我们以为的要多。研究地图和制订计划可能也做了不少,但写作恐怕仅限于书信。即使是书信,这段时间他需要保持通信的人也不多。但从很多角度来说，被迫过上的退休生活对霍雷肖·纳尔逊是有好处的。有了阅读和思考的机会，对他来说，算是一种补偿，弥补了他几乎没有接受正规教育，只能边干边学的遗憾。

不过，即使希望渺茫，但他从未停止投身海战的渴望。在西班牙努特卡海湾危机期间，他拜访了当时已经进入海军部的塞缪尔·胡德子爵，请他在第一海军大臣查塔姆伯爵约翰·皮特面前为他请命，让他能够上舰服役。然而，

查塔姆伯爵约翰·皮特

英王乔治三世

塞缪尔·胡德子爵拒绝了,理由是英王乔治三世对他印象不佳。1792年12月,霍雷肖·纳尔逊写道:"我无法将塞缪尔·胡德视为朋友。不过,我已经很满意了,因为我没有给塞缪尔·胡德任何正当的理由成为我的敌人。"这就是霍雷肖·纳尔逊的不对了。塞缪尔·胡德子爵以前遂了他的心愿,所以是他的朋友。这次,塞缪尔·胡德子爵不能如他所愿就不算他的朋友了。塞缪尔·胡德子爵对

第 2 章 北美洲和西印度群岛 | 071

霍雷肖·纳尔逊的看法其实没有改变，但毕竟他比霍雷肖·纳尔逊年长三十四岁。加上塞缪尔·胡德子爵的个性也不是那种会刻意显得亲近，所以他们不可能像平辈之间那么亲密。其实，塞缪尔·胡德子爵知道霍雷肖·纳尔逊是个有能力、干实事的人，是个可以倚重的人。因此，英法摩擦一发生，塞缪尔·胡德子爵立即将霍雷肖·纳尔逊派上军舰。虽然直到1793年2月11日英法才真正宣战，但其实在一个月前，即1793年1月，大家已经意识到战争在所难免。1793年1月2日，双桅横帆船"奇尔德斯"号在侦察布雷斯特港时被击中。1793年1月7日，第一海军大臣查塔姆伯爵约翰·皮特向霍雷肖·纳尔逊赔了不少不是，接着任命他为一艘装有六十四门大炮的战列舰的指挥官，还承诺等有了装有七十四门大炮的战列舰再委以重任。霍雷肖·纳尔逊在给妻子弗朗西丝·纳尔逊的信中说："终于云开雾散了，海军部的官员们对我满脸堆笑。这令我无比惊讶，就像他们之前对我横眉冷目一样令我摸不着头脑。"1793年1月30日，霍雷肖·纳尔逊被派往"阿伽门农"号。

第3章

科西嘉岛

精彩看点

指挥"阿伽门农"号——霍雷肖·纳尔逊对"阿伽门农"号人员的影响——遇到西班牙舰队——封锁土伦港和马赛港——土伦失守——被"阿伽门农"号重创——计划攻下科西嘉——攻陷巴斯蒂亚——关于霍雷肖·纳尔逊的功绩——错失进攻卡尔维的时机——霍雷肖·纳尔逊受伤——塞缪尔·胡德子爵被调离

指挥"阿伽门农"号是霍雷肖·纳尔逊一生中非常重要的经历,几乎可以算是他作战生涯的开始。可以说,霍雷肖·纳尔逊作为"欣钦布鲁克"号的指挥在西班牙珍宝海岸的所见所闻,以及指挥"阿尔比马尔"号巡航舰时在西印度群岛的见识,都不值得一提。这些经历充其量让他学会了处变不惊,让他清楚地意识到自己的潜力。经过几年的思考和对过去经验和错误的反思,他将在新的地方,在新的形势下,与新的同事重新开始。此时,霍雷肖·纳尔逊快三十四岁了,但他的名字除家人和亲近的熟人之外,还不为人知。对英国海军而言,霍雷肖·纳尔逊不过是个"对总指挥理查德·休斯爵士一家动怒的家伙"。英国海军部官员,除塞缪尔·胡德子爵之外,对霍雷肖·纳尔逊知之甚少。

从一开始就明确了,"阿伽门农"号加入塞缪尔·胡德子爵指挥的地中海舰队。但直到1793年4月月底,"阿伽门农"号才准备妥当,从泰晤士河开往斯皮特黑德,接着奉命巡航英吉利海峡入口处。这显然是为了让"阿伽门农"号适应环境,但性急的霍雷肖·纳尔逊写道:"它就只能在家门口转悠、显摆。"1793年5月23日,十一艘战列舰在塞缪尔·胡德子爵的指挥下,离开利泽德半岛,两周后越过直布罗陀海峡,进入地中海。

与此同时,霍雷肖·纳尔逊开始熟悉"阿伽门农"号和它的船员、军官,一如既往地大加赞赏。1792年2月7日,霍雷肖·纳尔逊登上"阿伽门农"号。三天后，即1792年2月10日，霍雷肖·纳尔逊在日记中写道："我的船当然是海军相同级别的船中最好的，它的航行性能优越。军官在自己以前的岗位上都是佼佼者，除了军医，我都有所耳闻。"1792年2月21日，他又写道："我挺喜欢事务长托马斯·费洛思，并且如实告诉了他这一点……他必须谨慎行事，不要给人任何投诉他的理由，因为我绝不会容忍任何人玩猫腻。"

这里需要补充几句。18世纪和19世纪上半期，船上军需用品、被服用品的采买成本和售价之间的差价，就是军舰事务长收入的主要来源。因此，卖出的时候缺斤少两越严重，事务长的收入就越高。于是，事务长就留下了这样的坏名声。为了讽刺事务长如何用尽心思中饱私囊，当时还流行一种滑稽的说法——事务长选择船上的售货员，专门选大拇指长的，因为大拇指长的人握皮尺的时候，掖住的部分比较长，事务长能私吞的就更多。下发布匹当然也是事务长的责任，事务长会把布绷得都快裂了。这当然有所夸大，但事务长和承包商之间在合同上玩猫腻，以次充好，低买高卖，也是难免的。对这种事，霍雷肖·纳尔逊从不姑息，所以一上"阿伽门农"号就告诫事务长。

霍雷肖·纳尔逊很受水兵的拥戴，不是靠迎合他们、纵容他们的缺点和恶习，而是靠长期关心他们的需要、保障他们的权益。军官爱戴他，不是因为他容忍下属的怠惰，而是因为他总是真诚而坚定地认为，下级军官也像他本人一样，会忠于自己的职守。正因为如此，1792年4月18日，他在日记中写道："我不仅喜欢'阿伽门农'号，而且庆幸自己能领导'阿伽门农'号上的军官，船上的水兵也都很出色。如果有机会和法兰西人交手，我们一定会表现不俗……船又好又快，船员又得力，必然无往不胜。"1792年4月29日，他再次感慨："一切都称心如意。这一船的人组成一个非常出色的集体，谁能不喜欢？"然而，事实上，"阿伽门农"号一开始配备的人员和其他船上的人员并没有什么不同。恰恰是因为霍雷肖·纳尔逊的影响，才使"阿伽门农"号的人员几年之后成就不凡。

在开往直布罗陀海峡的路上，为了节省时间，"阿伽门农"号和另外五艘船被派往西班牙加的斯港补充淡水，霍雷肖·纳尔逊利用这个机会打探了一下

加的斯港

西班牙舰队。1792年6月23日，他写道："'设想'号有一百一十二门大炮。我们和上将在船上用了餐。军械库和码头都随便我们参观。加的斯港有四艘甲级舰，船优良，但人员实在差强人意。我们地中海舰队的二十一艘战列舰如果要发挥作用，必须要有更优秀的将士。"

两周后，英国舰队在阿利坎特附近遇到西班牙舰队，西班牙舰队共有二十四艘战列舰。英国舰队一发现西班牙舰队，就布阵进入战斗状态，西班牙舰队也试图摆出战斗队形，但几个小时都徒劳无功。在看到地中海舰队总指挥塞缪尔·胡德子爵用旗语发出询问后，西班牙人派出一艘巡航舰前来解释，他们的船员病情严重。原来，西班牙舰队已经连续出海六十天了，船员病倒，不足为奇。霍雷肖·纳尔逊却认为这太荒唐："我们在海上航行的时间比他们久，却依然健康。我算是明白他们的航海能力了。但愿他们一直如此。"

霍雷肖·纳尔逊的论证方式不对，但结论是正确的。1793年，水手的命运并不比1778年好多少。1778年，舰队离开阿申特岛巡航数月，然后回到斯皮特

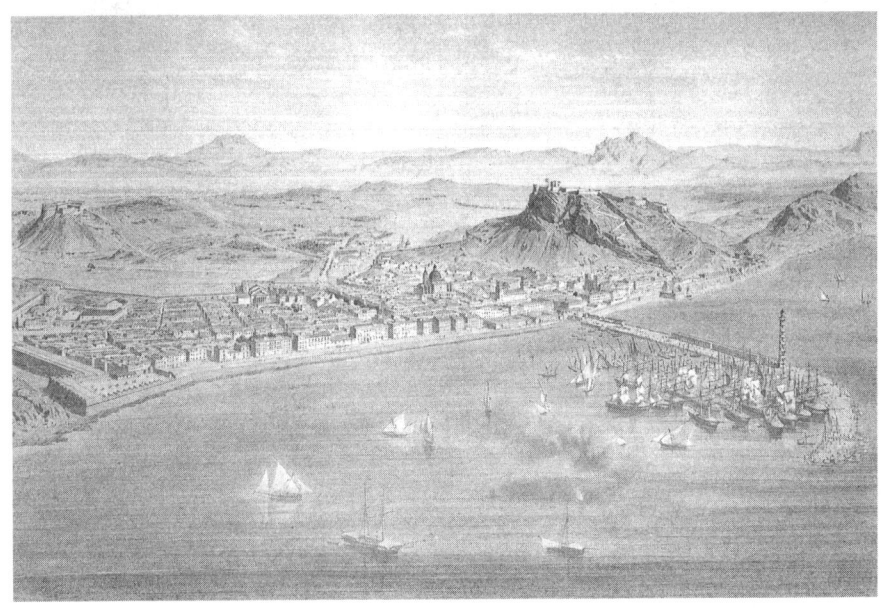

阿利坎特

乔治·布里奇斯·罗德尼

黑德，四千多名水手被送往医院。霍雷肖·纳尔逊好像忘了1782年自己的"阿尔比马尔"号巡航舰巡航时的遭遇。1759年，爱德华·霍克男爵确实做到了让航行数月的舰队船员维持健康，但那是因为不断轮换船上的人员。1782年，乔治·布里奇斯·罗德尼的舰队也同样幸运，但那是因为舰队并不是连续数月在

詹姆斯·库克

海上航行。直到法兰西大革命爆发以后,人们通过科学实验才发现了柠檬汁的价值。接着,通过上校詹姆斯·库克的实践加以证实,舰队才能在没有新鲜食物补给的情况下维持船员的健康。虽然塞缪尔·胡德子爵的舰队在西班牙加的斯港和直布罗陀补给过新鲜食物,但即便没有,英国舰队船员的健康也不成问题。西班牙舰队的二十四艘战列舰,在航行两个月后病倒了一千九百名船员,不足以说明西班牙舰队缺少必要的航海技能,几个小时列不出战斗队形倒是能说明问题。霍雷肖·纳尔逊把这些分析和他在加的斯港的所见所闻联系起

胡安·德·兰加拉

来,再加上获悉圣文森特角战役中乔治·布里奇斯·罗德尼的情况,他得出结论:1793年的胡安·德·兰加拉不比1780年的他更高明,他的手下缺乏战斗力。但霍雷肖·纳尔逊的观点并不被英国皇家海军采信。很多年以来,英国皇家海军依然盲目相信西班牙舰队表面上的强大。

1792年7月中旬,地中海舰队到达法兰西土伦港外,严密封锁土伦港和马赛港。霍雷肖·纳尔逊写道:"一艘船也别想进入。俗话说'狮子饿了也会变得乖乖的'。这回我们要好好证明一下了。"1792年8月23日,土伦和马赛的最高行

土伦港

马赛港

政长官来到塞缪尔·胡德子爵的旗舰"胜利"号和谈，条件是帮助法兰西人恢复君主制。后来，法兰西共和国的军队夺回了马赛港，土伦港向英国投降，当地所有堡垒、要塞和船全部交给塞缪尔·胡德子爵。同时，胡安·德·兰加拉和西班牙舰队也都听从塞缪尔·胡德子爵的调遣，两支舰队同时进入土伦港。霍雷肖·纳尔逊的"阿伽门农"号则被匆匆派往那不勒斯，去请求那不勒斯政府派兵一万帮助英国控制土伦的要塞。

但霍雷肖·纳尔逊没能带回援军。尽管那不勒斯政府热情地接待了他，并且承诺派兵，但当时那不勒斯政府正忙于准备那不勒斯国王斐迪南四世的来

斐迪南四世

里窝那港

访,所以派兵一事需要暂缓。而"阿伽门农"号听说海面上出现了法兰西军舰,于是匆匆出海备战。不知道这是不是假消息。总之,霍雷肖·纳尔逊不曾见到法兰西军舰的踪影。他又听说在意大利的里窝那港有一艘配备四十门大炮的法兰西巡航舰。于是,霍雷肖·纳尔逊原地不动,以防这艘巡航舰出动。但恰恰因为霍雷肖·纳尔逊在,这艘巡航舰是不会出动的。霍雷肖·纳尔逊等待了几日,不见动静,便前往土伦港加入塞缪尔·胡德子爵的行动。不久,那不勒斯政府派来的军队到了,随同前来的还有两艘战列舰,其中一艘是弗朗西斯科·根萨指挥的"坦克雷迪"号。当时,弗朗西斯科·根萨已经是那不勒斯海军颇负盛名的军官。到1792年10月中旬,土伦港已经由一万两千多名将士驻守,城市上空飘扬着波旁王室的白色鸢尾花旗。虽然驻守将士人数众多,但很难协调,因为大家来自不同的国家,说着不同的语言,各打算盘,不相统属。

当时,英国海军,包括塞缪尔·胡德子爵本人,普遍认为胡安·德·兰加拉勾结法兰西保王派。虽然大家都没有确凿的证据,但怀疑本身就会导致军队战斗力减弱。塞缪尔·胡德子爵很希望摆脱法兰西舰队，但土伦当地人自然不会答应。他们反对保王派，但并不反对法兰西。此外，西班牙舰队对自己要服从英国舰队的指挥也颇不服气。就这样，塞缪尔·胡德子爵不得不率领无法信任的盟国舰队作战，尽管他本人很想保证舰队和土伦的安全，却无能为力。结果，法兰西共和国的军队一发动攻势，几乎不费吹灰之力就夺回了土伦。

接来下是混乱和恐慌。塞缪尔·胡德子爵眼看土伦不保，下令撤退，并且警告当地居民注意安全，因为1793年12月17日，反法同盟已经决定炸毁当地的军械库，破坏全部军用船和商用船。舰队已经收到了出海的命令，而很多军舰

法兰西共和国的军队攻打土伦

"勇气"号

连中桅都没有了,忙着修理。"勇气"号被侧翻整修。在很短的时间里,英国舰队就准备就绪,在锚地待命。1793年12月18日,英国舰队有条不紊地安排陆军将士、伤病员登船,而西班牙、皮埃蒙特和那不勒斯的舰队就没有这样的效率了,它们陷入了一片混乱。土伦城内更加恐慌、绝望。人们想搭乘英国军舰和西班牙军舰出逃,确实也有很多人因此逃过一劫:"皇家公主"号接收了四千人,"强健"号接收了三千人,商船、渔船……只要能漂浮在海上的,都载满了人,共计一万五千人逃离了土伦,同时不计其数的人被淹死,或者丧生在法兰西人的炮火之下。夜幕降临后,燃烧的船厂和上校悉尼·史密斯爵士下令烧毁的几艘军舰把整个土伦照得通明。西班牙人奉命留下来点燃港口内几艘军舰,但慌

英国舰队撤离土伦,人们纷纷登上军舰出逃

被点燃的几艘军舰将土伦港的夜空照得通明

乱之际，他们顾不上了，只点燃了一艘存放弹药的船。这个本应该被凿穿、沉海的炸药桶，现在却因某些人的愚蠢——但愿不是故意的背叛——而被点燃，震天的爆炸使当地人更加惊慌失措。1793年12月18日当天夜里，舰队向外海移动，并于1793年12月19日驶入外海。这时，法兰西共和国的军队攻入城内，对那些无法登船，被困当地的老弱妇幼，进行了惨绝人寰的报复。据估计，土伦被围困和被攻陷时遭到屠杀的当地人及1793年12月18日晚上企图登船却被淹死的人，大约有六千人之多。

但所有这一切霍雷肖·纳尔逊都没有参与。1792年10月5日，霍雷肖·纳尔逊返回塞缪尔·胡德子爵的舰队后，就被派往科西嘉岛海岸巡防。几天后，霍雷肖·纳尔逊又奉命加入准将罗伯特·林齐的舰队。罗伯特·林齐是塞缪尔·胡德子爵的内弟①，当时正在撒丁岛南端执行任务。霍雷肖·纳尔逊率领舰队立即赶往会合地点。1792年10月22日，在卡利亚里港外，霍雷肖·纳尔逊遇上了五艘法兰西军舰，包括一艘双桅横帆船、一艘轻型巡航舰和三艘大型巡航舰。"阿伽门农"号拦截住最后一艘，向它开火。但另外几艘法兰西军舰很快就调转方向，前来助阵。此时，"阿伽门农"号的中桅已经被击碎，主桅、后桅和帆桁严重受损，缆绳索具都已断裂，绝无以一敌五的可能。当时，关于海战的一个误解普遍流行，认为巡航舰不可能，也从未与战列舰交战。其实，有不少海战的实例可以证明这是误解，"阿伽门农"号与法兰西军舰的这场交战就是一例。已经受损的巡航舰"墨尔波墨"号在追击过程中向"阿伽门农"号开火，并且重创了"阿伽门农"号。可以肯定的是，此时，如果另外两艘巡航舰大胆一些，"阿伽门农"号将陷入毁灭性的灾难。双方交火时间虽短，但霍雷肖·纳尔逊立刻意识到对方实力远超己方，应该果断突围。不过，法兰西军官不这么认为，也许他们还很庆幸自己摆脱了一艘配有六十四门大炮的战列舰。

霍雷肖·纳尔逊与罗伯特·林齐会合后，这个由三艘配备七十四门大炮的

---

① 塞缪尔·胡德子爵的妻子苏珊娜·林齐是罗伯特·林齐的姐姐。——译者注

战列舰、"阿伽门农"号和两艘巡航舰组成的分队前往突尼斯,目的是与突尼斯贝伊①哈穆达·伊本·阿里谈判,要回八十门大炮的战列舰"杜肯"号和几艘商船。霍雷肖·纳尔逊认为英国人从来没在谈判桌上战胜过法兰西人②,所以对这次谈判失利丝毫不感到意外。霍雷肖·纳尔逊认为应该把那几艘船抢回

哈穆达·伊本·阿里

---

① 贝伊在突厥语中是"首领"或"酋长"之意。在突尼斯,1705年,突尼斯王朝统治者称"贝伊",贝伊成为君主及其家族的头衔。1705年到1957年,"贝伊"代替"台伊"成为对突尼斯统治者的称号。——译者注
② 突尼斯是法兰西共和国的殖民地,所以英国人的谈判对象实际上是法兰西人。——译者注

来,再给突尼斯贝伊哈穆达·伊本·阿里五万英镑,让他挽回一下面子。结果,如他在日记中写的那样:"我们的提议得到的只有嘲笑,这让我很不高兴。"他觉得罗伯特·林齐在这件事上不够果断。1792年11月月底,霍雷肖·纳尔逊收到塞缪尔·胡德子爵一封信,塞缪尔·胡德子爵授权他指挥一个巡航舰分队。霍雷肖·纳尔逊对这个"英明的安排"开心极了。巡航舰分队的任务是前往科西嘉和意大利海岸,保护当地的贸易,封锁热那亚,密切注意在圣菲奥伦佐的几艘法兰西巡航舰,也就是1792年10月22日霍雷肖·纳尔逊遭遇并交火的那几艘。1792年12月26日,霍雷肖·纳尔逊到达里窝那港。在里窝那港,他收到了土伦失守的消息,并且把消息报告给英国海军部。一个月后,即1793年1月,塞缪尔·胡德子爵留下舰队大部分军舰密切注视土伦港的形势,自己带领其余军舰来到科西嘉岛海岸,决心攻下科西嘉岛。

霍雷肖·纳尔逊一直在此严密封锁海岸。塞缪尔·胡德子爵的舰队到来后,由于狂风肆虐,舰队一度被迫分散。待大风过去,舰队再次集结,陆军登陆。1794年2月17日,圣菲奥伦佐投降,未做任何抵抗。法兰西守军退到巴斯蒂亚,塞缪尔·胡德子爵希望即刻攻下巴斯蒂亚。1794年2月19日,霍雷肖·纳尔逊告诉塞缪尔·胡德子爵自己已经观察过巴斯蒂亚,认为除舰队上的将士和科西嘉岛的当地人之外,他们还需要一千人的陆军部队才有胜算。在圣菲奥伦佐的英国陆军将领大卫·邓达斯却拒绝把自己的全部兵力一千八百人派去攻打巴斯蒂亚,除非从直布罗陀前来的两万人的援军能够到位。大卫·邓达斯认为以目前的兵力攻城是"最不负责任的轻率举动,没有哪个军官愿意承担这个任务"。塞缪尔·胡德子爵试图说服他,却只是徒劳。塞缪尔·胡德子爵对陆军没有指挥权,陆军将领大卫·邓达斯又绝不让步。

霍雷肖·纳尔逊朝海岸的防御工事发起几次进攻后,更坚定了自己的看法:巴斯蒂亚绝对坚守不久,一千士兵就能拿下它。如果给他五百人,再加上"阿伽门农"号上的将士,他就敢攻城。塞缪尔·胡德子爵也急于一试,但又不愿让自己的海军去干陆军的活儿。霍雷肖·纳尔逊一再保证攻城绝对可行,塞缪尔·胡德子爵这才动心。另外,"阿蒂勒里"号的上校约翰·邓肯和"工程师"号的奥古斯塔斯·德·巴茨也支持霍雷肖·纳尔逊的观点。塞缪尔·胡德子爵终于下定决心了。但陆军将领大卫·邓达斯依然拒绝派遣任何陆军部队,只同意增援几个炮手。因此,攻城的所有工作全部由舰队的将士来完成。水兵和海军陆战兵共计一千二百多名,统统作为陆军使用。1794年4月4日,六十九步兵团陆军中校威廉·维莱特指挥部队登陆。此外,霍雷肖·纳尔逊也带领二百五十名水兵和三名上校——安东尼·亨特、沃尔特·塞罗科尔德和查尔斯·布伦登

查尔斯·布伦

陆。六门十三英寸[①]口径的迫击炮和两门十英寸口径的迫击炮及"阿伽门农"号上的十门二十四磅[②]长筒炮也被运到岸上。本来安装、使用火炮才是他们的职责，可现在他们还要负责修路、砍树、挖战壕、安装炮台、修筑平台，再把大炮布置到位，调试准备。这一切他们做得游刃有余，但进度缓慢，因为投入的人力着实有限，只能慢慢推进。

可喜的是，因为许多科西嘉人前来帮助，所以岸上的封锁很牢固。海上的封锁密不透风。巴斯蒂亚的守军几次尝试用小船偷运物资，都没有成功。守军眼看各种补给和弹药消耗殆尽，伤亡人数和染病人数急剧增加。1794年5月19日，守军挂起了白旗，请求和谈。1794年5月24日，四千五百名守军走出防御工事，放下了武器。霍雷肖·纳尔逊在日记中写道："四千五百名守军竟然败在一千名英国海军将士的手下。"胜利的喜悦溢于言表，但一旦冷静下来，他比谁都清楚这主要是舰队的功劳，没有舰队的严密封锁，仅凭岸上微不足道的力量，绝不足以克敌制胜。

尽管如此，霍雷肖·纳尔逊功不可没也是不争的事实。首先，如果没有霍雷肖·纳尔逊坚定的信心，塞缪尔·胡德子爵根本不会决定攻城。岸上的工事有很大一部分是霍雷肖·纳尔逊指挥水兵完成的。然而，在论功行赏的问题上，塞缪尔·胡德子爵犯了难。显然，他在捷报里不便直言陆军将领不支持这次行动，也不可能坦陈自己在下级的再三请求下才同意行动，甚至对岸上的工事，他的评价也不同于霍雷肖·纳尔逊的看法。霍雷肖·纳尔逊在信中把自己写成了唯一的功臣。事实上，陆军中校威廉·维莱特及他率领的人数是水兵四倍的陆军并不受霍雷肖·纳尔逊的指挥。围城期间，霍雷肖·纳尔逊本人的信也透露，炮手们似乎也不由他指挥。1794年4月25日，霍雷肖·纳尔逊写给塞缪尔·胡德子爵的信证实了这种怀疑。他在信中请求塞缪尔·胡德子爵"下达明确命令让所有水兵不分岗位都归我指挥"。不过，文件显示，他没有得到这样的授权。塞

---

① 英制长度单位，1英寸等于0.0254米。——译者注
② 英制质量单位，1磅等于0.4535924千克。——译者注

缪尔·胡德子爵批示:"霍雷肖·纳尔逊上校负责指挥战列舰上的炮手、迫击炮手和运送物资的水兵。安东尼·亨特上校负责指挥排炮手……"同时附有给安东尼·亨特上校的公函:"负责指挥排炮手的安东尼·亨特上校……"这些证据都显示排炮手并不归霍雷肖·纳尔逊指挥。历史学家罗伯特·索锡认为"汇报该战役的急报因为仓促,没有充分体现霍雷肖·纳尔逊的巨大功劳,导致国人无从得知"。事实上,这封急报写于1794年5月24日,也就是守军开始谈判五天之后,同时信中没有任何仓促而就的痕迹。同样,霍雷肖·纳尔逊的行动虽然受到塞缪尔·胡德子爵的约束,但还是远远超出了自己的职权。塞缪尔·胡德子爵对此只字未提,因为他认为这些不适合在急报中提及。

令霍雷肖·纳尔逊欣喜的不仅是攻陷了巴斯蒂亚,还有俘获了"拉弗莱切"号,即1792年10月22日,霍雷肖·纳尔逊遭遇的五艘军舰中最小的一艘巡航舰。另外两艘较大的巡航舰在圣菲奥伦佐已经被凿沉,但其中的"米内尔夫"号被打捞出来,并被补充进英国皇家海军,更名为"圣菲奥伦佐"号。此时,曾经与"阿伽门农"号交火的"墨尔波墨"号及轻型巡航舰"玲珑"号正在卡尔维。塞缪尔·胡德子爵决心攻占卡尔维。正当塞缪尔·胡德子爵为此积极准备时,他得到情报称法兰西有九艘战列舰已于1794年6月5日出海,而率领七艘战列舰游弋在土伦港外的中将亨利·霍瑟姆听到此情报,担心双方军舰数量悬殊,便把舰队撤到了圣菲奥伦佐。事实上,根本不存在数量悬殊:对方舰队其实也是七艘战列舰。但亨利·霍瑟姆没有核实,就把错误的消息上报给塞缪尔·胡德子爵。塞缪尔·胡德子爵迅速带领六艘战列舰前去增援。1794年6月9日,塞缪尔·胡德子爵与亨利·霍瑟姆会合。1794年6月10日,在圣特罗佩附近,法兰西舰队出现在英军视线中。塞缪尔·胡德子爵无法阻止法兰西舰队进入茹昂湾①,但因为法兰西舰队的力量远逊于自己,所以他决定摧毁法兰西舰队,于是下令二比一夹击法兰西军舰。

---

① 旧称乔治亚湾。——原注

塞缪尔·胡德子爵确信己方已经具备数量上的绝对优势。于是，他派霍雷肖·纳尔逊回卡尔维，推进攻城计划。这意味着塞缪尔·胡德子爵准备一结束这里的战斗就要进攻卡尔维。不幸的是，连续几天风向都不允许霍雷肖·纳尔逊的军舰进入茹昂湾。等他的军舰终于进入茹昂湾时，法军已经利用这几天宝贵的时间，在岛上竖起了大炮。塞缪尔·胡德子爵认为失去了战机，不宜作战。

此时，已经有近两千名陆军将士在巴斯蒂亚集结，而陆军总指挥查尔斯·斯图尔特比大卫·邓达斯更有魄力。1794年6月19日，查尔斯·斯图尔特派出

查尔斯·斯图尔特

本杰明·哈洛韦尔

一千五百名将士从西面登岛。"阿伽门农"号和运输船上的二百名水兵也登陆了。就像在巴斯蒂亚一样,他们承担了部署大炮的重任。几天后,塞缪尔·胡德子爵赶回卡尔维,命令本杰明·哈洛韦尔上校和沃尔特·赛罗克尔德上校率领更多水兵登陆。沃尔特·赛罗克尔德在攻打巴斯蒂亚时,曾与安东尼·亨特并肩作战,1794年7月7日,被霰弹击中身亡。经过将士三周的辛苦准备,排炮开始向市区开火,不间断地轰炸了几天几夜。霍雷肖·纳尔逊和本杰明·哈洛韦尔第一次合作,两人二十四小时轮班,负责推进炮台。很多大炮的炮膛被炸断,从基座上掉落,新的大炮又迅速被运来替换上,将士的伤亡也不少。1794年7月12

日7时,一枚炮弹击中了排炮的护栏,溅起的砂石击中了霍雷肖·纳尔逊的脸,蹭伤了他的头,他的右眼也被击中。随军医生认为他伤得不重,应该不碍事。霍雷肖·纳尔逊继续投入战斗。然而,医生给霍雷肖·纳尔逊的希望落空了,霍雷肖·纳尔逊受伤的眼睛视力越来越模糊,最终完全失明。经过双方谈判,1794年8月1日,守军表示,如果十日内物资还不能抵达,他们就投降。

谈判由陆军将领查尔斯·斯图尔特全权负责。霍雷肖·纳尔逊对谈判的条款很不满意。他宁愿跑到碉堡下面,一口气把碉堡炸上天。他说:"我承认,我希望靠我们自己的枪炮、血汗打下一座城,而不是靠把敌人饿死或困死。"1794年8月10日,守军兑现了自己的诺言,走出防御工事,放下武器,撤回法兰西。所有商船、炮艇、巡航舰"墨尔波墨"号和"玲珑"号都交给了英国舰队。"玲珑"号因已经不能使用而被炸毁,"墨尔波墨"号不但继续在英国皇家海军服役,而且名字被沿用至今。

塞缪尔·胡德子爵本来就因土伦港的法兰西舰队而忧心忡忡。1793年12月18日土伦陷落时,被凿沉或烧毁的几艘船损伤不大,经过修理很快就可以再次投入使用,支援茹昂湾内的七艘军舰。既然卡尔维已经被攻陷,征服科西嘉岛的任务已经完成,塞缪尔·胡德子爵打算加入封锁茹昂湾的舰队。此时,"阿伽门农"号奉命前往里窝那港维修,同时军舰上的将士休整。毕竟两次攻城,他们都担负了重任,伤员和病员较多。1794年9月中旬,"阿伽门农"号及其全体将士,来到土伦港外向塞缪尔·胡德子爵报到,然后被立即派往热那亚,帮助热那亚共和国保持中立。不过,"阿伽门农"号上人员的伤病依然严重。直到1794年10月中旬,在诊的伤病员仍有七十七人,他们"大都应该入院治疗"。

这时,塞缪尔·胡德子爵收到命令返回英国,由亨利·霍瑟姆代理地中海舰队总指挥。塞缪尔·胡德子爵被调离的原因至今不明,无法确定究竟是为他本人的健康着想,还是为了便于他出席政府的会议,不必再通过书信交流。无论怎样,当时,大家都认为塞缪尔·胡德子爵会很快回来重新担任总指挥。事实上,塞缪尔·胡德子爵没能重新执掌地中海舰队是因为他和海军部的意见

攻打卡尔维时,霍雷肖·纳尔逊负伤

相左。据说，塞缪尔·胡德子爵异常激动地指责海军部办事不力，不给地中海舰队增派军舰，加强力量。当他辞去地中海舰队总指挥的时候，没有其他上将可以继任总指挥。于是，海军部就让亨利·霍瑟姆代理。在美国独立战争时期，亨利·霍瑟姆多次表现英勇，被认为是个勇士，也是个优秀的军官。然而，亨利·霍瑟姆成为总指挥后，就显得紧张、胆小、犹豫不决。霍雷肖·纳尔逊在日记中写道："他太爱护我们了，舍不得一艘军舰脱离自己的视线。"

第4章

热那亚湾

精彩看点

热那亚海战——亨利·霍瑟姆——热那亚共和国与英国和法兰西共和国——吉尔伯特·埃利奥特－默里－基宁蒙德——洛阿诺战役——弗朗西斯·德雷克的劝告——亨利·霍瑟姆请辞——总指挥约翰·杰维斯——离开"阿伽门农"号——霍雷肖·纳尔逊提升二级准将——西班牙王国的态度——西班牙王国和法兰西共和国结成攻守同盟——约翰·杰维斯悻悻而归

1795年1月月底，法兰西撤回茹昂湾的舰队，补充到土伦港。这样一来，土伦港的法兰西舰队就有战列舰十五艘，而英国舰队在土伦只有十三艘战列舰。1795年2月，那不勒斯的"坦克雷迪"号赶来支援英国舰队。于是，双方军舰的数量就旗鼓相当了。1795年3月2日，霍雷肖·纳尔逊感慨道："我真盼着塞缪尔·胡德赶紧回来。"1795年3月8日，在里窝那港，亨利·霍瑟姆收到消息说法军已经出海。1795年3月9日清晨，亨利·霍瑟姆率领十三艘英国战列舰和"坦克雷迪"号起锚。当时，"贝里克"号正在圣菲奥伦佐，试图与亨利·霍瑟姆中将在里窝那港会合。但1795年3月7日，在途中，"贝里克"号遇上了法兰西舰队并被俘获。1795年3月9日到1795年3月11日，连续三天，在土伦港西面，英国巡航舰数次发现法兰西舰队，立即报告指挥官。而亨利·霍瑟姆不知是否打算在土伦港拦截法兰西舰队，所以一直在土伦港以北按兵不动。1795年3月12日早晨，英国舰队终于看到敌舰出现。而此时，英国舰队的军舰非常分散，时断时续的微风又帮不上忙。上将塞缪尔·格兰斯顿·古尔多和亨利·霍瑟姆分别命令自己身边的几艘军舰列出战斗队形。但显然，最后挽救英国舰队的是敌人的无能。霍雷肖·纳尔逊曾这样描述当时的情形："我们的军舰努力会合，而敌人则努力将我们的军舰隔开。但在我看来，他们的军官完全是外行。"虽然当时风向朝南，对法兰西舰队有利，但法兰西舰队既无法形成战斗队形又无法聚拢。

当日傍晚突然刮起强劲的东风，亨利·霍瑟姆的舰队成功地朝南——法兰西舰队航行的方向——列出战斗队形，而法兰西舰队此时依然一片散乱。霍雷肖·纳尔逊认为，如果风向不变，英国舰队就可以把法兰西舰队的前锋与中部截断。可惜该地区的风向异常多变，瞬时风向变为朝西，加上天色渐暗，英国舰队无法立即采取行动。1795年3月13日一早，风力强劲，指挥官发出了全面追击的信号。配备八十四门大炮的法兰西战列舰"无虞"号损失了中桅，落在舰队的最后。由上校托马斯·弗朗西斯·弗里曼特尔指挥的巡航舰"常胜"号试图拦截"无虞"号，奈何"无虞"号炮火猛烈。这时，两艘法兰西战列舰前来助阵，一艘巡防舰拖着"无虞"号离开。这时，"阿伽门农"号正好离它们很近。霍雷肖·纳尔逊认为，现在如果有其他军舰增援，他完全可以把四艘法兰西军舰全部干掉。遗憾的是，"阿伽门农"号四下无援，唯一能做的就是紧追"无虞"号，避开它火力强劲的侧舷，紧跟其后，瞅准机会就追上去一顿猛轰。整个过程持续了数小时，结果"无虞"号被炸得一片狼藉。最后，法兰西舰队派出增援，同时，亨利·霍瑟姆发出信号，要求英国舰队所有军舰全部向他靠拢。当天，"无虞"号侥幸逃脱了。

1795年3月14日早晨，风力依旧强劲，风向转向西北，对英国舰队有利。于是，英军不时开火，试图把"无虞"号和牵引它的"监察官"号截断。"阿伽门农"号很快就将两艘军舰制伏了，并且派出一队将士收获战利品。两艘军舰严重受损，"无虞"号已经失去了所有桅杆，死伤三百五十余人，"监察官"号主桅被摧毁，死伤约两百五十人。整个英国舰队的伤亡人数才和"无虞"号一艘军舰的伤亡人数一样。虽然有些军舰上的索具损坏了，桅杆被炸断甚至炸飞，但损失极其有限。"阿伽门农"号与敌舰交火最猛烈，霍雷肖·纳尔逊描述当时的"阿伽门农"号："帆都变成丝丝缕缕，缆绳都断成一截一截。"但1795年3月13日，他们仅有七人负伤，1795年3月14日，只增加了六人。

对霍雷肖·纳尔逊而言，这是他的第一次舰队作战经历，非常宝贵。他看到了数量上明明有优势的法兰西舰队不敢恋战；他发现了法兰西将领何其无

"阿伽门农"号与"无冀"号交战

能；他亲眼见到法兰西人在战机面前无动于衷。同时，他也感受到英国舰队在被截断时何等危险，意识到如果不能制伏敌人，英国就可能遭受损失。他致信给自己的舅舅威廉·萨克林："如果当时风向允许我们更接近敌人，我们一定能摧毁敌人整个舰队。"在给妻子弗朗西丝·纳尔逊的信中，霍雷肖·纳尔逊讲得更露骨："如果1795年3月14日指挥舰队的人是我，不是法兰西整个舰队乖乖认输，就是我们自己陷入困境。法兰西舰队的前锋已经基本被制伏了，'无虞'号和'监察官'号投降后，我登上了亨利·霍瑟姆的旗舰，建议他把我们受创的两艘军舰、两艘俘获的敌舰和四艘巡防舰留在原地，集中战列舰全力追击逃走的敌人。但他比我冷静多了，他说：'我们应该感到满足了，我们做得已经够好了。'然而，对我来说，即使摧毁了十艘敌舰，但让本可以被摧毁的第十一艘逃走了，绝对算不上够好。塞缪尔·格兰斯顿·古尔多赞成我的主张。我想让他给总指挥写信陈述意见，但没有成功。不过，我还是坚信，这一天我们本来可以写下英国历史上从未有过的辉煌一页。"

如果他当时就有这样的主张，那么我们完全可以相信，后来的反思让他越发坚定自己的判断。在接下来的几个月，他不断问自己如果当年的威廉·洛克处在这种情形下，他会怎么做？如果是塞缪尔·胡德指挥战役，他又会怎么做？如果有一天自己真的当上了总指挥，自己又当如何？这些问题的答案使他越发坚信亨利·霍瑟姆的软弱。这场战役过去一个月后，当英国舰队还在圣菲奥伦佐休整时，让·弗朗索瓦·勒诺丹指挥六艘法兰西战列舰从布雷斯特前往土伦港，并于1795年4月4日到达。霍雷肖·纳尔逊在给父亲埃德蒙·纳尔逊的信中说："海军部竟然让法兰西增援舰队一路到了土伦港，不知海军部是怎么想的，我们都感到大惑不解。"不过，这个时期他一再感慨的是"我们都急切盼望塞缪尔·胡德从英国出发的消息""真希望赶快见到塞缪尔·胡德""把塞缪尔·胡德召回英国是我们的巨大损失"。1795年5月4日，他在给威廉·洛克的信中说："亨利·霍瑟姆一切都好，但我已经厌倦透了他的临时指挥。我认为他天生不是当总指挥的料，总指挥得有积极的进取心。"虽然霍雷肖·纳尔逊没有明说，但他坚信，这六艘法兰西军舰能顺利离开被封锁的布雷斯特，恐怕罪在海军部——也许海军部资源有限，封锁不够严密。但法兰西军舰能一路畅通无阻，直达土伦港，一定是亨利·霍瑟姆的问题。

海军部放任这六艘法兰西军舰进入地中海，同时派出了六艘英国军舰，由罗伯特·曼少将率领，前来增援亨利·霍瑟姆。这样一来，亨利·霍瑟姆率领的舰队就有二十艘英国军舰和两艘那不勒斯军舰。但1795年6月22日，在梅诺卡岛，霍雷肖·纳尔逊写道："我们收到消息，海上出现了法兰西舰队，战列舰二十二艘，巡航舰不计其数。从直布罗陀来的重要舰队随时随地都会到来，我们奉命在此等待护送。但我们完全不知道法兰西舰队要开往何处，但愿我们的舰队不会遇上法兰西舰队。不过，我们的指挥官可不着急。塞缪尔·胡德的缺席真是国家的巨大损失。"

与此同时，霍雷肖·纳尔逊一直在揣测自己会不会晋升准将。因为得到将旗就可能意味着他得上岸轮休，只能领取半薪，所以他很担心。他希望不要晋升准将，而是给他一个海军陆战队上校军衔，他的收入就会有可观的增加，同时不影响他继续在海上服役。"这个结果对我是最有利的。"但他的心情越来越沮丧，因为他越来越坚信，跟着亨利·霍瑟姆这样的指挥官是打不了大胜仗的。1795年7月1日，他在日记中写道："法兰西舰队的十七艘战列舰出海了，不过只是为了活动一下——反正我们的中将大人亨利·霍瑟姆是这么说的。"讲到法兰西的"米内尔夫"号被俘，特别是"阿耳特弥斯"号被两艘比自己小很多的英国军舰"狄多"号和"洛斯托夫特"号打败一事时，霍雷肖·纳尔逊感叹道："谢天谢地，英国皇家海军的优势还在。能够取得这些战绩，我非常高兴。我实话实说，绝不夸张，只要遇上一个好机会，亨利·霍瑟姆准许我们追击，我们的舰队肯定能全歼对方。"

1795年7月4日，霍雷肖·纳尔逊的"阿伽门农"号、四五艘巡航舰和另外几艘小型船被派往热那亚，去配合奥地利军队阻断法兰西人在里维埃拉的物资供应。在代勒梅勒角，霍雷肖·纳尔逊遇上法兰西舰队的十七艘军舰，逃回了亨利·霍瑟姆所在的圣菲奥伦佐。"亨利·霍瑟姆一直认为有理由推断,敌人肯定在土伦港",却从未设法验证自己的推断。等到敌人已经到了面前,他才打算出海,但这时风向已经不允许了。直到第二天,亨利·霍瑟姆才带着二十三艘战列舰出海。法兰西人自以为是地认为英国舰队应该在梅诺卡,原来英国舰队却近在咫尺。法兰西人也大吃一惊,于是利用英国舰队被耽误的这一天,迅速朝法兰西控制的海岸方向逃跑。直到1795年7月13日,在耶尔群岛以南两里格[①]处,才发现了法兰西舰队的行踪。亨利·霍瑟姆发出全面追击的信号,但只有六七艘进入了射程范围并与法兰西舰队交了火。直到亨利·霍瑟姆意识到它们距离法兰西控制的海岸太近,"才发出信号,召回这几艘军舰"。当时的风向正朝着弗雷瑞斯的海湾,法兰西舰队晚上就在这里停锚。霍雷肖·纳尔逊坚称,这是一次大获全胜的机会,可以全歼法兰西舰队。"要问我们当时渴不渴望塞缪尔·胡德挂帅指挥,就相当于问我们要全歼敌人,还是错失良机?远远地随便开几次火根本就是瞎胡闹。然而,亨利·霍瑟姆不图有功,但求无过。只要月复一月,我方没有损失,他就心满意足了。"

自然,战斗很快就结束了。对亨利·霍瑟姆来说,再去与法兰西舰队发生什么纠葛是绝不可能的。霍雷肖·纳尔逊又被派回热那亚和里维埃拉,继续执行协助奥地利军队的任务。他在热那亚和里维埃拉几乎待了一年多。这是一个繁忙的任务,但比较枯燥,没有太多值得讲述的细节。不过,在国际政治关系上,这个任务有不少挑战。因为热那亚虽然名义上是中立国,但法兰西共和国对它别有用心,绝不允许它为自己的敌人提供便利。热那亚共和国深知,如果不听法兰西共和国的命令,后果不堪设想。虽然热那亚知道得罪了英国,英国也会翻脸,但它选择宁可得罪英国,也不得罪法兰西共和国。霍雷肖·纳尔逊面临的任务是,粉碎法兰西共和国的企图,阻断热那亚共和国的海岸贸易,从而阻断法兰西南部十分依赖的玉米、蔬菜等物资的供给;阻止法兰西共和

[①] 里格为长度单位。在海洋中,1里格通常取3海里,即5.556千米。——译者注

热那亚

国的部队和战争物资从海上运达热那亚；同时不能导致热那亚人控诉英国损害了自己作为中立国的权益。关于如何应对这个复杂的局面，不时给予霍雷肖·纳尔逊建议的是英国驻都灵大使约翰·汉普登-特雷弗和英国驻热那亚共和国公使弗朗西斯·德雷克，而亨利·霍瑟姆没有提供任何建议和帮助。霍雷肖·纳尔逊在日记中写道："然而，对一个身在国外的军官来说，政治担当和军事胆识一样必不可少。"本着这个原则，他承担起了指挥近海区域分遣舰队的任务，自行判断，果敢处置。一个月后，他写道："现在法兰西军队每天吃到的面包几乎都是从马赛运来的，运玉米的船一艘也别想进入热那亚。热那亚人很生气，但生气也没有用。"

霍雷肖·纳尔逊立下一个原则，里维埃拉凡是被法兰西军队占领的地方，都必须当作法兰西共和国的地盘来对待。也就是说，热那亚共和国中立国的身份不能成为法兰西军队的保护伞。基于此，1795年8月26日，他在阿拉西奥俘获了一艘配备十门大炮的轻型巡航舰和几艘武装军舰，以及八艘军需用品运输船。1795年8月31日,霍雷肖·纳尔逊在信中写道:"据说,热那亚人要组织一支船队,给被法军占领的里维埃拉的热那亚共和国城市运送物资。剥夺无辜百姓的生活必需品,无论听起来多么残忍,都必须坚决执行。因为如果居民丰衣足食,法兰西军队就不会缺衣少食,所以我让他们把东西送到瓦多港……而我们的总指挥亨利·霍瑟姆——不要告诉别人——毫无政治担当,一听到采取强硬一点儿的措施就一惊一乍。不过,在其他方面,他的确是个难得的好人。"这段时期,霍雷肖·纳尔逊最有意思的信都是写给英国驻科西嘉总督吉尔伯特·埃利奥特-默里-基宁蒙德,也就是后来的第一代明托伯

吉尔伯特·埃利奥特-默里-基宁蒙德

爵、印度总督。霍雷肖·纳尔逊和他的友谊终生不渝。此时，霍雷肖·纳尔逊职业道路上荆棘丛生，各种外交关系错综复杂，总指挥亨利·霍瑟姆无法为他提供依靠，他只能求教于吉尔伯特·埃利奥特-默里-基宁蒙德。虽然霍雷肖·纳尔逊对自己的做法坚信不疑，但能得到英国最高外交代表的认同，还是足感欣慰的。如果不是自己兵力有限，亨利·霍瑟姆又不肯增派军舰，霍雷肖·纳尔逊还会采取更多措施。1795年9月24日，在信中，霍雷肖·纳尔逊对吉尔伯特·埃利奥特-默里-基宁蒙德说："我最需要军舰。只要再给我一艘配备七十四门大炮的战列舰，我确信我们能攻占尼斯港。"不过，亨利·霍瑟姆丝毫也没有这样的打算。

奥地利军队被法兰西军队打败后，责怪英国海军部明明表示愿意与奥地利军队联手对付法兰西军队，可是等奥地利军队来到洛阿诺湾，连英国舰队的影子都看不到。奥地利军队分遣队势单力薄，无法有效阻止法兰西炮艇对自己左翼的袭扰，导致最后惨败。

霍雷肖·纳尔逊希望向奥地利将军沃利斯伯爵奥利维耶解释，奥地利军队的失败不是他导致的。

首先，英国政府要求派遣舰队前往热那亚时，明确指出，甚至强调需要一艘配备六十四门大炮的船，所以"阿伽门农"号就不可能到彼德拉；其次，他并不知道自己留下来增援奥地利军队的巡航舰都被调走了；最后，虽然法兰西的炮艇袭击了奥地利舰队的左翼，但这不能成为其为离海岸十二英里的右翼战斗失利推卸责任的借口。

于是，霍雷肖·纳尔逊请驻热那亚公使弗朗西斯·德雷克为他转交一封信给沃利斯伯爵奥利维耶。但弗朗西斯·德雷克非但没有这么做，反倒提醒霍雷肖·纳尔逊向一个外国将军辩白自己的行为是不合适的，并且告诉霍雷肖·纳尔逊："虽然奥地利人急于把1795年11月23日洛阿诺战役失利的责任转嫁给英国海军，但对你个人的热心和能力，他们一向是高度认可的。他们抗议的是你的舰队资源不足，而不是你的指挥调度。"

资源不足恰恰是霍雷肖·纳尔逊本人一再向上级申述的。五年后，即1800年，他给当时正准备围攻热那亚的乔治·基思爵士去信："现在你可以同意我的看法了，英国舰队本来是完全可以阻止法兰西军队入侵意大利的，但当时我们消极、不作为。如果我们的朋友亨利·霍瑟姆把舰队调去，我敢说且相信你也会同意我的看法，法兰西军队根本得不到任何补给，他们的陆军甚至都到不了意大利。"本应该控制整个里维埃拉的英国舰队毫无作为。庞大的法兰西舰队出现在土伦港，英国舰队需要密切注视。亨利·霍瑟姆以此为由不给霍雷肖·纳尔逊指挥的分遣队任何增援。对此，美国历史学家阿尔弗雷德·塞耶·马汉曾经做过精辟的评论："亨利·霍瑟姆要是没有白白浪费掉在土伦港打败法兰西舰队的两次机会，就完全可以增援霍雷肖·纳尔逊。"

霍雷肖·纳尔逊始终坚称，1795年7月13日，英国舰队本应该，也完全可以摧毁法兰西舰队，并且三年后，即1798年，他确实做到了。这让我们回头看这段战争史时，禁不住想象，如果当时英国舰队有一个更加果敢的将领，历史是否会被彻底改写。如果法兰西舰队当时被摧毁，整个里维埃拉就不会失守，法兰西的陆军就无法登陆，其后勤无法保障，意大利就不会被入侵；无论洛阿诺，还是蒙特诺特，都不至于不战而降；凭借在意大利作战一举成名的拿破仑·波拿巴，就得到别处寻觅出人头地的机会了；此后二十年甚至更长时期，整个意大利的历史将是另一番模样；西班牙可能会继续忠于与英格兰的同盟；法兰西远征埃及将是痴人说梦。这样看来，拿破仑·波拿巴的军事政治生涯的发迹和此后的一世辉煌，竟然托福于1795年7月13日亨利·霍瑟姆的优柔寡断。这也许是世人还不曾充分认识到的事实。从这个角度来说，这场被霍雷肖·纳尔逊口口声声称为"不幸事件"的战斗，才是一场名副其实的关键战役，比瓦尔米战役还要重要。

不久，亨利·霍瑟姆以健康不良为由主动请辞。约翰·杰维斯被认为是最佳继任人选，接任地中海舰队总指挥。在美国独立战争时期，约翰·杰维斯作为"闪电"号的上校，因纪律严明、管理得力而声名鹊起。他那艘"闪电"号因

拿破仑·波拿巴

轻松俘获法兰西军舰"天马"号而大放异彩。英国首相小威廉·皮特曾经幻想依靠英国南部沿岸的防御工事来抵抗法兰西舰队,约翰·杰维斯坚决反对,声称当英国皇家海军离开英国的时候,这些防御工事是有益且必要的。但如果因此认为英吉利海峡可以不用海军驻守,任凭敌人自由来往,简直荒谬。此前,在背风群岛基地,约翰·杰维斯担任总指挥,攻克了马提尼克、圣卢西亚和瓜德鲁普,显示出了坚毅的个性和指挥的才能。当时,六十岁的约翰·杰维斯老当

小威廉·皮特

曼努埃尔·戈多伊

益壮，临危受命，担任地中海舰队总指挥。舰队因为亨利·霍瑟姆的指挥失当，危机日益严重。由于法兰西人在西班牙北部采取的军事行动给西班牙人造成了不小的压力，也可能西班牙首相曼努埃尔·戈多伊收受了贿赂，所以西班牙王国与法兰西共和国签订和约，很快又结成了攻守同盟。这时，法兰西舰队在数量上已经超过了英国舰队，同时英吉利海峡、西印度群岛和其他地区的许多海军基地分散了英国海军的兵力，导致其防守压力加重。

1795年11月12日，约翰·杰维斯乘巡航舰"活力"号从斯皮特黑德出发，1795年11月23日，到达直布罗陀。罗伯特·曼已经在此等他了。此前，罗伯特·曼曾率领一个分遣队巡航加的斯，看到法兰西的七艘战列舰、三艘巡航舰和西班牙舰队在一起。1795年11月29日，约翰·杰维斯到达圣菲奥伦佐湾，正式担任地中海舰队总指挥。可能他早就嫌舰队在圣菲奥伦佐湾待得太久了，所以为他庆祝而鸣响的礼炮还在硝烟的笼罩中时，他就向舰队发出了起锚的号令。这一声号令标志着地中海舰队进入了新局面：各部门纪律严明，锐意进取，不知疲倦，舰队具有从未有过的高效率。这种情况竟然发生在敌人的港口外。1796年1月，舰队把基地设在土伦港外，十五艘军舰组成近海分遣队把守在土伦港入口三英里附近，约翰·杰维斯亲自指挥的军舰阵容通常都比近海分遣队的要小。约翰·杰维斯麾下一共二十五艘战列舰，但七艘由罗伯特·曼率领巡视加的斯，其他军舰随时需要被调遣到基地周围各个地方执行各种任务。比如，1795年12月，托马斯·特鲁布里奇爵士率领"卡洛登"号和几艘巡航舰，前往格利特

"卡洛登"号

威廉·沃尔德格雷夫

群岛去对付从土伦港脱逃的"冈托姆"号。比如,威廉·沃尔德格雷夫率领五艘军舰,前往突尼斯夺回之前被"冈托姆"号俘获的巡航舰"天敌"号。

洛阿诺战役后,里维埃拉被法兰西军队占领,霍雷肖·纳尔逊在当地的任务也就结束了,"阿伽门农"号到里窝那港修整。1796年1月19日,霍雷肖·纳尔逊终于见到了新上任的舰队总指挥约翰·杰维斯。他在信中写道:"约翰·杰维斯对我不仅礼遇有加,而且明显非常亲密友好。"由于"阿伽门农"号三年来几乎一直在航行,状况极其糟糕,所以约翰·杰维斯让霍雷肖·纳尔逊另选一艘军舰作为自己的旗舰:配备九十门大炮的"圣乔治"号或配备七十四门大炮的

"热忱"号。霍雷肖·纳尔逊舍不得离开"阿伽门农"号,因为舍不得几年来一直追随他执行各种艰巨任务的船员和将士。第二天,霍雷肖·纳尔逊又被派往热那亚湾,任务是阻止法兰西陆军从海上登陆。在接下来的几个月里,他一直在土伦港和里窝那港之间频繁往返。他越来越坚定地认为,既然法兰西舰队有明显的优势,法兰西人一定会从海上强行突破,让陆军从里窝那港登陆。这样一来,他们就能长驱直入罗马和那不勒斯。在土伦港,法兰西舰队有十三艘军舰随时可以出海,还有四五艘军舰略经准备也能成行。霍雷肖·纳尔逊认为法兰西人一定会尽力从加的斯港,甚至洛里昂港和布雷斯特港调集军舰。"我们可以和他们的舰队作战,但除非我们能摧毁他们的舰队,否则永远有源源不断的军舰前来帮助法兰西陆军实现登陆。法兰西共和国会害怕死几个人吗?只要能进入意大利,多死几个人不算什么。进入意大利是根本,法兰西共和国会不惜代价。"

当时,无论约翰·杰维斯还是霍雷肖·纳尔逊,都不可能像读者一样,知道这里的法兰西舰队其实只是个烟雾弹,最好的军舰早就随约瑟夫·德·里歇利走了,留下的军舰不是状况不佳,就是人员不精,无法与约翰·杰维斯率领的舰队交火。虽然霍雷肖·纳尔逊坚信法兰西军队会从海上登陆意大利,但法兰西舰队将领好像清楚自己那点儿本事,所以或者压根没敢有这样的念头,或者有过,但讨论之后觉得完全不可行。最终,法兰西军队决定从陆路进入意大利。1796年4月12日,蒙特诺特战役打响,几天之后,撒丁王国就与法兰西共和国签订了和约。一切迹象都显示西班牙王国将与法兰西共和国结盟。霍雷肖·纳尔逊认为,法兰西共和国和西班牙王国联盟一旦成为事实,那不勒斯就会效仿西班牙。1796年5月16日,在信中,霍雷肖·纳尔逊对科西嘉总督吉尔伯特·埃利奥特-默里-基宁蒙德表达了自己的忧虑:"如果它们都跟法兰西共和国议和了,那么法兰西共和国就控制了里窝那港和其他港口,我们的补给就会被切断。现在,在整个地中海,我们驻守的唯一理由就是保护科西嘉。而科西嘉人的行为是否值得一支舰队和一支陆军部队来保护他们的安全,恐怕值得好好考虑。"

博罗季诺战役

1796年3月月底，约翰·杰维斯命令霍雷肖·纳尔逊更换将旗，因为他被提升为——用现在的话说——二级准将。1796年4月4日，霍雷肖·纳尔逊正式挂上了将旗。但这只是因为他的资历到了，并不意味着职责上的任何改变。1796年5月15日，霍雷肖·纳尔逊致信约翰·杰维斯："你认为我们在这里真的能发挥作用吗？如果不能，我们在别的地方可以更好地效忠我们的国家。黎凡特和西班牙海岸都急需军舰，而我们的军舰在这里根本没有用武之地。除非奥地利人能在陆地上占有一席之地，否则我们根本无法阻止沿海贸易。"1796年5月18日，霍雷肖·纳尔逊又写道："敌人手里有的是钱粮和衣物，还控制了军火库，随时可以补充弹药。"显然，他奈何不了敌人，只好发发牢骚。1796年6月2日，他又写道："我搞到了意大利的地图，是法兰西督政府给拿破仑·波拿巴准备的。还有让-巴蒂斯特·弗朗索瓦·德马雷的《意大利战争史》、塞巴斯蒂

让-巴蒂斯特·弗朗索瓦·德马雷

萨伏依的欧根亲王

安·拉·普雷斯特雷·德·沃邦的《攻守要略》、萨伏依的欧根亲王的《历史》，都是给拿破仑·波拿巴准备的。即使拿破仑·波拿巴很无知，督政府显然在给他指导。上帝保佑拿破仑·波拿巴永远无知。"就这样，霍雷肖·纳尔逊在里维埃拉长达几年的任务宣告结束。

当时，"阿伽门农"号的状况迫使它不得不在冬天来临之前返回英国。霍雷肖·纳尔逊期待自己升为将军，简直可以说是日思夜盼，又担心自己不得不轮休领半薪。约翰·杰维斯对此早就做好了准备：如果霍雷肖·纳尔逊升为准将，地中海舰队当然要升起他的将旗，同时任命他为配备七十四门大炮的"船长"号的舰长。"船长"号现任舰长因为健康问题急于返回英国，正好调任到即将返航大修的"阿伽门农"号。1796年6月11日,霍雷肖·纳尔逊正式登上"船长"号,在热那亚逗留了两三天后,立即前往即将沦陷的里窝那港。为了让当地的英国人能够在法兰西人到来之前安全登船离开,"常胜"号舰长托马斯·弗里曼特尔已经尽全力组织了。现在,霍雷肖·纳尔逊的任务是封锁里窝那港。为了更好地完成这个任务,同时受科西嘉总督吉尔伯特·埃利奥特-默里-基宁蒙德所托,霍雷肖·纳尔逊占领了厄尔巴岛。几天后,他汇报说:"里窝那港的封锁已经完成。从此以后,没有我的允许,任何船别想进出。"他认为这会让托斯卡纳大公斐迪南三世后悔允许法兰西人入境。可以说,英国舰队的封锁导致当

托斯卡纳大公斐迪南三世

地贸易彻底中断、大量居民失业、食物极度匮乏,真的可能导致厄尔巴人把法兰西人赶走。遗憾的是,奥地利人在圣菲奥伦佐和卡斯蒂廖内的失败彻底改变了局势。

目前,西班牙王国的态度成了焦点。几个月来,霍雷肖·纳尔逊一直反复思考西班牙王国对英国宣战的可能性。"对西班牙王国的参战,我表示怀疑。但如果真的发生,有了你①的指挥,我不担心有什么致命的后果。我觉得西班牙舰队的水兵不足为惧,军官就更差劲了。"1796年8月18日,他对父亲埃德蒙·纳尔逊说:"西班牙王国参战对我们产生的唯一后果,不过就是我们的舰队不得不撤离科西嘉岛,撤出地中海。不过,西班牙的'老爷们'将为他们跟着法兰西人一起作战的愚蠢付出沉重代价。"但霍雷肖·纳尔逊相信科西嘉岛是必然保不住的,因为这里有一支强大的法兰西陆军,同时在法兰西军队里,很多军官都是科西嘉人。仅凭一次对付二十个到三十个法兰西士兵是不可能阻挡法兰西大军的。英国舰队有了约翰·杰维斯这样的总指挥,将士人人勇猛。英国舰队有二十二艘战列舰,法兰西和西班牙加起来有三十五艘。"我用我的性命担保,约翰·杰维斯会打败他们。"但1796年8月27日,在给科西嘉总督吉尔伯特·埃利奥特-默里-基宁蒙德的信中,他表示:"我必须承认,我实在无法让自己相信,西班牙人会跟我们开战。"

直到1796年10月5日,西班牙人确实没有参战。但在此前的几个星期,已经有足够的迹象表明这一战在所难免:西班牙王国和法兰西共和国结成了攻守同盟。在西班牙港口的英国船被扣押。1796年9月25日,约翰·杰维斯收到命令:配合总督吉尔伯特·埃利奥特-默里-基宁蒙德撤离科西嘉岛,舰队后撤。约翰·杰维斯一刻不敢耽误,立刻派遣1796年8月11日刚刚升任一级准将的霍雷肖·纳尔逊前去负责撤离。1796年10月19日,科西嘉岛完成撤离。虽然霍雷肖·纳尔逊自己预言过科西嘉失守及舰队撤离的可能性,但当这一天真的来

---

① 此处指约翰·杰维斯爵士。——译者注

临,那种被逐出的感觉还是让他心生悲凉。"我忍不住哀叹,英国舰队足以和世界上任何舰队匹敌,现在却落得没有丝毫尊严,真是令人痛心疾首。"悲哀归悲哀,霍雷肖·纳尔逊和约翰·杰维斯一样,认为科西嘉是守不住的。1796年11月月初,约翰·杰维斯收到了截然相反的命令:如果舰队还没有撤出科西嘉岛,就争取守住科西嘉岛。对此,约翰·杰维斯感慨"幸好"撤离已经完成了。因为在科西嘉人变心的情况下,英国舰队在岛上没有任何据点,是根本不可能坚守的。

虽然科西嘉岛守不住了,但对付法兰西舰队则另当别论。约翰·杰维斯觉得有厄尔巴岛作为基地,麾下所有军舰集结一处,即使法兰西共和国和西班牙王国舰队联手,自己仍然可以背水一战;英国舰队如果能赶在法兰西共和国和西班牙王国联合之前发动进攻,那就可以把它们各个击溃。于是,约翰·杰维斯命令正在直布罗陀海峡的罗伯特·曼率领自己的分遣队即刻归队。他丝毫不怀疑罗伯特·曼一定懂得军令如山,不能不从。然而,直到1796年11月11日,约翰·杰维斯才得知罗伯特·曼接到命令后,认为命令太不切实际,就率领自己的分遣队回到了英国。这个结果导致约翰·杰维斯别无选择。既然没有需要保护的国家利益,没有可以联合的同盟,没有紧急情况下可以依靠的安全港口,只有十四艘战列舰迎战三十八艘敌舰的暗淡前景,那他唯一可做的就是将舰队带回直布罗陀海峡。约翰·杰维斯悻悻而归。

第5章

情人节战役

精彩看点

新任务——在卡塔赫纳交火——重返科西嘉岛——西班牙舰队的行踪——圣文森特角战役——重创西班牙舰队——详细战况——俘获"圣尼古拉"号和"圣约瑟夫"号——约翰·杰维斯晋升伯爵——表彰霍雷肖·纳尔逊——霍雷肖·纳尔逊晋升少将——约翰·赛克斯阵亡——约翰·杰维斯处置叛乱人员——圣克鲁兹战役——霍雷肖·纳尔逊失去右臂——和妻子弗朗西丝·纳尔逊团圆——成为"先锋"号指挥官

1796年12月1日，约翰·杰维斯指挥的地中海舰队停泊在直布罗陀海湾。一周后，约翰·杰维斯收到命令：保护葡萄牙，并且帮助厄尔巴岛守军撤离。这个任务由霍雷肖·纳尔逊负责。他把自己的将旗悬挂在"米内尔夫"号巡航舰上，1796年12月15日，"米内尔夫"号与"布兰奇"号一同启程。1796年12月19日傍晚，在卡塔赫纳港附近，它们遇上了两艘西班牙巡航舰，并与之交火。詹姆斯二世的私生子伯威克公爵詹姆斯·菲茨-詹姆斯的后代雅各布·斯图尔特指挥的"圣萨比娜"号撞上了"米内尔夫"号。霍雷肖·纳尔逊还没来得及接管"圣萨比娜"号，第三艘西班牙巡航舰又来了。1796年12月19日3时30分，一团漆黑中，"米内尔夫"号把第三艘西班牙巡航舰误认为是"布兰奇"号。直到听到有人用西班牙语喊"萨比娜"，并且上面有被俘的英国人，霍雷肖·纳尔逊才意识到对方是新到的敌船，于是全力开火。"米内尔夫"号本来拖着被俘获的"圣萨比娜"号，此刻立即放开"圣萨比娜"号，全力投入眼前的战斗。西班牙军舰见势不好，想迅速逃离，"米内尔夫"号紧追不舍。但天亮以后，局势又彻底反转了。又有两艘西班牙战列舰和第四艘巡航舰加入战斗。现在，"米内尔夫"号以一挡四，即将被擒。俘获"圣萨比娜"号后，"米内尔夫"号上的约翰·卡尔弗豪斯中尉和托马斯·马斯特曼·哈迪中尉已经登上了"圣萨比娜"号。此时，眼看"米内尔夫"号岌岌可危，他们灵机一动，把英国国旗挂到西班牙王国国旗上方，以羞辱西班牙人。果然，西班牙人觉得是可忍，孰不可忍，最大的一艘战列舰调转方向，朝"圣萨比娜"号而来，数小时后才追上"圣萨比娜"号。其余军舰继续追赶"米内尔夫"号，但逐渐被越甩越远。"布兰奇"号也顾不上自己俘获的战利品，总算顺利逃脱。

1796年12月26日，霍雷肖·纳尔逊重返科西嘉岛，到达费拉约港。英国陆军指挥官埃里克·德·伯格明知那不勒斯王国已经与法兰西共和国议和，英国舰队也已经撤出地中海，坚守此地已没有任何意义，但他没有得到放弃阵地的明确命令，所以拒绝离开。霍雷肖·纳尔逊只得集合起滞留在当地的船，将所有的海军物资全部运上船。1797年1月29日，霍雷肖·纳尔逊收到埃里克·德·伯格拒绝离开的最后确认之后，分遣队起锚了。霍雷肖·纳尔逊给埃里克·德·伯格留下了几艘小船，由"常胜"号舰长托马斯·弗里曼特尔担任指挥。英国驻科西嘉总督吉尔伯特·埃利奥特-默里-基宁蒙德和他的工作人员登上霍雷肖·纳尔逊分遣队的各条军舰撤离。途中，他们打探到法兰西舰队仍集结在土伦港，而卡塔赫纳港的西班牙舰队已经倾巢而出。霍雷肖·纳尔逊日夜兼程，急于与总指挥约翰·杰维斯会合。1797年2月9日，霍雷肖·纳尔逊到达舰队停泊地直布罗陀。

为俘获"圣萨比娜"号而登船，后来又被法兰西战列舰俘虏的约翰·卡尔弗豪斯和托马斯·马斯特曼·哈迪被送到了西班牙舰队基地卡塔赫纳港。在阿尔赫西拉斯，英国和西班牙王国交换战俘，被英国舰队俘获的"圣萨比娜"号舰长雅各布·斯图尔特回到了西班牙。阿尔赫西拉斯驻有三艘西班牙军舰。1797年2月11日中午，"米内尔夫"号出海航行，遇到了其中两艘西班牙军舰。这两艘军舰试图俘获"米内尔夫"号，并且因为一起偶然事故，差点儿就得逞了。当时，在直布罗陀海峡，"米内尔夫"号顺风航行，一个船员失足落海，托马斯·马斯特曼·哈迪和他的手下乘坐"米内尔夫"号上的救生艇，准备营救船员，可惜船员一落水就失去了踪迹。此时，救生艇陷入了巨大的危险，因为西班牙追兵正在全速追赶"米内尔夫"号。"米内尔夫"号不敢放慢速度，掀起的大浪把救生艇越推越远。霍雷肖·纳尔逊看在眼里，焦急万分。霍雷肖·纳尔逊大喊一声："天哪！我决不能撇下托马斯·马斯特曼·哈迪。降后桅顶帆！"迅速停下。西班牙人对这个举动疑惑不已，认为唯一合理的解释是"米内尔夫"号看到英国舰队从西面来了。为了避免迎面碰上英国舰队，西班牙人选择向东退避。"米内尔夫"号救起了救生艇之后继续前进。1797年2月12日晚上，"米内尔夫"号与西班牙舰队擦肩而过。1797年2月13日，霍雷肖·纳尔逊在圣文森特角附近与约翰·杰维斯会合。霍雷肖·纳尔逊立即向总指挥约翰·杰维斯报告附近有西班牙舰队，并且把自己的指挥旗悬挂到战列舰"船长"号上。1797年2月14日破晓时分，西班牙舰队在南面出现，离英国舰队大约十五英里到二十英里。当天雾气弥漫，直到1797年2月14日11时左右，哨船才发来信号：西班牙舰队共有二十五艘战列舰。其实，因大雾笼罩，还有两艘战列舰没有被发现。这支由二十七艘战列舰组成的西班牙舰队，正由南向北朝布雷斯特行进，前去与法兰西舰队会合。

英国地中海舰队来到直布罗陀后，陆续有军舰加入，以弥补罗伯特·曼带走分遣队造成的军舰数量不足。遗憾的是，连续几次意外的损失导致舰队军舰数量并没有真正得到补充。两艘军舰完全损毁。一艘军舰撞上巨大的礁石，船底洞穿，不得不送回英国。还有两艘在里斯本修缮。因此，1797年2月14日，情人节这天，约翰·杰维斯遇到西班牙舰队时，麾下只有十五艘战列舰。虽然其中九艘已经由他训练了一年多，纪律严明，战斗力强，但双方军舰数量悬殊，局面很不乐观。约翰·杰维斯认为，此时英国国内的形势太需要阻止西班牙人到达布雷斯特了。据说，有人听到约翰·杰维斯在"胜利"号的后甲板上来回踱步的时候自言自语道："这个时候，英国太需要一场胜仗了。"当时的风向为西偏南，西班牙舰队朝东南航行。约翰·杰维斯立即命令英国舰队朝南列出战斗队形。他看到西班牙的舰队队列松散，中间有一个很宽的间隙，把舰队分为两股。于是，他命令战列舰插入其中，这样就把七艘西班牙军舰隔到了背风向。位于西面的几艘西班牙军舰迅速移动，以免被隔断，其中两艘三层甲板的战列舰成功了。其余军舰看到时为时已晚，一起顺风掉抢，在北面停下来，远远地朝反向开来的英国舰队开炮。但英国舰队领头的"卡洛登"号——舰长是霍雷肖·纳尔逊在"海马"号时亲密的朋友托马斯·特鲁布里奇——已经来到西班牙舰队的身后，约翰·杰维斯发出信号，命令所有军舰抢风调向。"卡洛登"号早就做好了准备，立即转向，堵住了准备撤退的西班牙舰队的退路。

后来，学者们对这场战役的分析屡次指出，约翰·杰维斯的指挥存在战术失误，因为根据他的信号，每艘军舰都必须保持同一航向，直到到达"卡洛登"号抢风调向的位置，然后再跟着抢风调向。这就导致西班牙人有足够的时间向前行驶，所以整个战斗的结果很可能是象征性地开几炮，几乎没有任何效果。很多人认为，在当时的情况下，约翰·杰维斯应该下令各舰同时抢风调向，也就是在发出号令的同时，所有军舰在自己的位置上抢风调向。可以肯定地说，如果当时约翰·杰维斯采取这样的措施，这场战役肯定会打得更漂亮，战果会更丰硕。事实上，这场战役的胜利多亏霍雷肖·纳尔逊，而不是约翰·杰维斯。当时，霍雷肖·纳尔逊所在的"船长"号处于整个舰队倒数第二的位置。他意识到，按照总指挥的号令，"船长"号无法参加战斗，西班牙战列舰向下风偏转，经过英国舰队的末尾，就可以去会合背风向的、被隔断的另一股舰队。霍雷肖·纳尔逊再一次选择相信自己的判断，抗命不遵，脱离队列，将军舰调转方向，截住敌人的前锋战列舰、西班牙舰队指挥官所在的"圣提米西玛·特立尼达"号。它是当时最大的一艘战列舰。为了截住"圣提米西玛·特立尼达"号和跟在它身后的另外几艘战列舰，霍雷肖·纳尔逊不得不逆风航行。但有了"船长"号的阻击，"卡洛登"号和另外几艘处于前锋的战列舰就来得及赶到了。约翰·杰维斯已经意识到了自己的错误，发出信号，命令舰队最后一艘战列舰"优秀"号开始换抢，战斗全面展开。最终，两艘西班牙战列舰降旗投降，其余军舰乘机逃走。

"船长"号猛轰"圣提米西玛·特立尼达"号和另外几艘战列舰后，对着配备八十四门大炮的"圣尼古拉"号开火。"圣尼古拉"号的索具严重受损，面

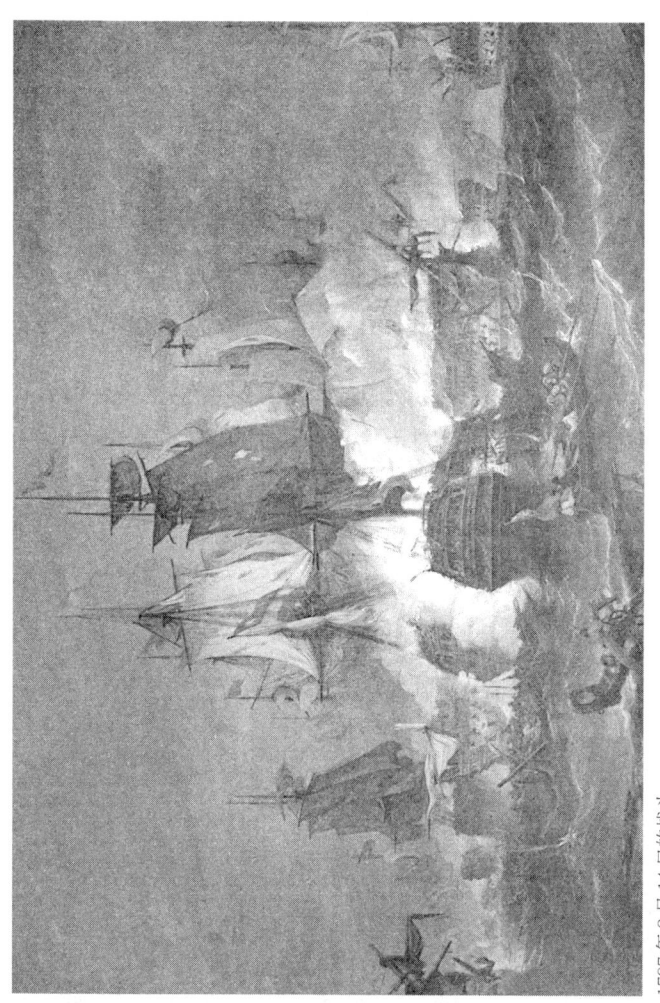

1797年2月14日的战斗

对强大的对手,难以招架。卡斯伯特·科林伍德上校指挥的"优秀"号从它们中间穿过时,又给了仅数英尺外的"圣尼古拉"号一阵狂轰。可能是为了躲避"优秀"号的火力,"圣尼古拉"号猛转船舵,正撞上有三层甲板的西班牙大型军舰"圣约瑟夫"号。显然,"圣约瑟夫"号为了避开"乔治王子"号的炮火,正好也在向下风转向。这两艘军舰本来已经受到重创,再一相撞,几乎失去了行动能力。但同时,"船长"号也几乎陷入了同样的境地。"船长"号的前桅被炸毁,帆、索、缆绳无一幸免,连舵盘都被炸飞了。霍雷肖·纳尔逊眼看自己无力追赶逃窜的西班牙舰队,便命令军舰向右靠,准备强行登上"圣尼古拉"号和"圣约瑟夫"号。由于"船长"号的撑杆帆被"圣尼古拉"号的后桅纵帆索具挂住,先后担任"阿伽门农"号和"船长"号上尉的爱德华·贝里自告奋勇跳上"圣尼古拉"号的后桅纵帆索具。第六十九步兵团的皮尔逊中尉和他手下的士兵紧跟其后。上层甲板后侧瞭望台的窗户被砸破,霍雷肖·纳尔逊亲自率兵

俘获"圣尼古拉"号和"圣约瑟夫"号

跳入瞭望台，与船上的西班牙将士进行了短暂的近距离交火。但总体来说，对方只是象征性抵抗了一下。西班牙船上的军官被"船长"号的水兵关押起来。爱德华·贝里上到艉楼甲板，降下西班牙王国国旗，而霍雷肖·纳尔逊则和皮尔逊中尉等人来到西班牙指挥官被扣押的地方，西班牙指挥官向霍雷肖·纳尔逊缴剑投降。

这时，"圣约瑟夫"号的船尾露台上的西班牙将士开始朝"圣尼古拉"号上的英国将士开枪。霍雷肖·纳尔逊一边指挥大家回击，一边组织大家强行登上"圣约瑟夫"号。爱德华·贝里帮霍雷肖·纳尔逊爬上"圣约瑟夫"号的后桅锚链。这时，一个西班牙军官探出船舱宣布投降，霍雷肖·纳尔逊很快就登上了"圣约瑟夫"号的后甲板，舰长上缴了佩剑，告诉霍雷肖·纳尔逊他们的指挥官身负重伤，性命堪忧。于是，霍雷肖·纳尔逊把西班牙军官集中起来，接受他们缴剑投降。"我接过他们的剑，交给跟在我身后的救生艇舵手威廉·费尔南。他非常坚定地把剑都夹在自己的胳膊下面。""胜利"号和其他军舰经过"船长"号时，纷纷向它欢呼祝贺。霍雷肖·纳尔逊把自己的指挥旗从"船长"号换到"无敌"号，然后登上了总指挥的旗舰"胜利"号。总指挥约翰·杰维斯——用霍雷肖·纳尔逊的话说——"在后甲板接见了我，深情地拥抱了我，还说了对我感激不尽之类的赞美之词，让我受宠若惊。"

指挥"阿伽门农"号和"船长"号的四年时间里，霍雷肖·纳尔逊的勇敢无畏和杰出军事才能已经有口皆碑。但这一战更加展现了他的不凡，他不仅观察敏锐，而且行动果敢。1797年2月15日，霍雷肖·纳尔逊多年好友卡斯伯特·科林伍德对他说："我们这次重创西班牙舰队，太令人满意了。大部分功劳都应该归'船长'号和'卡洛登'号。作战思路是你想到的，我们其余的人不过是给西班牙军舰的毁灭添了一把火。如果当时西班牙人调转方向，就可以首尾相顾，那么我们这一战就没有这么漂亮了。"这一仗不但让霍雷肖·纳尔逊得到了同行的赞扬，还让他在英国声名鹊起。1797年3月3日下午，捷报抵达伦敦，当天晚上，下议院议员就举行了口头表决，决定对约翰·杰维斯及其手下进行嘉

霍雷肖·纳尔逊强行登上"圣约瑟夫"号

"圣约瑟夫"号舰长向霍雷肖·纳尔逊交出佩剑

奖。全国上下绷得不能再紧的神经终于放松了。人们四处打听战斗的细节,得知一个配备七十四门大炮的战列舰舰长率先登上了分别配备八十门大炮和一百一十二门大炮的敌舰,缴获了敌人军官的佩剑,他的救生艇舵手把剑夹在自己的胳膊下,"就好像在拾柴火似的"。这些关于战争英雄的小故事最能引起人们的热情。于是,霍雷肖·纳尔逊顺理成章地成了海军英雄的最佳人选。直到今天,还流传着很多夸张、生动的描绘,说霍雷肖·纳尔逊是如何靠短剑、战斧,甚至殊死的肉搏,才俘获了两艘西班牙军舰。无论当时还是今日,人们似乎都宁愿相信霍雷肖·纳尔逊不是靠正规作战,而是靠顽强的意志和精神力量才俘获了两艘敌舰。他们深信要不是霍雷肖·纳尔逊的坚决果断,这两艘被俘的战列舰就会像其他敌舰,如"圣提米西玛·特立尼达"号一样,虽然严重损坏,最后还是逃之夭夭。霍雷肖·纳尔逊本人当然不会否认自己的战绩,但并没有居功。虽然他在信中写过:"舰队中产生了一种说法,让我觉得受宠若惊,不能不提。他们说'纳尔逊登甲级舰的专用桥梁',是指我跳上敌船。我并不会狂妄地说如果我当初没有登上这两艘敌舰,它们就会逃走。但我们确实无法知道它们是否会像另外两艘一样,设法加入舰队逃走。"

虽然民间演绎不足为信,但俘获"圣尼古拉"号和"圣约瑟夫"号确实证明了霍雷肖·纳尔逊的军事天赋。霍雷肖·纳尔逊的英勇无畏是无可争议的,但海军军官中从来不乏勇士。他身上真正难能可贵的是敏锐的判断力:敌舰已经难以招架,"船长"号虽然无力追击,但不能作壁上观。尤其值得一提的是,霍雷肖·纳尔逊在没有号令的情况下冲出阵列,没有任何支援,孤身涉险,拦截"圣提米西玛·特立尼达"号,甚至整个西班牙舰队。"船长"号很可能被撞毁,甚至沉海——他知道被俘是不可能的——但无论"船长"号会发生什么,他都确信自己会为"卡洛登"号、"布伦海姆"号、"乔治王子"号、"猎户"号及其他军舰赢得时间,前来堵截西班牙舰队。要意识到和想明白这些,需要许多关于军舰、舰队和航海战术的知识。不懂得这些道理的人,看到"船长"号以一擒二，以小胜大，可能觉得很过瘾，把霍雷肖·纳尔逊想象成一个不管不顾，把复杂的战斗交给运气来决定胜负的莽夫。

很多人在各种场合都讲过，在汇报这次战役的公函里，总指挥约翰·杰维斯没有把霍雷肖·纳尔逊发挥的重要作用讲透彻。有人认为，这可能是因为舰队队长罗伯特·卡尔韦尔的妒忌。但以约翰·杰维斯的为人，他绝不会因一个罗伯特·卡尔韦尔或任何人而去做违心的事。更大的可能是约翰·杰维斯认为公函里不适合讲战斗的细节，至少这是不合常规的。在给英国海军大臣乔治·斯潘塞的私信里，虽然仍然没有讲述细节，但约翰·杰维斯公正无私地

罗伯特·卡尔韦尔

说明了霍雷肖·纳尔逊是如何骁勇。最早告知海军大臣乔治·斯潘塞此次战役始末的，极有可能是吉尔伯特·埃利奥特-默里-基宁蒙德。战斗期间，吉尔伯特·埃利奥特-默里-基宁蒙德正在"活力"号巡航舰上，所以在甲板上目睹了整个战斗过程。战斗结束后，"活力"号便载着他和舰队队长罗伯特·卡尔韦及约翰·杰维斯的公函回到了英国。

战争英雄当然要荣誉加身，加官晋爵。此前，约翰·杰维斯就得知乔治三世有意封自己为男爵。而事实上，他直接晋升伯爵，乔治三世亲赐约翰·杰维斯"圣文森特伯爵"爵位。霍雷肖·纳尔逊获得了伦敦市荣誉市民证书和盛放证

乔治·斯潘塞

巴斯骑士勋章

书的精美黄金匣子及荣誉佩剑。诺里奇市也给予他同样的荣誉，既表彰他的英勇，也感谢他把西班牙海军少将的佩剑赠送给诺里奇市政局。乔治三世赐霍雷肖·纳尔逊"巴斯骑士"的称号。在当时，"巴斯骑士"称号的荣耀程度堪比甚至超过今天的大十字勋章。乔治三世本来打算授予霍雷肖·纳尔逊从男爵爵位，但霍雷肖·纳尔逊与吉尔伯特·埃利奥特-默里-基宁蒙德谈话时，明确表示反对接受任何世袭贵族头衔，因为以他现在的经济能力负担不起，并且非常直接地表示他更希望得到"巴斯骑士"的头衔。当时盛行一种说法，认为海军部准备提拔他为少将，奖励他情人节那天在圣文森特角战役的杰出表现。但这纯属讹传。无论是在当时，还是后来的一个世纪，将级军衔几乎不曾因卓越的战功而破格授予任何人，都是由校级军官根据明确的规定论资排辈获得的。当时，霍雷肖·纳尔逊担任上校已经十七年了，名列少将候选人名单榜首已经好几个月了。一年多以前他就知道,接下来第一批晋升少将的人一定包括他,同时他也要开始上岸轮休,领取半薪。事实上,在圣文森特角战役之后仅仅六天,他就晋升少将了,比捷报抵达英国还早两周。

"无敌"号到里斯本修整,霍雷肖·纳尔逊的指挥旗还在舰上。他奉命率领一个分遣队在圣文森特角和非洲海岸之间巡航、警戒,因为墨西哥总督米格尔·德·拉·格鲁阿·塔拉曼卡和大量贵重财物将由三艘巡航舰护送到加的斯。霍雷肖·纳尔逊出海时在信中对妻子弗朗西丝·纳尔逊说:"希望与西班牙的这场战争能让我们得到一间农舍、一块地,此外我别无所求。有一天我会很

米格尔·德·拉·格鲁阿·塔拉曼卡

高兴地退役，告别现在这种繁忙的生活。当然我也不会隐居世外。拜西班牙人所赐，我们还会有几个小钱。"遗憾的是，他的期望暂时还实现不了。也不知是情报不准，还是墨西哥总督米格尔·德·拉·格鲁阿·塔拉曼卡得知战争即将爆发，推迟了自己的出行。1797年3月24日，霍雷肖·纳尔逊把自己的指挥旗再次插回已经修整完毕的"船长"号。这时，约翰·杰维斯率领地中海舰队都来了，同时带来了他晋升少将的消息。1797年3月24日15时，在"船长"号上，霍雷肖·纳尔逊升起了自己的少将将旗。

霍雷肖·纳尔逊在加的斯港外又待了两周，再次接到任务：前往费拉约港护送陆军部队。霍雷肖·纳尔逊曾经询问过约翰·杰维斯，墨西哥总督米格尔·德·拉·格鲁阿·塔拉曼卡会不会已经到了特内里费岛。如果真是这样，已有的陆军士兵再加上分遣舰队，可以不费力就占领特内里费岛。然而，等霍雷肖·纳尔逊回到直布罗陀，刚刚成为圣文森特伯爵的约翰·杰维斯显然已经得知，墨西哥总督米格尔·德·拉·格鲁阿·塔拉曼卡并没有去特内里费岛，而陆军部队已经接到返回英国的命令，必须马上动身。同时，"船长"号也需要送回英国的船厂维修。于是，霍雷肖·纳尔逊和拉尔夫·威利特·米勒上校一起被调到了"忒修斯"号。在接下来的两个月里，他们继续封锁加的斯，偶尔与西班牙的炮艇或战列舰上的工作艇发生摩擦。霍雷肖·纳尔逊感到"一生从未如此毫无畏惧"。1797年7月3日，包括霍雷肖·纳尔逊和托马斯·弗里曼特尔在内的十三个人乘坐小船，登上了一艘西班牙炮艇，经过一场激烈的肉搏战，对方三十人中有十八人丧命，数人受伤，炮艇损毁严重。战斗最英勇的当属舵手约翰·赛克斯。约翰·赛克斯用身体为霍雷肖·纳尔逊挡开了几剑，又用自己的头替他挡了一剑。也不知是约翰·赛克斯的头坚固异常，还是剑没有刺中要害，他虽然身受重伤，却幸运地活了下来。两年后，即1799年，约翰·赛克斯被炮弹碎片击中才壮烈阵亡。

这一时期，舰队内爆发了叛乱，约翰·杰维斯严厉处置叛乱人员。"忒修斯"号被认为是受叛乱影响最严重的。但在"忒修斯"号升起霍雷肖·纳尔逊

"忒修斯"号

的指挥旗三周后,后甲板上就出现了一份船员联名签署的文书:"胜利属于霍雷肖·纳尔逊将军!上帝保佑拉尔夫·威利特·米勒上校!有这样的上级,我们无比感激。我们很幸福,很满足。为了他们,我们甘愿流尽热血。'忒修斯'号将像'船长'号一样永垂不朽!"自此以后,叛乱的苗头就销声匿迹了。"忒修斯"号一直由拉尔夫·威利特·米勒指挥,直到他1799年去世。"忒修斯"号和舰队其他军舰一样,一直纪律严明,井然有序。

约翰·杰维斯鉴于当时叛乱可能导致的严重后果,对参与叛乱的将士绝不手软。但这与本书无关,不必赘述。正在近海分遣队的霍雷肖·纳尔逊,完全明白当时的局面。他对此事的表态不得不提,因为这可以证明传言说他为人过于随和,任凭手下为所欲为,完全是无稽之谈。事实上,霍雷肖·纳尔逊的性格是典型的"怀菩萨心肠,行霹雳手段"。1797年7月8日,星期六,"圣乔治"号上的两名叛乱分子被军事法庭认定有罪,判处死刑。约翰·杰维斯认为此事宜快刀斩乱麻,一旦判决就要立即执行或当天执行。没想到,军事法庭的审判一直拖到傍晚才结束,执行死刑也就相应被延迟。直到1797年7月9日,星期日9时,死刑才被执行。结果,托马斯·博尔登·汤普森中将给约翰·杰维斯写来一封批评信,措辞严厉,指责他"玷污了安息日"。对此,霍雷肖·纳尔逊在信中对约翰·杰维斯说:"我祝贺你,'圣乔治'号的事解决了。我非常赞同你立即行刑,即便赶上星期日,特殊情况需要特殊处置。我希望我们的舰队已经恢复如常了。如果当初国内能有这样的决心,事情绝不会发展到今天的地步。"同时,霍雷肖·纳尔逊还给舰队队长罗伯特·卡尔韦尔写信表示:"我很遗憾托马斯·博尔登·汤普森和你意见相左。如果是我,即使是赶上圣诞节,死刑也必须立即执行。星期日,大家一喝酒,谁知道又会出什么乱子。眼下,安全就是铁的纪律。"

托马斯·博尔登·汤普森

幸好，正在等待霍雷肖·纳尔逊去完成的任务远比处决犯人愉快得多。总指挥约翰·杰维斯接到消息，一艘装有贵重物品的西班牙船从马尼拉港开来，驶入特内里费岛的圣克鲁兹港，在等待机会回到西班牙。鉴于霍雷肖·纳尔逊曾建议夺取特内里费岛，约翰·杰维斯就把这个任务交给了他。霍雷肖·纳尔逊欣然领命，虽然他接到的作战计划完全不同于自己的构想。他当初提议由足够数量的陆军配合海军，而现在根本没有。虽然派给他的分遣队有巡航舰和战列舰各三艘，但霍雷肖·纳尔逊认为没有足够数量的登陆部队，要夺取特内里费岛不切实际。1797年7月21日，霍雷肖·纳尔逊到达圣克鲁兹的海湾外。因为特内里费岛总督坚决不退让，所以霍雷肖·纳尔逊决定1797年7月24日夜里发起进攻，利用夜色作为掩护。不幸的是，夜色非但没有助他和自己的士兵一臂之力，反倒让他们吃尽苦头——黑暗里，他们没有看见防波堤，军舰被大浪冲上岸，

霍雷肖·纳尔逊的军舰搁浅在防波堤上

搁浅在防波堤上，舰身被浪拍烂了，火药也湿了。搁浅的军舰暴露无遗，敌人的火力又准又狠。在登陆时，霍雷肖·纳尔逊的右肘被霰弹击中，倒在了继子[①]乔赛亚·尼斯贝特的怀里。当时，十七岁的乔赛亚·尼斯贝特是"忒修斯"号上的上尉。他把霍雷肖·纳尔逊拖回舰舱。霍雷肖·纳尔逊的伤臂只能被截除。

  岸上的英国水兵陷入了绝境。天色渐渐亮起来，数量极少的英军士兵发现自己被八千全副武装的西班牙人包围着，并且西班牙人还有五门野战炮。因为霍雷肖·纳尔逊受伤，托马斯·特鲁布里奇代行使指挥权。托马斯·特鲁布里奇认为是时候和谈了。"热忱"号舰长塞缪尔·胡德——塞缪尔·胡德子爵同名同姓的堂弟——通晓多门语言，举起了和旗，向西班牙人提出谈判条件：提供船让英国人撤退并保证不伤害英国人。特内里费岛总督认为，英国人应该作为战犯投降，塞缪尔·胡德回答说，托马斯·特鲁布里奇要求他五分钟之内以此谈判条件达成和解，否则托马斯·特鲁布里奇就要向城里开炮，把城市炸毁，与西班牙军队拼到刺刀相见。西班牙军队的力量可能只是徒有其表，当地的民兵既没有经过正规的军事训练，也没有大无畏的精神。总之，特内里费岛总督认为与其和一心求死的人拼命，不如接受谈判条件。他还非常慷慨地允许把伤员送到当地的医院治疗，给英国人提供最好的条件，并且告知他的手下，允许英国船员自由上岸，在逗留期间随意采买所需物资。在英国和西班牙作战期间，这样的慷慨之举并不罕见。1797年7月27日，所有将士全部登船，前去与总指挥约翰·杰维斯会合。

  当天，也就是霍雷肖·纳尔逊的右臂被截肢六十小时左右后，霍雷肖·纳尔逊第一次尝试用左手写信，虽然只有寥寥几行。信是写给总指挥约翰·杰维斯的，霍雷肖·纳尔逊请求约翰·杰维斯提拔继子乔赛亚·尼斯贝特为"忒耳西科瑞"号舰长，因为原来的舰长理查德·鲍恩在圣克鲁兹港阵亡了。英国海军部规定二十岁以前不能晋升上尉，而年仅十七岁的乔赛亚·尼斯贝特已经领

[①] 霍雷肖·纳尔逊的妻子弗朗西丝·纳尔逊与前夫乔赛亚·尼斯贝特的儿子。——译者注

霍雷肖·纳尔逊的右肘被霰弹击中

霍雷肖·纳尔逊倒在继子乔赛亚·尼斯贝特的怀里

上尉衔。霍雷肖·纳尔逊要求进一步提升乔赛亚·尼斯贝特为一船之长,并且不觉得这是不情之请。就连以严明出名的约翰·杰维斯也不认为答应这样的要求有何不妥,可见"二十岁前不能晋升上尉"的规定普遍形同虚设。最终,乔赛亚·尼斯贝特成了医务船"海豚"号舰长。同时,约翰·杰维斯命令已从"常胜"号调到"海马"号、在特内里费岛负伤的"海马"号舰长托马斯·弗里曼特尔护送霍雷肖·纳尔逊回英国休养。1797年8月16日,"忒修斯"号返回驻扎在加的斯港外的舰队。这一天,霍雷肖·纳尔逊在信中写道:"一个只剩左手的独臂少将不堪再用。尽快给我一间农舍,让我退养残躯,腾出空位,让更适合的人

失去右臂的霍雷肖·纳尔逊

亚当·邓肯

来为国效力。"1797年8月17日,"海马"号驶向斯皮特黑德。1797年9月1日,"海马"号抵达斯皮特黑德。

霍雷肖·纳尔逊径直去了巴斯,和他的妻子弗朗西丝·纳尔逊团圆。几周后,他们又前往伦敦。伤臂一直猛烈地折磨着他。可能当时"忒修斯"号条件简陋,时间又仓促,医生在手术时把神经和血管缝在了一起,导致他异常痛苦,直到绷带被拆掉才缓和了一些。但肉体的痛苦导致霍雷肖·纳尔逊变得烦躁易怒,对其性情的影响终生未能消除。据说,1797年10月11日,亚当·邓肯上将在坎珀当获胜的消息传到伦敦时,霍雷肖·纳尔逊住在邦德街,因为不堪忍受整日的痛苦,所以服用鸦片酊后就早早睡下了。狂欢的人群经过他的住处时,

трафальгарская битва

在牧珀当获胜后,亚当·邓肯接受敌人投降

看到灯火通明的街道上唯有霍雷肖·纳尔逊的家里黑灯瞎火，竟然敲门问罪，家仆解释说这里住的是霍雷肖·纳尔逊将军，因为受伤严重，正在设法入睡。此时，"霍雷肖·纳尔逊"这个名字已经如同神奇的咒语，闹事的人立即道歉："我们绝不会再来惊扰。"我们自然可以想象，他们如何设法确保喧嚣不再打扰将军的清静。直到1797年12月8日，霍雷肖·纳尔逊的身体和精神状况才有了起色。他给汉诺威广场圣乔治教堂的牧师写了一封信，牧师在礼拜日的祈祷中宣读了霍雷肖·纳尔逊的来信："这是一个海军军官的由衷感激。我要感谢万能的主，让我重伤之后还能痊愈，感谢主对我充满仁慈。"

　　霍雷肖·纳尔逊精神振奋是因为几周前他得知英国海军部并不认为一个只有左手的独臂将军不堪重用，"情人节的大英雄"更是深孚众望。海军部已经决定，1798年1月，目前在造的有八十门火炮的"闪电"号下水试运。1798年2月，"闪电"号就可以成为霍雷肖·纳尔逊的旗舰，由"阿伽门农"号的老上尉爱德华·贝里担任舰长。遗憾的是，后来发现"闪电"号无法在预计的时间内交付，海军部又急于让霍雷肖·纳尔逊重回地中海舰队，霍雷肖·纳尔逊本人也急切盼望重回大海，于是，海军部决定暂时用配备七十四门火炮的"先锋"号充当他的旗舰，仍然由爱德华·贝里担任他的旗舰的舰长。1798年4月10日，霍雷肖·纳尔逊的舰队从圣海伦港扬帆起航。1798年4月23日，他的舰队进入塔古斯河；1798年4月30日，在加的斯港外与约翰·杰维斯的舰队会合。

第6章

尼罗河战役

精彩看点

法兰西军队在土伦港大规模集结——霍雷肖·纳尔逊寻找法兰西舰队——霍雷肖·纳尔逊接到的命令——争取斐迪南四世的支持——猜想法兰西舰队的目标——写给威廉·汉密尔顿的信——到达锡拉库萨——霍雷肖·纳尔逊的作战计划——尼罗河战役——舰队的力量对比——战斗情况——圆满胜利——历史意义——法兰西人的作战观念——纪念尼罗河战役大捷——国内胜利的喜悦——霍雷肖·纳尔逊的战术思想

有消息称法兰西军队在土伦港大量集结，但始终不清楚其有何打算，其目的地更是众说纷纭：西西里岛、科孚岛、葡萄牙、爱尔兰……最大的可能是前往卡塔赫纳港，与西班牙舰队会合。约翰·杰维斯立即决定派遣霍雷肖·纳尔逊带领一个小分队进入地中海。霍雷肖·纳尔逊如果能发现一些端倪，就立即派一艘巡航舰或单桅帆船回来报信，千万不可放任法兰西舰队去与西班牙舰队会合。

1798年5月8日，霍雷肖·纳尔逊乘坐"先锋"号战列舰，率领另外两艘战列舰——"猎户"号、"亚历山大"号，三艘巡航舰和一艘单桅帆船出发了。1798年5月17日，霍雷肖·纳尔逊从锡谢角海域写信来报：土伦港有十五艘法兰西战列舰显然已经准备停当，可以随时出海；此外，港内还有大量运兵船和每天大量进入土伦港的陆军部队，已经登船的大概有一万两千人；关于出海的时间，各种说法莫衷一是；至于其他详情，"法兰西人高度警戒，严守秘密"。

1798年5月18日，海上狂风大作。1798年5月20日早上，"先锋"号的多个桅杆——主桅、后桅和前桅先后被吹倒了，船首斜桁也严重破裂，只剩下后桅。狂风又持续了一整天，"先锋"号已经行动艰难。"亚历山大"号只好拖起"先锋"号，与"猎户"号一起到撒丁岛最南端的圣彼得罗岛抛锚避风。当时已经是1798年5月23日的中午了。几艘巡航舰和单桅帆船已经与舰队失散，找不到同伴，不得不返航。于是，它们也返航归队。在接下来几个月难熬的日子里，霍雷肖·纳尔逊再也没有见到它们的踪影。三艘军舰在四天时间里，共同努力把"先锋"号修好——用了一个主中桅作为前桅杆，用了一个顶桅作为中桅，还有其他诸如此类的拼凑。然后，霍雷肖·纳尔逊继续率领小分队出海，四天后又回到土伦港外，却发现法兰西舰队已经不见了。之前让"先锋"号吃尽苦头的北风已经略微转东，温和地吹着，送法兰西舰队出航。法兰西舰队已经消失得无影无踪，多方打探也毫无结果。一连几天，霍雷肖·纳尔逊沿着意大利海岸搜寻，但徒劳无功，最终不得不漫无目的地向南寻觅。

此时，英国政府也得知了法兰西军队在土伦港大规模集结，于是给约翰·杰维斯派来大量援军，同时要求他派出一支实力强大的小分队前往地中海，并且把小分队交给一个"行事谨慎的将军"。海军部和海军大臣乔治·斯潘塞本人都暗示霍雷肖·纳尔逊是最佳人选。海军大臣乔治·斯潘塞中意霍雷肖·纳尔逊可能是因为前科西嘉总督吉尔伯特·埃利奥特-默里-基宁蒙德的力荐和乔治三世本人的示意，当然乔治三世也许是因为威廉·亨利王子的请托。其实，约翰·杰维斯本人也有此意，尤其考虑到霍雷肖·纳尔逊已经深入地中海了。于是，托马斯·特鲁布里奇奉命率领十艘配备七十四门炮的战列舰和配备五十门炮的"利安得"号，前去与霍雷肖·纳尔逊会合。1798年6月7日，托马斯·特鲁布里奇见到了霍雷肖·纳尔逊，转告了总指挥约翰·杰维斯给他的命令：继续打探法兰西军队此次行动的目标，尤其是确认当时英国政府怀疑的两种可能：一种是法兰西军队要进攻那不勒斯和西西里岛，所以舰队从西班牙海岸运送一部分陆军，以便从葡萄牙入境；另一种是法兰西军队要穿过英吉利海峡对爱尔兰用兵。从这时起，霍雷肖·纳尔逊本次行动的目标已不仅是海上侦察，因为给他的命令还包括一旦找到法兰西舰队，务必尽最大努力俘获、击沉、烧掉、摧毁其军舰，"只要小分队的物资还能维持，或者能从地中海区域任何港口获得补给，任务就不得中止"。

接下来发生的几件事可以证明这个命令的措辞别有深意。霍雷肖·纳尔逊接到的命令是只要小分队补给充足,就尽可能持续航行。不拘泥于字面,从精神上去理解,这个命令意味着,如果地中海区域任何港口拒绝提供补给,霍雷肖·纳尔逊就可以采取武力。也就是说,霍雷肖·纳尔逊可以从托斯卡纳大公斐迪南三世、西西里国王斐迪南三世①等人的领地强行索要自己需要的任何物资。霍雷肖·纳尔逊被授权在遭到拒绝的情况下便宜行事。如果有人认为霍雷肖·纳尔逊宁可不完成任务,也不愿意去强迫一个不愿配合的盟国,那他就太不了解霍雷肖·纳尔逊的性格了。事实正相反,他决定尽快弄清自己在地中海是否有可以依赖的港口。1798年6月12日,在厄尔巴岛附近海域,霍雷肖·纳尔逊给英国驻那不勒斯大使威廉·汉密尔顿写了一封信,请他争取那不勒斯国王

威廉·汉密尔顿

---

① 作为那不勒斯国王为斐迪南四世,作为西西里国王为斐迪南三世,作为两西西里国王为斐迪南一世。——译者注

斐迪南四世的支持,尤其请斐迪南四世明确回答那不勒斯的港口是否对英国皇家舰队开放?各港口的政府是否会接到命令允许其自由进出并提供其需要的一切?1798年6月14日他又写了一封,大意是说他刚刚得知,1798年6月4日,法兰西舰队已经前往特拉帕尼。他如果在西西里岛任何港口找到法兰西舰队,就会立即开战,所以急需引航员和上述几个问题的答案。"我派托马斯·特鲁布里奇前来与你协商。托马斯·特鲁布里奇获得我全部授权,所以我恳请你相信他说的一切完全代表我的意见。"

1798年6月15日,在蓬扎岛海域,霍雷肖·纳尔逊给英国海军大臣乔治·斯潘塞写信,信中第一次透露出他认为法兰西舰队的目标可能是埃及。这个大胆的猜想与总指挥约翰·杰维斯的猜测大相径庭。他向乔治·斯潘塞报告了法兰西舰队1798年6月4日的行踪之后,说:"如果法兰西舰队经过西西里岛继续向前,我就认为其打算攻占亚历山大港,再从亚历山大港派兵去印度,与迈索尔的提普苏丹联手行动。这个计划没有看上去的那么难。但如果法兰西舰队驶向安蒂波迪斯,你放心,我一定开战,刻不容缓,并且尽力摧毁法兰西舰队的运兵船。""我希望那不勒斯国王斐迪南四世能支援我一些巡航舰,因为我的巡航舰1798年5月20日失散后,至今下落不明。等托马斯·特鲁布里奇一回来,我立刻起航前往墨西拿城堡。"

霍雷肖·纳尔逊给驻那不勒斯大使威廉·汉密尔顿的第一封信是1798年6月12日于厄尔巴岛附近海域写的,第二封,即引荐托马斯·特鲁布里奇的信,是1798年6月14日于奇维塔韦基亚岛附近海域写的。但直到1798年6月16日,托马斯·特鲁布里奇才乘坐"反叛"号前往那不勒斯海湾。1798年6月17日早晨才到达那不勒斯海湾,而霍雷肖·纳尔逊的舰队则停泊在外海,与之遥遥相望。1798年6月17日8时左右,托马斯·特鲁布里奇在"反叛"号舰长托马斯·马斯特曼·哈迪的陪同下登岸,会见驻那不勒斯大使威廉·汉密尔顿,由威廉·汉密尔顿立即引荐给那不勒斯海军统帅兼首相约翰·阿克顿。约翰·阿克顿爽快地答复了霍雷肖·纳尔逊提出的两个问题,托马斯·特鲁布里奇非常满意,表示

约翰·阿克顿

希望西西里王国明确下达命令，要求那不勒斯所有港口的指挥官提供英国舰队需要的一切物资，战时接收英国舰队的伤员和病员上岸治疗。西西里国王斐迪南三世下达并亲自签署了这个命令。除这个命令以外，托马斯·特鲁布里奇还带回了那不勒斯外交大臣迪加洛侯爵马尔齐奥·马斯特里利给威廉·汉密尔

迪加洛侯爵马尔齐奥·马斯特里利

法兰西舰队进攻马耳他

顿的一封信的副本。这封信是1798年6月12日写的,大意是担心英国舰队撤出,奥地利保护那不勒斯的协议还尚未签署。因此,那不勒斯还不敢贸然放弃中立。但凭着斐迪南四世的这份命令,英国舰队将得到条件许可下的一切设施和便利。他还在信中透露:法兰西舰队已经经过西西里岛,正在进攻马耳他;从潘泰莱里亚传来消息说,一艘法兰西军舰曾在这里打探,企图核实英国舰队是否出现在该区域;在西西里岛,法兰西军舰同样试图打听英国舰队的下落,获悉除直布罗陀海峡的一些武装私掠船之外,两年来这片海域从来没有出现英国军舰。霍雷肖·纳尔逊希望能在马耳他赶上法兰西舰队,出其不意发动进攻,于是立即起航,穿过墨西拿海峡。1798年6月18日,霍雷肖·纳尔逊写信给威廉·汉密尔顿,说英国内阁已经决定让他的舰队尽可能在地中海坚守、作战,所以他可以向斐迪南四世保证只要他的舰队能够获得补给,就绝不会撤退。他在

第 6 章 尼罗河战役 | 161

威廉·汉密尔顿的夫人埃玛

信末问候和赞美了威廉·汉密尔顿的夫人埃玛,表示希望向她献上"花环或桂冠"。这奇怪的用语出自1665年6月4日雅各布·范·瓦塞纳·奥普丹出海作战时的演讲。

1798年6月22日,在帕萨罗角海域,霍雷肖·纳尔逊得知马耳他人已经于1798年6月15日向法兰西投降,1798年6月16日,法兰西舰队就离开了马耳他岛。整个法兰西舰队有十六艘战列舰,多艘巡航舰、炮艇,以及近三百艘运输船。既然西西里岛不是法兰西舰队的目标,而且法兰西舰队航行的时候正值西风强劲的时节,霍雷肖·纳尔逊断定其目标在地中海东部,并且是埃及的某个港口。这样一来，法兰西舰队就可以在红海的西端占据一个基地，好把一支强大的军队送入印度。就这样，在没有任何可靠情报的情况下，霍雷肖•纳尔逊仅凭自己的分析判断，就坚定地驶向亚历山大港，希望能在途中追上法兰西舰队。唯一可以帮助他增强信心的是从托马斯•特鲁布里奇那里得知，威廉•汉密尔顿和那不勒斯首相约翰•阿克顿所见略同。遗憾的是，多日过去，始终没见到法兰西舰队的影子。霍雷肖•纳尔逊开始怀疑法兰西人可能从那不勒斯得知英国舰队在逼近，所以转向了，或许去了科孚岛。

因此，霍雷肖•纳尔逊到达亚历山大港后发现既没有法兰西舰队的踪影，也没听说其来过时，立刻又想到了另一种可能：法兰西舰队也许北上到亚德里亚海，甚至去了更北的叙利亚海岸。无论法兰西舰队去了哪里，他的任务就是要找到它。于是，霍雷肖•纳尔逊命舰队向北航行，先后在叙利亚海岸和卡拉曼尼亚寻找，但法兰西舰队既不见踪影，也没有走漏任何风声。

现在已经接近1798年7月月底了，霍雷肖•纳尔逊离开总指挥约翰•杰维斯差不多已经三个月。淡水开始短缺，船员也急需新鲜食物。因此，凭借那不勒斯首相约翰•阿克顿的保证，霍雷肖•纳尔逊直接向锡拉库萨进发。1798年7月19日下午，他驶进港口，抛锚停泊，让补给船靠岸取水，并且向锡拉库萨总督递上那不勒斯首相约翰•阿克顿的信。锡拉库萨总督深表怀疑，这样一份形式违反常规、内容含糊的命令就能要求他公开违反与法兰西共和国的条约？与法兰西共和国的条约规定不得允许超过四艘外国军舰同时进入那不勒斯的任何港口。因此，锡拉库萨总督提出抗议，但霍雷肖•纳尔逊完全置之不理。然而，锡拉库萨总督非常清楚，不满足不速之客的需要就别想请他们离开。整个锡拉库萨暴露在"客人"的火炮下，使用武力"逐客"显然是不可能的。因此，为了安抚自己的良心，锡拉库萨总督只能不断谴责，终于惹恼了霍雷肖•纳尔逊。于是，霍雷肖•纳尔逊批准了无限制采买水果、蔬菜、牛肉和葡萄酒，甚至私下允许船员购买烈酒。我们不妨想象一下，在锡拉库萨逗留的短短几天时间里，如此庞大的舰队中，多少船员喝酒闹事。

1798年7月25日,舰队离开锡拉库萨。1798年7月28日,在科伦海湾附近海域,霍雷肖·纳尔逊得知大约四个星期前,法兰西舰队到过这里,然后从干地亚朝东南方向去了。霍雷肖·纳尔逊满意了,不出所料,法兰西舰队确实去了埃及。于是,霍雷肖·纳尔逊立刻启航再次前往亚历山大港。1798年7月31日晚上,霍雷肖·纳尔逊接近港口时,派"亚历山大"号和"敏捷"号前去侦察。到1798年8月1日中午,他看见亚历山大港里到处是运兵船,却不见士兵的踪影,于是改道向东。将近1798年8月1日15时,"热忱"号报告,在阿布基尔湾附近发现了十六艘停泊着的战列舰。事实上,是十三艘战列舰和四艘大型巡航舰。

在四处寻访这支舰队的几个星期里,霍雷肖·纳尔逊经常向几位舰长解释他的作战计划,包括对方在航和在泊的不同情况下的作战方案。现在敌军当前,寥寥几个信号就足以让舰长们明白他的意图。此时,风向一时向东,一时向南,变换不定。法兰西舰队停泊在离岸大约三英里,水深大约五英寻①的位置。整个法兰西舰队分成三段:前锋、中部和后卫,沿海湾从西北向东南单线排列,但军舰之间空隙较大;前锋一段从西北偏西向东南偏东排列,后卫一段从西北偏北向东南偏南排列,前锋与后卫呈弧形排列,而不是直线排列,但总体来说,舰队与风向平行。后来,不少作家都是这样描述当时法兰西舰队队形的,但他们忽略了在准备战斗时,有些军舰把倒缆系上尾锚,有些战列舰则同时放下首锚和尾锚,列成了直线。霍雷肖·纳尔逊靠近法兰西舰队,仔细观察形势后,决定攻击法兰西舰队的前锋和中部。此时已经快到1798年8月1日17时了。霍雷肖·纳尔逊发出信号,要求舰队抛下尾锚,倒缆系上锚链以减少移动;1798年8月1日18时不到,霍雷肖·纳尔逊发出信号,命令所有军舰就近与他的旗舰"先锋"号前后相连,形成战斗纵队。当时,他只带了十艘配备七十四门炮的战列舰。"卡洛登"号拖着一艘被俘获的、装满红酒的补给船,离舰队几英里,而"亚历山大"号、"敏捷"号和"利安得"号则在更远的地方。

---

① 1英寻约为1.8288米。——译者注

在战斗开始之前,我必须交代一下两支舰队的力量对比。除"利安得"号之外,英国所有军舰都装有七十四门火炮,下层甲板的火炮都使用三十二磅重的炮弹,主甲板——当时称之为"上甲板"的火炮都使用十八磅重的炮弹。"利安得"号下层甲板的火炮和主甲板的火炮分别使用二十四磅重的炮弹和十二磅重的炮弹。战列舰的使用时间多在一年以上,有的加入约翰·杰维斯舰队两年以上,经过严格训练,已经进入高效作战状态。下面的列表是每艘战列舰的基本信息,按当时的战斗顺序排列。"卡洛登"号试图抄近路,在阿布基尔湾浅滩的东端撞上了一块礁石,不得不——用霍雷肖·纳尔逊的话说——"老老实实待着",所以没有参与战斗。

霍雷肖·纳尔逊的舰队情况

舰名	舰长	人员	阵亡	受伤	伤亡
"歌利亚"号	托马斯·福利	590	21	41	62
"热忱"号	塞缪尔·胡德	590	1	7	8
"猎户"号	詹姆斯·索马里兹	590	13	29	42
"狂热"号	戴维奇·吉尔德	590	1	35	36
"忒修斯"号	拉尔夫·威利特·米勒	590	5	30	35
"先锋"号	霍雷肖·纳尔逊 爱德华·贝里	595	30	75	105
"弥诺陶洛斯"号	托马斯·路易	640	23	64	87
"防御"号	约翰·佩顿	590	4	11	15
"柏勒罗丰"号	亨利·德·斯特雷·达比	590	49	148	197
"威严"号	乔治·布拉格登·韦斯科特	590	50	143	193
"敏捷"号	本·哈洛韦尔	590	7	22	29
"亚历山大"号	亚历山大·鲍尔	590	14	58	72
"利安得"号	托马斯·博尔登·汤普森	343	0	14	14
"卡洛登"号	托马斯·特鲁布里奇	...	...	...	...

对比下表可以看出,法兰西舰队的力量远远超过英国舰队。表中的军舰按照其在作战时队列顺序,从前到后,从西北到东南。

法兰西舰队情况

舰名	火炮数量	定员	结局
"盖里耶"号	74	700	被俘
"征服者"号	74	700	被俘
"斯巴达"号	74	700	被俘
"阿奎隆"号	74	700	被俘
"主权"号	74	700	被俘
"富兰克林"号	80	700	被俘
"东方"号	120	1010	爆炸
"轰鸣"号	80	800	被俘
"幸福"号	74	700	被俘
"水星"号	74	700	被俘
"纪尧姆·泰尔"号	80	800	逃脱
"吉尼罗"号	74	700	逃脱
"蒂莫莱翁"号	74	700	烧毁
"严肃"号	36	300	沉没
"阿蒂米斯"号	36	300	烧毁
"迪亚娜"号	40	400	逃脱
"正义"号	40	400	逃脱

法兰西舰队的优势不仅限于军舰的数量。在军舰的吨位和重量上，一艘配备七十四门炮的法兰西军舰比英国军舰大五分之一；法制八十门炮的军舰比英制七十四门炮的军舰大三分之一；法制一百二十门炮的军舰重量相当于两艘英制七十四门炮的军舰，所以法兰西舰队的优势就更明显了。但这些都是表象，英国海军的先辈非但从来不认为四十磅重的炮弹比三十二磅重的炮弹效率更高，反倒认为它们的发射速度更慢，并且需要更多的人手操作。除此以外，许多法兰西军舰都很老旧，有些只能装备减量的火炮和炮弹，甚至有的已经不适航了。据说，"征服者"号的上甲板和下甲板只能装备分别发射十八磅重炮弹和十二磅重炮弹的大炮。一年前，"盖里耶"号和"主权"号就已经成了危船。舰上的水兵都是新手，有些甚至根本不是水兵，没有受过使用火炮的训

练。舰上纪律松散。据说，许多军舰人员数额都远远低于定员数额，陆军登陆时留下了一些士兵凑数。但最后一刻，在亚历山大港，法兰西舰队从运兵船和军需船上抽调了很多水兵到军舰上，所以军舰上的水兵实际数量并不比定员人数少太多，总数也就远远超过英国军舰上的人数。后来，法兰西作家一再辩护，法兰西舰队发现英国舰队时，正在给军舰补充淡水，措手不及。但那是1798年8月1日14时左右的事，并且法兰西舰队一发现英国舰队就各就各位，战斗直到1798年8月1日19时才开始。因此，我们完全看不出法兰西舰队五小时前的所作所为与战斗结果有什么重要关系。

随着英国舰队的前锋逐渐逼近，法兰西军舰开火了，英国军舰却无法还击，或者说即使能够还击，也选择暂时不开火。但等到1798年8月1日18时40分，"歌利亚"号绕过了法兰西军舰"盖里耶"号的船首，刚刚到达第二斜桅的位置，就立即将侧舷的炮火对准"盖里耶"号狂轰滥炸。然后，"歌利亚"号准备绕到"盖里耶"号靠近海岸的内侧，但抛锚的时候锚链滑得太远，结果停靠在法兰西第二艘军舰"征服者"号的内侧，"盖里耶"号的内侧被紧跟而来的"热忱"号占据。经过"盖里耶"号时，"热忱"号用侧舷火力猛轰。接着，"猎户"号也从"歌利亚"号和"热忱"号的内侧绕过去，却撞上了法兰西军舰"严肃"号。"严肃"号失控，一边朝浅滩漂去一边下沉。"猎户"号继续向前，到了"主权"号的对面。"忒修斯"号和其他军舰一样，每个炮膛里都装着两三枚炮弹，一直引而不发，直到"盖里耶"号的桅杆和自己处于一条线上、第二斜桅距离自己的索具大约六英尺时，才大炮齐开。"盖里耶"号的主桅和后桅都被炸断。"忒修斯"号又从"盖里耶"号和"热忱"号之间穿过，停泊在法兰西第三艘军舰"斯巴达"号对面，继续猛轰。接着，"热忱"号又从"盖里耶"号和"征服者"号之间穿过，又用两侧火力把两艘军舰都炸开了花，然后在"征服者"号的船首内侧抛锚。这样一来，英国五艘军舰都进了法兰西舰队靠岸的内侧，集中对法兰西舰队前锋狂轰滥炸。

这时，英国舰队第六艘战列舰"先锋"号——霍雷肖·纳尔逊的旗舰——

英国舰队逼近法兰西舰队

英国舰队八号与法兰西舰队接战

在"斯巴达"号的外侧抛下尾锚,其他军舰也跟着效仿:"弥诺陶洛斯"号在"阿奎隆"号对面停泊;"防御"号面对"主权"号停泊;"柏勒罗丰"号本应在"富兰克林"号对面停泊,但锚链甩出太远,直到"东方"号的右舷船首才停住。"柏勒罗丰"号正对着这个有三层甲板、配备一百二十门火炮的庞然大物,独自承受着"东方"号的超强火力,所以损失最重,不得不砍断锚链,漂到法兰西舰队中。后来,"柏勒罗丰"号在东边锚定,一直坚持到第二天,旗帜始终在主桅的残柱上飘扬。"柏勒罗丰"号舰长亨利·德·斯特雷·达比负伤,三个上尉阵亡。"威严"号也同样不幸。不知是因为天黑,还是浓烟,或者其他什么情况,"威严"号的锚没能定住,撞上了法兰西军舰"幸福"号的主帆索具,很长时间无法脱身,承受的炮火非常猛烈,主帆和后帆都倒了,船长乔治·布拉格登·韦斯科特脖子中弹而亡。最后,"威严"号终于掉转船头,停靠在法兰西军舰"水星"号的船首,火力全开,为死伤者报仇。1798年8月1日20时,巡航舰"敏捷"号和"亚历山大"号有了"卡洛登"号的前车之鉴,避过了危险的浅滩,也

"威严"号与"水星"号交战

"东方"号甲板着火

投入战斗,进攻"东方"号的船首。"利安得"号一直守在"卡洛登"号旁边,希望施以援手。1798年8月1日21时后,"利安得"号也来到"富兰克林"号的船首。

这时,法兰西舰队最前面的五艘军舰已经完全被制伏了。就在1798年8月1日22时前,"东方"号的艉楼甲板着火了,可能是因为船上的燃烧弹被点燃了。"敏捷"号和"亚历山大"号立即对准"东方"号艉楼开炮,使"东方"号船员无法灭火。"东方"号很快就被火焰吞噬了。1798年8月1日22时30分左右,"东方"号的爆炸和导致的坠落物对附近的英国军舰造成了危险,特别是"亚历山大"号多处着火。现在,英国舰队的胜利已经十拿九稳了。到了1798年8月2日早晨,虽然法兰西舰队的后卫也开始战斗,但力量非常弱。"纪尧姆·泰尔"号战列舰、"吉尼罗"号战列舰和"正义"号巡航舰、"迪亚娜"号巡航舰逃跑了。"蒂莫莱翁"号试图跟上它们,却被冲到了岸上。1798年8月3日,船员放火烧毁了它,然后向陆地逃去。

在现代海战史上,从来没有一场胜利如此圆满。霍雷肖·纳尔逊觉得,要不是他头部受伤丧失了指挥能力,"纪尧姆·泰尔"号和"吉尼罗"号也一定会被俘,这样就更完美了。这毕竟只是一个美丽的假设,所以在致约翰·杰维斯的公函里,他采取的说法完全不同:"我很抱歉两艘战列舰和两艘巡航舰逃走了,我却无能为力。'热忱'号舰长塞缪尔·胡德非常努力地去追赶,可惜我的舰队里已经没有任何军舰能够支援他了,所以只好召回'热忱'号。"爱德华·贝里因为知道霍雷肖·纳尔逊的报告内容,所以当然与他的口径统一。但拉尔夫·威利特·米勒在给妻子的私信中说:"霍雷肖·纳尔逊向'热忱'号、'歌利亚'号、'骁勇'号和'利安得'号发出了追赶敌舰的信号。'利安得'号非常勇猛,单枪匹马地冲向敌舰,几次用侧舷炮向敌舰开火。但敌舰的优势比我们这几艘军舰大得多,连'热忱'号也因索具受损太严重而明显处于下风。霍雷肖·纳尔逊明知追不上它们,就下令召回了这四艘军舰。"即使霍雷肖·纳尔逊没有受伤,我们也看不出英国舰队还能做什么。事实上,虽然他的伤口很严重,一开始甚至认为有性命之忧,但霍雷肖·纳尔逊并没有失去行动能力。他的前额被一颗钉弹打中,一大片皮和肉被削了下来,挂在了他视力仅存的那只眼睛上,涌出的鲜血使他暂时无法睁眼。但等伤口包扎好,血止住后,他又回到甲板上看着"东方"号爆炸,还派军舰去接"东方"号上的将士。到了深夜,他才答应上床休息。

  这场战斗的策略非常明确,无须进一步解释。爱德华·贝里说得很清楚,一切都是按照原定计划进行的,霍雷肖·纳尔逊的部署得到了不折不扣的执行。爱德华·贝里的话足以证明,所谓的"'歌利亚'号舰长托马斯·福利决定从法兰西舰队中穿过去"纯属谎言,除非我们认为爱德华·贝里在故意说谎。不过,在法兰西舰队的内侧还是外侧抛锚,很有可能是由为首的几艘军舰的舰长自行判断的。即使抛开爱德华·贝里可信度很高的证据,我们还是可以确信霍雷肖·纳尔逊在战前讨论各种作战计划时,谈到过法兰西舰队有忽略自己靠近海岸内侧的可能性,因为法兰西舰队曾经犯过这样的错误。作为塞缪尔·胡德子爵的亲信,霍雷肖·纳尔逊不可能没有听塞缪尔·胡德子爵说过他目睹,

霍雷肖·纳尔逊包扎好伤口后回到甲板上

"东方"号发生爆炸

"东方"号毁灭

1782年4月，在多米尼克，法兰西军舰遇见乔治·布里奇斯·罗德尼的舰队时，就犯过这个错误。霍雷肖·纳尔逊认为法兰西舰队有可能重蹈覆辙。事实证明，他的判断是正确的。

从始至终，尼罗河战役的策略都显示出塞缪尔·胡德子爵对霍雷肖·纳尔逊的影响，尽管塞缪尔·胡德子爵本人从来没能亲自实践这些策略。其实，如果要沿波讨源，塞缪尔·胡德子爵的战术很有可能来自约翰·埃尔芬斯通上校。1770年，约翰·埃尔芬斯通担任俄罗斯海军上将期间，在切什梅进攻土耳其舰队时做过类似的部署，尽管后来因为各种原因没能实施。事实上，能够把前人的杰出设想首次成功地运用到实战中，就是一种天才的表现。相反，法兰西作家一直没有意识到，整个18世纪，特别是在美国独立战争期间，法兰西

约翰·埃尔芬斯通

弗朗索瓦-保罗·布吕埃斯·德·埃格里尔斯

海军指挥官一直顽固地认为，按战斗纵队在港内停泊的舰队，有岸上的炮台保护，绝对是无懈可击的。后来，很多法兰西作家指责他们的海军中将弗朗索瓦-保罗·布吕埃斯·德·埃格里尔斯愚蠢无能，因为他违背了拿破仑·波拿巴的指令，把舰队暴露在近岸锚地，明知强大的英国舰队就在附近还不知道转移。其实，弗朗索瓦-保罗·布吕埃斯·德·埃格里尔斯和拿破仑·波拿巴都不知道英国舰队在地中海，并且即使弗朗索瓦-保罗·布吕埃斯·德·埃格里尔斯知道，他也不可能认为英国舰队比自己的舰队实力雄厚，因为亨利·霍瑟姆的指挥当初并没有显示出英国舰队的神威。

更有趣的是，弗朗索瓦-保罗·布吕埃斯·德·埃格里尔斯被指责违背了拿破仑·波拿巴的命令，没有进入亚历山大港，如果法兰西舰队当时不在阿布基尔港，而是在亚历山大港，那么结局一定另当别论吧？这种讨论其实根本没有必要，因为霍雷肖·纳尔逊早就在日记中写道："如果我们有几艘炮艇，在胜利之后的四十八小时内，我会把亚历山大港每一艘运兵船和所有军需船都炸毁。因为亚历山大港如此拥挤，以至每个炮弹或燃烧弹都会弹无虚发。"如果当时法兰西舰队真的在亚历山大港，毫无疑问，英国舰队会把法兰西舰队堵在港口里直到炮艇到来。也许拿破仑·波拿巴没有搞明白这一点，但弗朗索瓦-保罗·布吕埃斯·德·埃格里尔斯是完全明白的。然而，法兰西作家事后诸葛亮，事实已经证明阿布基尔港不安全，才倒过来诸般分析，责怪弗朗索瓦-保罗·布吕埃斯·德·埃格里尔斯不该在此停泊。法兰西人已经忘了，他们一向把进攻停泊在港口内的舰队视为不成文的规定。因为热情、勇敢、深受他们爱戴的夏尔·亨利·赫克托尔·德·埃斯坦曾两次拒绝攻击在泊的英国舰队，哪怕这支舰队的实力远不如自己。等到第三次，夏尔·亨利·赫克托尔·德·埃斯坦终于出击了，却惨败到身败名裂。当时，在圣卢西亚，据说——很可能确有其事——担任"幻想"号舰长的皮埃尔·安德烈·德·叙弗朗恳请夏尔·亨利·赫克托尔·德·埃斯坦等岸上炮台的火力被压制住的时候率舰队进入港口，在英国舰队的浮标上抛锚，这样一定可以凭借数量上的优势歼灭敌人，因为法兰西舰队有十二艘大战列舰，都是配备七十四门炮或配备八十门炮的规格，而英国舰队只有七艘配备五十门炮或配备六十四门炮的小军舰。毫无疑问，如果夏尔·亨利·赫克托尔·德·埃斯坦能够拿出足够的决心，听从皮埃尔·安德烈·德·叙弗朗的建议，英国舰队总指挥塞缪尔·巴林顿将陷入非常艰难的境地。在如此有利的情况下，夏尔·亨利·赫克托尔·德·埃斯坦应该坚决进入港口，夺取胜利。然而，他囿于成见，不敢进攻停泊在港口内的英国舰队。

以战斗队形停泊的英国舰队让很多法兰西将领裹足不前，而不仅是热情、勇敢的夏尔·亨利·赫克托尔·德·埃斯坦。1781年8月，西班牙上将路易

吉尚伯爵吕克·于尔班·德·布埃克

斯·德·科尔多瓦和法兰西吉尚伯爵吕克·于尔班·德·布埃克指挥法兰西与西班牙联合舰队的三十六艘军舰进入了英吉利海峡。此时,英国将领亨利·德·斯特雷·达比只率领二十艘军舰驻守托贝。法兰西和西班牙联合舰队却认为攻击亨利·德·斯特雷·达比是轻率的行为。1782年1月,塞缪尔·胡德的

弗朗索瓦·约瑟夫·保罗·德·格拉斯

舰队在圣基茨岛的巴斯特尔海域停泊，岸上完全没有炮火支持。弗朗索瓦·约瑟夫·保罗·德·格拉斯虽然进入了港口并发动进攻，却三心二意、不够坚决，结果和夏尔·亨利·赫克托尔·德·埃斯坦进攻圣卢西亚一样，以失败告终。类似的例子还有很多。当然，塞缪尔·胡德也有两次机会攻击停泊在港口内的法兰西舰队，却没有采取行动，并且在茹昂湾的那次，他的舰队有压倒性的数量优势。但在圣基茨和茹昂湾，塞缪尔·胡德没有对法兰西舰队开战是因为偶然的客观原因。法兰西人不知道原因，继续坚定地认为攻击停泊在港口内的英国舰队是不够慎重的。

法兰西人的一些作战观念建立在一百多年的海战经验之上，霍雷肖·纳尔逊还没来得及向他们证明这些观念何其荒谬,所以现代评论家享有的优势,弗朗索瓦-保罗·布吕埃斯·德·埃格里尔斯当年并不具有,依然盲目地认为,比如,攻击要从舰队的后方发起,也就是从阿布基尔岛上炮台的射程之外开始,才可能奏效。不过,他没能活下来解释自己的理由——在"东方"号爆炸前,弗朗索瓦-保罗·布吕埃斯·德·埃格里尔斯就被炮弹炸成了两截。身后为千夫所指,无论批评有理无理,他都无从辩白了。弗朗索瓦-保罗·布吕埃斯·德·埃格里尔斯的确谈不上才华横溢,但算一个善良、勇敢的军官。他的参谋长吕克-朱利安-约瑟夫·卡萨比安卡及和他一起在爆炸中丧生的幼子,也都是英勇无畏的人,并不是费利西娅·希曼脍炙人口的小诗中描绘的那样。

1798年8月2日,"纪尧姆·泰尔"号和"吉尼罗"号的逃跑及"蒂莫莱翁"号的搁浅,标志着尼罗河战役的结束。霍雷肖·纳尔逊给每艘军舰送去了一封亲笔署名的短信:"万能的上帝保佑国王陛下的军队取得了胜利!我计划今天,也就是1798年8月2日14时公开向上帝致谢,希望舰队的每艘军舰能同样尽快进行。"同时,他签署了一封致谢信,感谢并祝贺舰长、军官、水手和海军陆战队员;任命"威严"号的上尉代替阵亡的乔治·布拉格登·韦斯科特担任"威严"号临时指挥官;又命令爱德华·贝里乘坐"利安得"号去给约翰·杰维斯送捷报。

霍雷肖·纳尔逊虽然受了伤,但仍然事必躬亲,哪怕是一些完全可以由爱德华·贝里处理的细枝末节。比如,给约翰·杰维斯送的捷报。捷报是1798年8月3日写的,而"利安得"号直到1798年8月6日才启航,完全没有必要在1798年8月2日当天就急着给爱德华·贝里发布送信的命令。很有可能是伤口引起的发烧导致霍雷肖·纳尔逊的大脑异常兴奋。在这种情况下,顺其自然比强行抑制更安全。如果当事人不肯休息,那就必然要找点琐事让自己忙碌。1798年8月3日,为了纪念尼罗河战役大捷,埃及俱乐部成立了,舰长们都把自己的剑赠送给霍雷肖·纳尔逊。霍雷肖·纳尔逊则亲自写信给詹姆斯·索马里兹和舰队另外几位舰长,感谢他们赠剑,答应一有机会就满足他们的要求——绘制他的肖像,"挂在埃及俱乐部里"。后来,霍雷肖·纳尔逊在那不勒斯和英国确实有不少肖像画,但没有证据显示哪一幅按照他承诺的摆在了埃及俱乐部里。

1798年8月6日,"利安得"号载着爱德华·贝里和给地中海舰队总指挥约翰·杰维斯的捷报驶向直布罗陀。1798年8月18日,在干地亚海岸遇上"吉尼罗"号。虽然"利安得"号顽强抵抗,但还是不幸被俘,爱德华·贝里也身受重伤,连人带军舰都被带到科孚岛,军舰上的将士饱受对方的折磨,甚至连衣服都被扒光,被送到的里雅斯特后获得了假释。

爱德华·贝里

爱德华·贝里到达英国已经是1798年12月月初了。幸亏霍雷肖·纳尔逊还派了刚刚升任"反叛"号舰长的托马斯·布莱登·卡佩尔取道那不勒斯，把捷报送往英国海军部。1798年9月1日，"反叛"号到达那不勒斯，尼罗河战役大捷的消息使那不勒斯沸腾了。那不勒斯政府一直非常担心法兰西远征军会避开或击败英国舰队，然后回来报复那不勒斯，惩罚其违反条约并与奥地利结盟。既然法兰西舰队被摧毁，法兰西军队滞留在埃及，那不勒斯就安全了。更令人们高兴的是，看到张牙舞爪、横行霸道的恶人被制伏，上自王后玛丽亚·卡罗莱娜，下至乞丐都十分激动，其中最激动的是英国大使威廉·汉密尔顿的夫人

玛丽亚·卡罗莱娜

第 6 章 尼罗河战役　|　183

埃玛。这个将与那不勒斯王室的命运发生密切联系的妇人坐着一辆敞篷马车奔驰在那不勒斯街头，头上系着一个束发带，上面印着"胜利！神奇的纳尔逊"。其实不只是她，在那不勒斯的所有英国人都疯狂了。威廉·汉密尔顿在街上遇到枢机主教约克公爵亨利·贝内迪克特·斯图尔特，便拦住他的马车告诉他这个喜讯。亨利·贝内迪克特·斯图尔特并不认识威廉·汉密尔顿，对这样冒昧的行为一开始有些反感。但听了威廉·汉密尔顿报告的喜讯后，亨利·贝内迪克特·斯图尔特立刻说永远不会忘记这个英国人，他和所有英国人一样，为这个无比光荣的胜利由衷喜悦。

枢机主教约克公爵亨利·贝内迪克特·斯图尔特

漫画：尼罗河英雄（霍雷肖·纳尔逊）

1798年10月2日，托马斯·布莱登·卡佩尔把尼罗河战役大捷的消息带回了伦敦，国内的欢喜虽然不如那不勒斯那么疯狂，或者说没有那么戏剧化，却表达得更真诚。就在接到消息的第二天，即1798年10月3日，伦敦市投票通过了决议：用两百几尼①为霍雷肖·纳尔逊打造一把荣誉之剑；授予爱德华·贝里伦敦荣誉市民证书和价值一百几尼的金质证书匣。1798年10月6日，霍雷肖·纳尔逊被授予"尼罗的纳尔逊男爵兼伯纳姆·索普的纳尔逊男爵"的头衔。在星期日，即1798年10月21日，和接下来的两个星期日，所有教堂都为这次胜利举行了专

① 英国货币。——译者注

门的祈祷，当然也包括他的家乡伯纳姆索普和希尔伯勒的教堂。在1798年11月20日的议会会议上，乔治三世在演讲中特别提到"这个伟大而辉煌的胜利"，称之为"对法兰西影响力的巨大打击"，"如果其他国家也能通过适当的努力来巩固这个胜利的成果，欧洲可能从此就得救了"。1798年11月21日，上议院和下议院一致通过了对霍雷肖·纳尔逊、各位舰长、军官的封赏。1798年11月22日，下议院恳请乔治三世准许在圣保罗教堂修建纪念碑，纪念阵亡的乔治·布拉格登·韦斯科特舰长。下议院还投票决定给霍雷肖·纳尔逊本人及其爵位的两代继承人每年两千英镑，以及为霍雷肖·纳尔逊和所有战列舰舰长每人颁发一枚金牌。沙皇保罗一世赐这位凯旋的海军少将一个镶有钻石的金盒子；奥

沙皇保罗一世

塞利姆三世

斯曼帝国苏丹塞利姆三世从头巾上取下一个镶钻石的羽饰赠送他,谓之"凯旋者的羽冠",塞利姆三世的母亲米哈来沙·苏丹送给他一个镶有钻石的盒子,价值一千英镑;那不勒斯国王斐迪南四世赐他一柄荣誉之剑;撒丁国王查理·埃马努埃尔四世赠送给他一个镶有钻石的盒子;东印度公司赠送他一万英镑;土耳其公司则送了一个珍贵的盘子;爱国基金赠送他价值五百英镑的华美餐具。此外,还有许多公司提供各种特权。

霍雷肖·纳尔逊的旧交——威廉·亨利王子、塞缪尔·胡德子爵、威廉·洛克、彼得·帕克的夫人玛格丽特·纽金特等——都写来了热情洋溢的贺信。还有一封来自理查德·豪的信。理查德·豪和霍雷肖·纳尔逊从未谋面,但他相信

"你能原谅我在这种特殊情况下冒昧打扰。在力量上敌强我弱、地形上法兰西舰队占有明显优势的情况下,你的作战技巧和冷静判断都实在令我钦佩"。1790年1月,霍雷肖·纳尔逊回信时,充分表达了这份"赞许"的重要意义:"不朽的理查德·豪的赞扬不是任何海军军官都能得到的,因为这是来自有史以来最伟大的海军军官的赞扬。"这封信的最大价值在于霍雷肖·纳尔逊对作战计划的简要阐述,因为它足以推翻关于他的一种普遍偏见——认为他的军事天赋主要是勇敢,凭着"拼命三郎"的一股蛮劲赢得了胜利,误认为他的战术思想可以一言蔽之,即"跟他们打",相信幸运会眷顾勇者。

仔细研究霍雷肖·纳尔逊的行动和他的信,就会越来越清楚地看到他的战术思想绝不仅是"跟他们打",而是用最有利的方式"跟他们干"。他的每一次出击都被坊间的传说演绎成豪迈的冲锋陷阵,其实背后有巧用奇兵的谋略,既谨慎又不乏远见。他在给理查德·豪的回信中写道:"敌人列队方向与风向基本一致,所以对付前锋和中部几艘军舰,我们可以收放自如。我一发信号,我的朋友就明白了我的计划,所以才能一直集中火力对付这几艘军舰……这些战斗细节我从来没有向任何人说明过,但对你这种因智勇双全而闻名的将领,我觉得不该隐瞒。"

被俘获的敌舰凡是还适航的,都被修好,然后由詹姆斯·索马里兹送往直布罗陀,另外三艘不适航的敌舰被烧毁。参加尼罗河战役的分遣队大部分返回地中海舰队。霍雷肖·纳尔逊乘坐"先锋"号,把"卡洛登"号和"亚历山大"号送到那不勒斯去维修。塞缪尔·胡德和他的"热忱"号被留下来,继续封锁亚历山大港。

第7章

那不勒斯和巴勒莫

精彩看点

在那不勒斯——结识威廉·汉密尔顿的夫人埃玛——威廉·汉密尔顿的夫人埃玛的经历——霍雷肖·纳尔逊堕入情网——常驻那不勒斯的原因——撤出那不勒斯——在巴勒莫——托马斯·特鲁布里奇——霍雷肖·纳尔逊绝不和谈——弗朗西斯科·根萨之死——霍雷肖·纳尔逊被言论攻击——乔治·埃尔芬斯通的命令——霍雷肖·纳尔逊的固执——霍雷肖·纳尔逊得到封号——霍雷肖·纳尔逊决心离开马耳他海域——朋友的劝说——返回英格兰——在维也纳

1798年9月22日，霍雷肖·纳尔逊的旗舰"先锋"号抵达那不勒斯湾，民众再次陷入狂欢。威廉·汉密尔顿的夫人埃玛表现出的激情引人瞩目。"先锋"号停泊后，她在丈夫威廉·汉密尔顿的陪同下第一个登舰，大喊道："上帝，这是真的吗？"然后她几乎晕倒在霍雷肖·纳尔逊的臂弯里。奔涌而出的眼泪使她的情绪得到了宣泄，总算在斐迪南四世上舰之前恢复了平静。她牵起霍雷肖·纳尔逊的手，称他为"拯救者"和"保护者"。

实际上，这是霍雷肖·纳尔逊初次结识威廉·汉密尔顿的夫人埃玛，尽管五年前，即1793年，他在那不勒斯短暂停留时与她有过一面之缘。在给她丈夫威廉·汉密尔顿的信中，霍雷肖·纳尔逊偶尔也会对她表示礼貌性的问候，但进入她的社交圈还是第一次。在这种环境下，威廉·汉密尔顿的夫人埃玛与他逐渐变得亲密无间，与他结下终生不解之缘。

尽管埃玛现在是威廉·汉密尔顿的夫人，出入那不勒斯上层的社交场合，甚至成为那不勒斯王后玛丽亚·卡罗莱娜的亲密伙伴，但她出身十分贫贱，并且名声不雅。1761年，埃玛出生于英国柴郡一个乡村铁匠家庭，原名埃米·莱昂。十七岁左右，她来到伦敦当用人，但为期不长。她因为长得非常漂亮，性情古怪精灵，颇讨人喜欢，一度生活放荡。经过一些或长或短的艳遇之后，她成

查尔斯·弗朗西斯·格雷维尔

了英国议员查尔斯·弗朗西斯·格雷维尔的情妇,过了四年还算体面的生活。其间,埃玛结识了英国肖像画大师乔治·罗姆尼。乔治·罗姆尼称给埃玛画像使他无比幸福。乔舒亚·雷诺兹爵士、约翰·霍普纳和托马斯·劳伦斯也给她画过像,所以展现她惊人美貌的画作为数不少。1786年,查尔斯·弗朗西斯·格雷维尔的婚外情引起了一阵风波,他只能恳求舅舅①威廉·汉密尔顿帮自己甩掉这个情妇。威廉·汉密尔顿很快就同意了。于是,自称埃米莉·哈特的她被送到那

---

① 查尔斯·弗朗西斯·格雷维尔的母亲伊丽莎白·格雷维尔是威廉·汉密尔顿的姐姐。——译者注

不勒斯，成了威廉·汉密尔顿的情妇。五年后，即1791年，她与威廉·汉密尔顿正式结婚。

查尔斯·弗朗西斯·格雷维尔和威廉·汉密尔顿都想方设法提高她的教育水平。她唱歌优美动听，意大利语也说得很流利，不像她说英语时始终有种粗俗的口音。她能歌善舞，体态优雅，常常侃侃而谈，妙语连珠，到哪儿都受欢迎。那不勒斯人也没闲工夫刨根问底，追究她不光彩的过去。成为威廉·汉密尔顿的夫人后，她成了公认的英国社交名媛。她活泼、聪明、性格开朗、不造作，并且貌美惊人，可惜岁月悄悄袭来，当年曼妙的身材日渐臃肿。早在1796年，吉尔伯特·埃利奥特-默里-基宁蒙德就把她形容为"庞然大物"。十年后，即1806年，漫画更是把她刻画得膀大腰圆。

法兰西大革命的暴行和法王路易十六王后玛丽·安托瓦内特之死使那不勒斯王后玛丽亚·卡罗莱娜仇视法兰西共和国。这时，她发现威廉·汉密尔顿夫人的埃玛为她提供了与英国大使及英国政府秘密通信的便利条件。而威廉·汉密尔顿的夫人埃玛——她最终给自己挑选的名字——无疑是一个聪明能干的女人，她的丈夫威廉·汉密尔顿和那不勒斯王后玛丽亚·卡罗莱娜在很多棘手问题和机密事情上都信任她。于是，她开始认识到自己的重要性。多年之后，她甚至认为自己是那不勒斯当时政策的主要推动者。也许，她并不是故意说谎，而是她的错觉之深让她彻底执迷其中。虽然她对很多历史事件的陈述都不太可靠，但她说的一切也都有不同程度的真实性。然而，这样的认识直到19世纪末才得到史学界的承认。在此前一个多世纪的时间里，她在英国最关键、最困难的时期做出的贡献，被英国政府残酷而可耻地忽视了，因为她已经派不上用场，同时行为不检，名声有亏。

霍雷肖·纳尔逊抵达那不勒斯的那一刻起，威廉·汉密尔顿的夫人埃玛就占据了他的心。霍雷肖·纳尔逊的依赖极大地满足了她的虚荣心。而埃玛无微不至的温柔体贴则令霍雷肖·纳尔逊感动不已。霍雷肖·纳尔逊额头上的伤口已经愈合，但后遗症很顽固，头痛时常发作，令他烦躁不安。1797年的伤

乔舒亚·雷诺兹爵士

约翰·霍普纳

托马斯·劳伦斯

玛丽·安托瓦内特

痛已经让他的身体虚弱了很多，尼罗河战役前几个星期的精神紧张更是极大地消耗了体力。在这种情况下，一个护士远比医生更有用。既然他的妻子弗朗西丝·纳尔逊不在身边，威廉·汉密尔顿的夫人埃玛就承担起这个角色。霍雷肖·纳尔逊的夫人弗朗西丝·纳尔逊是个好女人，一个贤惠的妻子，但她太贤惠了，所以即便她在身边，恐怕也奈何不了丈夫的风流任性。上一次霍雷肖·纳尔逊受伤，是弗朗西丝·纳尔逊在照料。他难免做一番比较：弗朗西丝·纳尔逊冷静、镇定，甚至冷峻，而威廉·汉密尔顿的夫人埃玛活泼、热情、魅力四射。周围环境的差异也很大。以前霍雷肖·纳尔逊的收入有限，几乎没什么可观的财富。他的社交范围也几乎限于海军官员。在指挥"阿伽门农"号之前，他的生活就像在伯纳姆索普一样简朴，甚至拮据。而现在，一切都富丽堂皇。斐迪南四世和玛丽亚·卡罗莱娜、王公贵胄、威廉·汉密尔顿和那不勒斯的所有英国人都以得到他的赏光为荣。节日、宴会、舞会，炫目的生活令他眼花缭乱。他可爱深情的小护士，穿梭流连于王室和贵族之间，总是万众瞩目的焦点。堕入情网后的故事，就像赫拉克勒斯或阿喀琉斯的传说一样，老掉了牙。

霍雷肖·纳尔逊纵然变成了一个性感尤物的俘虏，也不失为一个了不起的指挥官。很多人认为，他一直待在那不勒斯是被石榴裙绊住，无心过问正事。这就大错特错了。霍雷肖·纳尔逊常驻那不勒斯是因为上级的命令如此，目的是保障那不勒斯的安全和准备采取措施夺取马耳他岛。霍雷肖·纳尔逊已经夺取了里窝那港，又在马耳他岛周围布置了麾下的所有军舰，由"亚历山大"号舰长亚历山大·鲍尔直接指挥。尼萨侯爵多明戈斯·沙维尔·德·利马率领一支葡萄牙分舰队前来增强英国舰队的力量。当法兰西军队击溃那不勒斯军队，朝那不勒斯挥师而来的时候，霍雷肖·纳尔逊把斐迪南四世和他的家人及随从接到了"先锋"号上，然后将他们送往巴勒莫。

撤出那不勒斯是一件微妙而艰难的事情。因为拉扎罗尼人对斐迪南四世感情深厚，当他们怀疑自己可能被斐迪南四世抛弃时，便发动了残忍而血腥的暴动。因此，在实施玛丽亚·卡罗莱娜王后的撤离计划时，居中斡旋的霍雷肖·纳尔逊和威廉·汉密尔顿的夫人埃玛需要秘密地行事。许多年后,埃玛非常得意地坚称自己是实施整个计划的灵魂人物,是她告诉玛丽亚·卡罗莱娜王后离开那不勒斯的必要性。在得到了玛丽亚·卡罗莱娜王后的同意后,她亲自制订了计划并安排实施,斐迪南四世、玛丽亚·卡罗莱娜王后、她的丈夫威廉·汉密尔顿和霍雷肖·纳尔逊都听她调遣而已。所有这一切及其他富有想象力的细节当然不是事实。霍雷肖·纳尔逊对此事也有记录,并且肯定不会故意贬低威廉·汉密尔顿的夫人埃玛的贡献。据他所说,英国大使威廉·汉密尔顿和他本人不敢贸然出入那不勒斯宫廷,而玛丽亚·卡罗莱娜王后和威廉·汉密尔顿的夫人埃玛素来有互相传递小纸条的习惯,通过她们保持沟通当然最不容易令人起疑。

此后几个月,霍雷肖·纳尔逊一直留在巴勒莫。法兰西军队横扫意大利,占领了那不勒斯。那不勒斯的雅各宾派热情地迎接了法兰西军队,广大人民也没有反抗。霍雷肖·纳尔逊的军舰分散行动:一部分驻守亚历山大港,一部分封锁马耳他岛,一部分保护西西里岛。直到1799年3月月底,英国舰队才集中足够的力量来封锁那不勒斯,托马斯·特鲁布里奇负责指挥。大约就在这时,霍雷肖·纳尔逊被正式任命为那不勒斯海军总指挥。委任书现在已经找不到了,但1799年3月30日,霍雷肖·纳尔逊给托马斯·特鲁布里奇的信中似乎提到过。"我随信附上西西里国王斐迪南三世的批示。你复制副本后请将原件还我。此外,请在你力所能及的范围内尽量执行命令。始终牢记,任何高效的管理都是以赏罚分明和及时为基础的。"

托马斯·特鲁布里奇不费吹灰之力占领了那不勒斯海岸附近的几个岛屿。他在信中向霍雷肖·纳尔逊报告:"人民非常高兴,还问候了他们亲爱的国王。如果贵族都有原则、讲体面,让那不勒斯的士兵和民兵宣誓为他们的国王效忠真不是难事……我恳求你力荐上校奇安希,他是一个优秀、坚强的军官,一个善良、忠诚的臣民,渴望为自己国家倾尽所能。要是海军将士都像他一样,人民绝不会造反。我的军舰上就有个叫弗朗西斯科的恶棍。他在伊斯基

霍雷肖·纳尔逊与埃玛

亚历山大·鲍尔

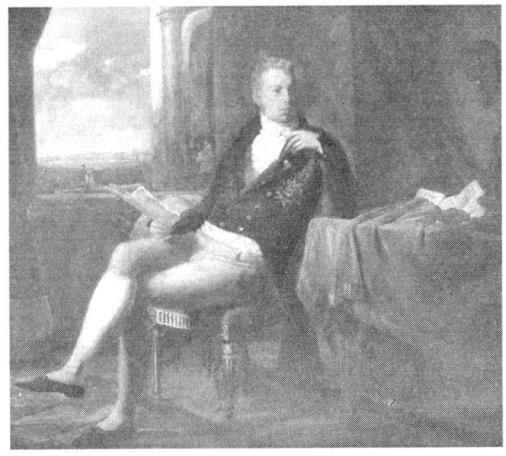

尼萨侯爵多明戈斯·沙维尔·德·利马

亚岛负责防御,以前是那不勒斯的军官,在伊斯基亚岛上有产业。我们攻下城堡后,把这个家伙身上的法兰西三色斗篷和帽子撕得粉碎。后来,他竟然厚颜无耻地穿上了西西里军装。我一把扯掉了他的肩章和帽徽,然后将它们扔出舰外,接着狠狠地揍了他一顿。我请求你派一位正直的法官到这里来审判这个恶棍,以儆效尤……否则这样的恶棍会越来越多,绝大多数都该吊死。总之,人民渴望正义。"

1799年4月月底,萨莱诺、索伦托、卡斯特拉马雷都被那不勒斯军队收复了,法兰西人留下五百人驻守圣埃尔莫,撤退到卡普阿和卡塞塔。到处有民众示威,表示支持斐迪南四世的统治。当然,对多数百姓而言,谁掌权就听谁的。法兰西共和派的革命似乎不是因为不满,而是因为胆怯。也有许多人出于政治目的或私心欢迎甚至支持法兰西人统治,原来效忠那不勒斯国王的官员中也有叛变或卖身求荣的。这些人落到托马斯·特鲁布里奇手里,托马斯·特鲁布里奇毫不手软,把他们统统交给当地政府处置,只有一次特例,因为斐迪南四世特别要求为这个人启用军事法庭。那不勒斯首相约翰·阿克顿在写给霍雷肖·纳尔逊的信中补充道:"国王陛下请求并希望托马斯·特鲁布里奇派自己手下的军官和那不勒斯的军官一起出席军事法庭。"托马斯·特鲁布里奇认为军事法庭最好还是那不勒斯的军官出席比较妥当,但他知道他们会宣判死刑。托马斯·特鲁布里奇在信中说:"如果真的判了死刑,我会毫不犹豫地签署死刑令,因为没有规矩就一事无成。"

收复那不勒斯指日可待。这时,霍雷肖·纳尔逊却得到消息说法兰西舰队已经逃离了布雷斯特港,并且很可能已经与西班牙舰队在加的斯会合,进入地中海了。霍雷肖·纳尔逊估计法兰西与西班牙联合舰队应该有四十七艘军舰,它们的第一个目标应该是米诺卡。他立刻将大部分分散在那不勒斯及其沿海海域和马耳他的军舰集结起来,命令它们前往马洪港外,与约翰·达克沃思会合。但几天之后,他又推翻了自己的判断,认为西西里更有可能是法兰西与西班牙联合舰队的进攻目标,于是迅速发布紧急命令,要求舰队到马里蒂莫与他

约翰·达克沃思

会合,并希望约翰·达克沃思立即前往。这样一来,再加上俄罗斯、土耳其和葡萄牙的舰队,英国舰队就能在数量上与法兰西与西班牙联合舰队匹敌了。

在离开那不勒斯时,托马斯·特鲁布里奇让"海马"号巡航舰舰长爱德华·富特带领一个小分队,配合枢机主教法布里齐奥·鲁福率领的那不勒斯保王军队,尽可能从海洋与陆地两方面严密封锁那不勒斯。1799年5月17日,托马斯·特鲁布里奇到达巴勒莫,与霍雷肖·纳尔逊会合。然而,恶劣的天气使他们推迟到1799年5月21日才起航,1799年5月23日到达集结点马里蒂莫海域。这时,霍雷肖·纳尔逊才从约翰·杰维斯那里了解到最新的情况,决定立刻返回巴勒莫,准备好补给,"让舰队做好一切准备,随时听候总指挥约翰·杰维斯的命令或根据局势所需采取必要行动"。但他非常担心一旦英国舰队离开,西西里很可能不保。法兰西人一直不敢进攻西西里就是因为有英国舰队在此。要是没有这个忌惮,法兰西大西洋舰队总指挥艾蒂安·厄斯塔什·布吕克斯可能早就行动了。虽然现在很难断定艾蒂安·厄斯塔什·布吕克斯的计划是什么,但毫无

艾蒂安·厄斯塔什·布吕克斯

基思子爵乔治·埃尔芬斯通

疑问,他的计划被打乱了。总之,法兰西舰队离开了地中海回到布雷斯特,庆幸没有被新任总指挥基思子爵乔治·埃尔芬斯通的舰队赶上。

  1799年6月13日,霍雷肖·纳尔逊载着陆军部队和军需物资,刚刚驶向那不勒斯,乔治·埃尔芬斯通就派来两艘配备七十四门炮的军舰前来送信,提醒他很可能在途中遇到艾蒂安·厄斯塔什·布吕克斯的大西洋舰队。霍雷肖·纳尔逊立即返回巴勒莫,让陆军登岸,接着又赶往马里蒂莫的集结地点,等待从马耳他前来的军舰。这样一来,他就有十八艘军舰,尽管都不是三层甲板的甲级舰,并且其中一艘只有六十四门炮,还有三艘是葡萄牙军舰,而法兰西舰队有四艘甲级舰和十八艘以上双层甲板的乙级舰。霍雷肖·纳尔逊写道:"我在马里蒂莫海域苦苦等候,期待增援的军舰。等它们一到,我就可以去寻找法兰西人的舰队,对其开战,一刻也不耽搁。因为我认为守卫那不勒斯国王陛下的领土,最好的办法就是让我的舰队和法兰西舰队交战。"

几天后的情报使霍雷肖·纳尔逊认为法兰西人可能要去那不勒斯。据说,那不勒斯守军已经准备投降,如果这时法兰西舰队到来,很可能导致他在那不勒斯的努力前功尽弃。1799年6月21日,霍雷肖·纳尔逊先到达巴勒莫,与逃亡至此的斐迪南四世会谈之后,继续驶向那不勒斯。霍雷肖·纳尔逊还特意带上威廉·汉密尔顿夫妇,希望利用他们会说意大利语的优势,与枢机主教法布里齐奥·鲁福私下秘密交流。

枢机主教法布里齐奥·鲁福

爱德华·富特

　　途中，霍雷肖·纳尔逊收到情报，称那不勒斯保王派和英国海军在爱德华·富特的领导下，已经和叛军签订了停火协议。他愤怒地称之为"无耻行径"。对他和托马斯·特鲁布里奇而言，叛军就是国贼，应该被镇压，绝不能接受和谈。与叛军谈停火条件，对他来说，完全无法接受。他确信如果法兰西舰队此时到达，一定会终止双方和谈。他也决心终止和谈。1799年6月24日下午，当霍雷肖·纳尔逊的军舰进入那不勒斯海湾时，叛军的要塞上和"海马"号上都飘扬着休战旗。霍雷肖·纳尔逊要求"海马"号立即把休战旗撤下。然而，军舰靠岸时，他得知前一天双方已经签署了停战协定。根据协定，叛军将乘坐那不勒斯国王斐迪南四世提供的船前往法兰西。在现代战争中，早已形成了这样的惯例：军官出面和谈，谈判条件必须得到上级的批准，除非他被授予了谈判的全部权力，或者投降条件已经全部或部分生效。爱德华·富特不仅没有谈判的权力，而且那不勒斯国王斐迪南四世明确命令他不许和谈。因此，霍雷肖·纳尔逊怒斥这场谈判和签订协定无耻之极。当他发现协定尚未执行，也就是说，要塞中的叛军还完全处于谈判之前的状态，他毫不犹豫地宣布协定无效，不允许叛军进出要塞。1799年6月25日，他正式声明："叛军唯一的出路就是向斐迪南四世投降。"那不勒斯保王军统帅、枢机主教法布里齐奥·鲁福也收到了声明，于是来到"闪电"号与霍雷肖·纳尔逊交涉。这是一场暴风骤雨式的长谈，威廉·汉密尔顿夫妇当翻译。最后，霍雷肖·纳尔逊给枢机主教法布里齐奥·鲁福送去书面意见："在我看来，这份与叛军签订的停战协定如果没有国王陛下斐迪南四世的批准，就不能执行。"显然，书面意见的中心意思被传达给了叛军。其实，即便叛军不知道书面意见，霍雷肖·纳尔逊1799年6月25日发出的声明也足以表明他的态度，于是，1799年6月26日，叛军从要塞中走出来投降。

叛军被移交给当地政府后发生的事情与霍雷肖·纳尔逊就没有丝毫关系了。他对他们一无所知，只知道他们是反政府武装分子。对这样的人，他毫不同情，也拒绝干预，让他们接受自己国家的正义审判，即使正义与仁慈水火不容。此时，欧洲的保王派已如惊弓之鸟，也顾不上仁慈了，何况无论在意大利还是法兰西，革命派也没有树立一个仁慈的榜样。既然保王派只是以其人之道还治其人之身，那革命派也没什么可抱怨了。事实上，那不勒斯保王派这次处决了大约七十人，作为对自己遭受的恐怖和损失的报复。比起革命派的"魄力"，这实在是小巫见大巫。

在这些处决中，与霍雷肖·纳尔逊有关的只有一起。投降的叛乱分子中，有一个叫弗朗西斯科·根萨的人，出身贵族，正值盛年，曾经是那不勒斯舰队的一名准将。四年前，即1795年，他在亨利·霍瑟姆的率领下指挥过"坦克雷迪"号。上至斐迪南四世，下至"坦克雷迪"号军官，都很尊敬他。此人还护送过斐迪南四世和宫廷人员前往巴勒莫。帕特诺珀共和国①宣布所有不在国内的人的财产一律抄没。于是，弗朗西斯科·根萨离开了舰队，返回那不勒斯，担任帕特诺珀共和国海军上将，还指挥帕特诺珀共和国炮艇对抗那不勒斯皇家巡航舰队，后来又去了海防要塞攻击那不勒斯舰队。叛军快投降的时候，他知道作为叛徒的自己难逃一死，所以伪装一番后逃到乡下，却被几个农民抓住。1799年6月29日凌晨，他被送到"闪电"号上。

霍雷肖·纳尔逊立即命令那不勒斯巡航舰"米内尔夫"号舰长特恩伯爵召集舰上的那不勒斯军官开设军事法庭，以"对抗合法政府"和"朝悬挂那不勒斯国旗的'米内尔夫'号开火"罪名审判弗朗西斯科·根萨。审判人员即刻被挑选、召集。1799年6月29日9时，"闪电"号上的军事法庭开审。对此，被审问人丝毫没有权利表示反对。他唯一可以为自己辩护的，是坚称自己的行为都是被迫的。可惜有证据表明他有选择的自由，如果他愿意，有很多机会可以逃跑。所以他的辩护未被采纳，最终被判有罪，判处死刑，那时大约是中午。霍雷肖·纳尔逊接到报告后，向特恩伯爵下达命令，立即执行死刑。于是，1799年6月29日晚上，在"米内尔夫"号的前桅帆桁下方，弗朗西斯科·根萨被绞死。

对这个叛国贼的审判和处决之迅速，令意大利的革命派人士又惊又惧。他们编造了各种恶毒言论攻击霍雷肖·纳尔逊，并且登报攻击他。后来，这又被罗伯特·索锡引用在霍雷肖·纳尔逊的传记中，导致很多人都信以为真。他们称叛军履行了停战协定，走出要塞，却被卑鄙地交给西西里法庭，成为发泄仇恨的对象。弗朗西斯科·根萨被描述为一个七旬老人，被一群没有任何合法权力、存在严重偏见的人仓促判处死刑。这一切都是因为英国海军少将霍雷肖·纳尔逊被一个肮脏的妓女玩弄于股掌，而这个妓女又与嗜血如命的那不勒斯王后玛丽亚·卡罗莱娜狼狈为奸。这当然不是事实，事情的详细经过在前文已经讲过了。弗朗西斯科·根萨当时四十七岁，只是因焦虑、贫困和负罪感而

---

① 帕特诺珀共和国是法兰西共和国扶持的傀儡国家，存在于1799年1月23日到1799年6月13日，之后那不勒斯王国复兴，取代了帕特诺珀共和国。——译者注

显得憔悴苍老。霍雷肖·纳尔逊与威廉·汉密尔顿的夫人埃玛的私情虽然不道德，但不是本书关心的问题。埃玛尽管有许多缺点，但心地善良。即使她真是个残忍、恶毒的妇人，也有充分证据表明，从弗朗西斯科·根萨被带上军舰到被处决，埃玛根本没有见过霍雷肖·纳尔逊，更没有机会跟他说话。此前已经有事实证明，霍雷肖·纳尔逊一向不宽恕叛变者，认为尽早处决他们才是明智的。像弗朗西斯科·根萨这样的叛徒，对霍雷肖·纳尔逊来说，是最不能容忍的。当天晚上就处死弗朗西斯科·根萨完全沿袭了几年前约翰·杰维斯在加的斯处理兵变时快刀斩乱麻的作风。那些因为霍雷肖·纳尔逊如此坚决执行死刑而感到痛苦的人，不妨仔细考虑一下那不勒斯当时的局面，或许就会明白这样做绝不是可耻的、有损一生名誉的"污点"，而是光荣而正义的。

尽管那不勒斯的海防要塞投降了，但法兰西人驻守的圣埃尔莫城堡里的优沃堡和诺沃堡还在负隅顽抗。托马斯·特鲁布里奇奉命指挥岸上的联合部队：水兵和海军陆战队，奥地利、俄罗斯、土耳其和那不勒斯的部队，立即进攻。1799年7月13日，霍雷肖·纳尔逊宣布夺回圣埃尔莫，同时要求特别嘉奖托马斯·特鲁布里奇。于是，1799年11月30日，托马斯·特鲁布里奇晋封从男爵。

1799年7月13日，霍雷肖·纳尔逊曾给英国海军大臣乔治·斯潘塞写了一封信。他在信中设想："假设现在有命令要求我们去保护米诺卡，我们不妨讨论一下，到底宁可拿米诺卡冒险，还是让那不勒斯和西西里处于危险之中。我想还是宁愿拿米诺卡冒险。"信刚发出几个小时，他就收到地中海舰队总指挥乔治·埃尔芬斯通的命令，果然要求他尽可能多派军舰去保护米诺卡。他非常简短地回答了乔治·埃尔芬斯通，称西西里和那不勒斯的安全不允许他离开，也不允许他分散舰队的力量。对海军大臣乔治·斯潘塞，他表达得更直接："我不可能派去一艘军舰。我完全知道这么做的后果，但我也知道只有这样做才能忠于我的职责。我已经准备好承受违抗命令的后果。"

1799年7月9日，乔治·埃尔芬斯通重申了自己的命令，语气更加急切。1799年7月19日，霍雷肖·纳尔逊收到了命令。命令要求他率领整个舰队立刻前往米

圣埃尔莫城堡

诺卡。但如果他实在觉得自己和一部分军舰有必要留在原地，那么他应指派手下的最高将领率领其余军舰前往米诺卡。霍雷肖·纳尔逊再次答复他——这次费了些笔墨——在法兰西人被赶出那不勒斯和西西里之前，"我认为不服从你的命令是正确的。我认为为了保护那不勒斯，宁可让米诺卡冒险。对此，我毫不怀疑。"1799年7月22日，霍雷肖·纳尔逊收到了更严厉的命令，大意是说：霍雷肖·纳尔逊务必至少派约翰·达克沃思率领四艘配备七十四门的军舰前去增援。由于1799年7月29日乔治·埃尔芬斯通已经离开了地中海，霍雷肖·纳尔逊暂时没有再收到关于此事的命令。1799年9月，霍雷肖·纳尔逊收到了海军部委婉的指责，同时收到了任命：在乔治·埃尔芬斯通离开地中海期间，由他署理地中海舰队总指挥一职。

这样看来，英国海军部似乎愿意给予霍雷肖·纳尔逊更大的自由决策权。但同时必须指出，对一个如此杰出的军官，尤其不断强调服从命令是军人天职的军官来说，这件事非同小可。即使乔治·埃尔芬斯通对米诺卡会遭受进攻的判断是错误的，或者说霍雷肖·纳尔逊的分析是对的，英国舰队一旦撤出那不勒斯，当地确实会再次爆发革命，这些都不能为他开脱罪名。霍雷肖·纳尔逊并不知道大西洋舰队总指挥艾蒂安·厄斯塔什·布吕克斯到底意欲何为，并且海军部也认同乔治·埃尔芬斯通的分析，认为米诺卡有受到进攻的危险，仅因为霍雷肖·纳尔逊自认为那不勒斯比米诺卡更重要，就固执己见，拒不服从总指挥的命令，从军法的角度来看，抗命不遵已经构成了犯罪。

常有人说，霍雷肖·纳尔逊如此不惜代价地维护那不勒斯王后玛丽亚·卡罗莱娜的利益，与威廉·汉密尔顿的夫人埃玛有关。然而，没有证据表明埃玛与此事有任何直接的关系。但很有可能，甚至可以肯定，霍雷肖·纳尔逊在一年时间里对西西里的安全感到焦虑，很大程度上是由于他挚爱的这个女人。他不愿意离开埃玛，不愿意让她和她的朋友遭遇危险。甚至霍雷肖·纳尔逊因为听信了她的劝说，才认为西西里的安全对整个反法联盟至关重要，这也不是不可能的。但同时，我们必须记住，他的身体始终不太健康，经常生病，很多时候都卧在沙发上，病恹恹的，烦躁不安，疑神疑鬼。尼罗河战役中头部受的伤使他变得暴躁、易怒、多疑、固执。同时，我们决不能忘了霍雷肖·纳尔逊已经不是第一次固执己见、不服从上级命令了，只不过以前都不如这次明目张胆而已。1799年在那不勒斯的自作主张，1785年在圣基茨岛、1786年在安提瓜岛表现出的桀骜不驯，只是程度上不同而已。霍雷肖·纳尔逊在圣文森特战役中的行为幸亏没有产生恶果，否则一定会受到严重惩处。他在那不勒斯的行为与在圣文森特、安提瓜岛和圣基茨岛的行为如出一辙，决定都是正确的，只是这次表现得更叛逆，效果反倒不如上次那么明显。但如果一个下级军官的意见真的可以轻易推翻总指挥的命令，对海军甚至整个国家都会是灭顶之灾。

　　霍雷肖·纳尔逊署理地中海舰队总指挥的时间很短，也没有什么重要事情发生。在他的舰队辐射范围内没有敌人的舰队，地中海舰队在意大利海岸自由行动，攻下了卡普阿和加埃塔，保障了那不勒斯和米诺卡的安全，对马耳他和埃及保持严密的封锁。1799年8月1日，在"闪电"号上，斐迪南四世用了餐，举杯祝这位常胜将军身体健康，那不勒斯所有军舰和炮台都鸣放了二十一响皇家礼炮。霍雷肖·纳尔逊在给妻子弗朗西丝·纳尔逊的家书中描述了当时的场景："晚上到处灯火通明。一艘大船被装饰成罗马大帆船，桨上点着一盏盏灯，中央立着一根写有我名字的古罗马纪念柱。船尾立着两个天使，抬着我的画像。还有很多我无法描述的华美景象。船上悬挂着两千多盏彩灯。还请来了一支交响乐队，都是一流的音乐家和歌唱家。歌词里描述了他们此前的痛苦，'但霍雷肖·纳尔逊来了，战无不胜的霍雷肖·纳尔逊使他们熬过难关，重拾幸福'。你千万不要觉得我虚荣，我说这些只是为了表达我的感激。"

　　1799年8月5日，霍雷肖·纳尔逊和斐迪南四世一起乘坐"闪电"号离开了那不勒斯。他们回到巴勒莫几天后，斐迪南四世封他为"勃朗特公爵"，赐给他大约有三千英镑岁入的封地，但他似乎从来没有得到这么多实际收入。1799年8月13日，霍雷肖·纳尔逊正式得到封号后，第一次署名"勃朗特·纳尔逊"。得到乔治三世批准后，他改名为"纳尔逊和勃朗特"。

1799年12月,乔治·埃尔芬斯通回到地中海,从波尔图海域给霍雷肖·纳尔逊写信表示自己已回归舰队。乔治·埃尔芬斯通一到舰队驻地,立刻就去了马洪港,在那里得知有一支法兰西舰队正在为救援马耳他做准备。霍雷肖·纳尔逊与乔治·埃尔芬斯通在里窝那港会合后,又有消息说俄罗斯帝国已经撤走了封锁马耳他的舰队。因此,乔治·埃尔芬斯通决定前往俄罗斯舰队的驻地,以便万一法兰西舰队真的来援救马耳他——尽管他认为可能性不大——能进行拦截。霍雷肖·纳尔逊和乔治·埃尔芬斯通对派遣多少军舰产生了分歧,同时,霍雷肖·纳尔逊我行我素的老毛病又犯了——他的任务是巡航东南方向,但1780年2月18日早晨,他远远地跑到了西北方向。在西西里岛的西端附近,他遇到了法兰西救援马耳他的分遣队。法兰西分遣队有三艘轻巡航舰、一艘大型军需船和一艘军舰——"吉尼罗"号,就是在尼罗河战役中逃跑,后来又俘虏了"利安得"号的"吉尼罗"号。三艘轻巡航舰立刻逃跑了,军需船被俘获了。英国巡航舰"成功"号在舰长舒德汉姆·皮尔德的指挥下英勇阻击。"吉尼罗"号不得脱身,直到英国战列舰赶到,才被迫投降。法兰西分遣队的指挥官中将让-巴蒂斯特·佩雷被"成功"号的炮弹击中,1780年2月19日,不治身亡。乔治·埃尔芬斯通当然只能这样汇报:"在理解我的命令时,霍雷肖·纳尔逊一如既往地灵活机变。"霍雷肖·纳尔逊在给哥哥威廉·纳尔逊的信中则讲述了实情:"我已经给海军大臣乔治·斯潘塞写过信了,并且把我的日记寄给了他,以证明遭遇、俘获'吉尼罗'号完全是我自作主张,整个过程完全按我的计划行事。我违抗乔治·埃尔芬斯通的命令是有风险的,我如果没有成功,可能就完了。"

　　1780年2月24日,乔治·埃尔芬斯通急于前往热那亚[①],所以命令霍雷肖·纳尔逊负责封锁马耳他。在公函和私信中,霍雷肖·纳尔逊都答复说:健康状况不允许他承担这项任务,他必须去巴勒莫找他的朋友。当然,这其中固然有对威

---

① 后来,乔治·埃尔芬斯通与奥地利军队联合夺取了热那亚。——原注

廉·汉密尔顿的夫人埃玛欲罢不能的因素，但也有失去总指挥职务的怨愤，尤其取代他的人比他资历浅，实在让他意难平。从乔治·埃尔芬斯通就任总指挥开始，霍雷肖·纳尔逊似乎就没打算甘居其下。这种心理可能也解释了此前他会一再违抗乔治·埃尔芬斯通命令的原因。现在，这种心理又在作怪了。在1800年2月26日霍雷肖·纳尔逊给老朋友吉尔伯特·埃利奥特-默里-基宁蒙德的信中，这种心态暴露无遗。"我开始严肃考虑退役的问题了。在人家眼里我显然已经不适合在地中海作战了。格林尼治医院看来是适合我休养的地方。"

无论如何，霍雷肖·纳尔逊决心离开马耳他海域。尽管托马斯·特鲁布里奇和其他朋友纷纷写信，恳求他不要辞去分遣队指挥官的职务，但他去意已决。1800年3月10日，霍雷肖·纳尔逊把指挥的任务交给马斯·特鲁布里奇，自己动身返回巴勒莫，并于1800年3月16日到达巴勒莫。他病得很重，或者说他觉得

格林尼治医院

自己病得很重。1800年3月20日,他给托马斯·特鲁布里奇去信:"现在还不能断定我的病能否治好……目前看来希望渺茫,我的海军生涯也许就此结束了,除非法兰西舰队再入地中海,那么我就是死也要死在自己的岗位上……在他[①]看来,我们这些在尼罗河九死一生的人比不上乔治·埃尔芬斯通。在这样一个聪明人手下干,我们应该感到荣幸。"

1800年3月24日,"闪电"号舰长爱德华·贝里前来与托马斯·特鲁布里奇会合。1800年3月29日晚,"闪电"号刚到舰队驻地,就发现被封锁在瓦莱塔的"纪尧姆·泰尔"号正企图逃跑。"纪尧姆·泰尔"号驶出港口时,与亨利·布莱克伍德指挥的"佩内洛普"号巡航舰擦肩而过。亨利·布莱克伍德很快就发现"佩内洛普"号比"纪尧姆·泰尔"号这个大块头开得快,于是紧跟其后,一会

亨利·布莱克伍德

---

① 这里的原文引用缺少上下文,所以无法判断"他"是谁。——译者注

俘获"纪尧姆·泰尔"号

儿向左,一会儿向右,朝"纪尧姆·泰尔"号开火。而"纪尧姆·泰尔"号因为不敢转身,所以没办法使用侧舷炮火反击相对弱小的"佩内洛普"号。1800年3月30日早上,"纪尧姆·泰尔"号已经失去了主桅和后桅。配备六十四门炮的"狮子"号赶来,逼近"纪尧姆·泰尔"号的侧舷,但不敌其火力,很快又不得不后退。1800年3月30日18时,"闪电"号赶来支援。"纪尧姆·泰尔"号虽然十分英勇地反击,但在失去所有桅杆的情况下,不得不投降。甲板上躺满了死伤的将士,舰身也受严重损坏。

这个消息给了霍雷肖·纳尔逊极大的满足。当年从尼罗河河口逃走的敌舰中,"纪尧姆·泰尔"号是目前唯一幸存的一艘。爱德华·贝里指挥"闪电"号俘获了"纪尧姆·泰尔"号,这个结局简直是完美的。1800年4月6日,他给吉尔伯特·埃利奥特-默里-基宁蒙德写信:"当年,我们亲爱的约翰·杰维斯给我的命令是找到并歼灭在地中海的法兰西舰队。多亏了我英勇的朋友,他们的热情和勇敢成全了我。我的任务完成了,身体却垮了,我已经给乔治·埃尔芬斯通写信请辞。祝愿英国皇家海军所有的命令都能被执行，希望再也不要有人像我一样，在成就荣耀——绝不是我自夸——时受到这样的待遇。我将和亲爱的朋友威廉·汉密尔顿夫妇一起走，至于是走海路还是陆路，就看乔治·埃尔芬斯通的想法了。"所有这一切及其他类似的证据，似乎都显示霍雷肖·纳尔逊对乔治·埃尔芬斯通担任地中海舰队总指挥，而自己屈居他之下耿耿于怀。霍雷肖·纳尔逊决定解甲归田，怀才不遇的郁结和温柔乡的缱绻，两种因素参半。

英国海军部当然不会容忍这种几乎不加掩饰的赌气行为，即便是尼罗河战役的英雄也不能例外，并且要不是霍雷肖·纳尔逊对国家有大功，一定会被立即撤职。海军大臣乔治·斯潘塞觉得霍雷肖·纳尔逊还是可以享受些微特殊待遇的。于是，乔治·斯潘塞非常委婉地暗示他的做法并不明智，巧妙得连霍雷肖·纳尔逊这么敏感的人也没有觉得被冒犯。乔治·斯潘塞避而不谈乔治·埃尔芬斯通担任总指挥的问题，虽然他明知此事是症结所在，但只说霍雷肖·纳尔逊继续住在巴勒莫既有诸多不便，也不适宜。在答复霍雷肖·纳尔逊1800年3月20日的来信时，乔治·斯潘塞晓之以理："得知你的身体不佳，不得不放弃在马耳他的职责，我深以为憾。我知道此时正是大有希望攻下马耳他的时候……我真担心，如果你此时得知敌人进入地中海——无论是从海上还是在巴勒莫，会是怎样的心情……"1800年5月9日，海军部给乔治·埃尔芬斯通正式发函，表示如果霍雷肖·纳尔逊的健康状况使他无法履行职责，海军部同意他回英国休养。同时，乔治·斯潘塞私下又给霍雷肖·纳尔逊写了一封信："让你离开绝不是我的本意，但看到你因健康问题而不得不离开马耳他……我觉得还是让你立即回家休养为妥，以免在海军即将采取行动的时候，你眼巴巴看着，却什么也做不了，心里难受。我相信你的很多朋友和我一样，认为你回英国比在外国宫廷无所事事更有利于你恢复健康，无论人们对你的功勋多么感恩戴德……我相信，作为朋友，我冒昧说的几句肺腑之言，你多半还是肯听的。"

霍雷肖·纳尔逊抽身而去，与他和威廉·汉密尔顿的夫人埃玛的私情到底有多大关系，这里没有必要深究。也许从英国海军的角度，人们巴不得称都是这个女人造成的。霍雷肖·纳尔逊远在英格兰的老朋友和他的至交托马斯·特鲁布里奇的信一致表明一切都是这个女人的错,没有其他可能。确实,威廉·汉密尔顿的夫人埃玛绝对是一个重要原因,并且是至关重要的原因,但忌妒是霍雷肖·纳尔逊的老毛病,这在他意气风发时就表现出来了。这段时期,脆弱的健康和头部的重创使霍雷肖·纳尔逊更加患得患失。因妒生怨,恐怕是更重要的原因。

1800年4月月底,霍雷肖·纳尔逊与威廉·汉密尔顿夫妇一同登上"闪电"号。这当然又引来一片哗然。航行花了整整一个月,1800年6月1日,"闪电"号再次抵达巴勒莫。霍雷肖·纳尔逊非常渴望带埃玛回英格兰。他已经安排好一切,让威廉·汉密尔顿夫妇与他同往。然而,乔治·埃尔芬斯通坚决反对派军舰护送他们。1800年3月17日,在里窝那海域,配备一百门大炮的甲级舰"夏洛特王后"号意外被烧毁,舰队蒙受巨大损失,而海军部还没有派来增援的军舰,乔治·埃尔芬斯通认为此时让"闪电"号这样强大的军舰离开基地极不明

"夏洛特王后"号意外被烧毁

第7章 那不勒斯和巴勒莫

智。同时，他不愿意派军舰护送霍雷肖·纳尔逊与威廉·汉密尔顿夫妇回英格兰，还可能是因为他不愿意让别人觉得已经传得沸沸扬扬的丑闻似乎得到了他这个总指挥的默许。乔治·埃尔芬斯通告诉霍雷肖·纳尔逊自己真的派不出任何战列舰或大型巡航舰，但"海马"号奉命从马洪港返回英格兰。如果他和他的朋友能前往马洪港，就可以乘坐"海马"号或其他军舰返回英格兰。

威廉·汉密尔顿的夫人埃玛本就不太愿意乘船去英格兰，搭乘"闪电"号勉强可以接受，但运输船之类的船，她接受不了。而在这个方面，霍雷肖·纳尔逊当然对她言听计从。最后，他们决定陪那不勒斯王后玛丽亚·卡罗莱娜去维也纳，于是乘坐"闪电"号经里窝那到达安科纳，再乘坐一艘俄罗斯巡航舰到的里雅斯特。同行的还有一个达尔马提亚的船长和一个那不勒斯的上尉，所以舱内非常拥挤。此时，霍雷肖·纳尔逊的病情加重，威廉·汉密尔顿也病得厉害。军舰上设施十分简陋，根本没有接待贵宾的条件。整个航行异常艰苦。

维也纳

卡尔大公

　　霍雷肖·纳尔逊一行在维也纳待了几天。霍雷肖·纳尔逊受到了隆重的接待。1800年9月29日，在布拉格，奥地利卡尔大公为霍雷肖·纳尔逊举行了隆重的生日庆典。然后，他们继续上路，来到了德累斯顿。在这里逗留的几天中，他们见了英国驻萨克森大使、吉尔伯特·埃利奥特-默里-基宁蒙德的弟弟休·埃利奥特，同时见到了一位性格活泼，富有想象力的年轻寡妇——圣乔治夫人。她在信中和日记里长篇累牍、大肆夸张地描写了霍雷肖·纳尔逊和他的这帮朋友。"壮实的威廉·汉密尔顿的夫人埃玛虽然出身卑贱、缺少教育,但二十年混迹在举止优雅、谈吐得体的男士当中,至少也学会了维持表面的优雅。"在别人的描述中,霍雷肖·纳尔逊在餐桌上总是言行谨慎,不肯妄言,虽说他从不是,或者说从来没有试图模仿翩翩绅士,但他自然真诚,言行礼貌,还是很讨人喜欢的。但圣乔治夫人对霍雷肖·纳尔逊下笔毫不留情。不知是不是霍雷肖·纳尔逊在德累斯顿时身体欠佳,又正值热恋,所以怠慢了圣乔治夫人,或者更令圣乔治夫人恼火的是霍雷肖·纳尔逊竟然为了因肥胖庸俗、寡廉鲜耻的女人而怠慢了自己。

第8章
哥本哈根战役

精彩看点

妻子弗朗西丝·纳尔逊的冷淡——继子乔赛亚·尼斯贝特——霍雷肖·纳尔逊与弗朗西丝·纳尔逊分手——再次出海——埃玛怀孕——与埃玛的通信——"武装中立"——进攻哥本哈根的方案——哥本哈根战役——详细战况——劝降"丹麦国旗"号——与丹麦的腓特烈亲王谈判——霍雷肖·纳尔逊被任命为波罗的海舰队总指挥——弟弟莫里斯·纳尔逊的死讯——爵位继承问题——霍雷肖·纳尔逊舰队部署的变化——对法兰西人的仇恨

霍雷肖·纳尔逊一行在汉堡搭船,1800年11月6日,到达雅茅斯。仿佛是为了证明自己离开地中海纯粹是因为健康,霍雷肖·纳尔逊立刻给海军部写信,声明"他已经完全康复了,可以立即履职"。尼罗河战役之后,这是他第一次衣锦还乡。他一登岸,就受到了人们的热情欢迎。人们卸下拉车的马,一路把马车推到酒店。雅茅斯市市长和市政局官员致欢迎辞,正式授予他"雅茅斯荣誉市

19世纪初的汉堡

民"的称号。1800年11月7日,在威廉·汉密尔顿夫妇的陪同下,他和市政官员一起出席了教堂举行的致谢仪式。他留下五十英镑给市长救济穷人,然后在骑兵卫队的护送下离开了教堂。

不过,有一件事后来引起了公众的关注。霍雷肖·纳尔逊的夫人弗朗西丝·纳尔逊没有来雅茅斯接他,而是和霍雷肖·纳尔逊的父亲埃德蒙·纳尔逊一起待在伦敦圣詹姆斯街的内罗酒店。1800年11月8日晚上,霍雷肖·纳尔逊到内罗酒店探望妻子和父亲。据说,弗朗西丝·纳尔逊对他非常冷淡。这也是人之常情。据说,她早就因丈夫霍雷肖·纳尔逊的行为而谴责过他了。在世人眼里,她无疑是受害者。但公平地说,她是否也有一定的责任呢?她的丈夫霍雷肖·纳尔逊打了一场大胜仗,名动欧洲,可以说,1798年的最后几个月里,他的声望超过了欧洲任何军界要人。他不仅赢得了荣誉,并且与之前窘迫的经济状况相比,现在可谓名利双收。同时,他伤病缠身,但弗朗西丝·纳尔逊满足于待在英格兰,只在信中表示一下关怀。她的同情者可能会为她喊冤,因为她不得不留下来照顾霍雷肖·纳尔逊年老体弱的父亲埃德蒙·纳尔逊。她确实长期照顾霍雷肖·纳尔逊的父亲埃德蒙·纳尔逊,但很难说这到底是客观条件所迫,还是她自己刻意的选择。埃德蒙·纳尔逊有好几个女儿,另外还有一个儿媳。按常理,在这种情况下,弗朗西丝·纳尔逊的首要任务是陪伴在丈夫身边。她却只顾写抒情诗一样的家书,把像孩子一样虚荣而敏感的丈夫留给亲切、漂亮的交际花温柔呵护,然后让我们这些患有道德洁癖的人鄙视她的丈夫。现在,一对彼此怨恨、厌恶的夫妇相见,难免争吵,裂痕也就越来越深。争吵的内容当然是关于威廉·汉密尔顿的夫人埃玛。据说,弗朗西丝·纳尔逊终于忍不住对丈夫大叫一声:"我受够了!再也不想听你喊'亲爱的埃玛'!"弗朗西丝·纳尔逊听丈夫亲切地呼唤"埃玛"恐怕不止一次了,而听他愤怒地提起继子乔赛亚·尼斯贝特则肯定不止一次。弗朗西丝·纳尔逊希望丈夫承认他的继子乔赛亚·尼斯贝特为唯一继承人,霍雷肖·纳尔逊却不愿与乔赛亚·尼斯贝特多有瓜葛。

关于乔赛亚·尼斯贝特，大家知道的有限，而有限的那一点都不是光彩的。当时，乔赛亚·尼斯贝特二十岁左右，因为继父霍雷肖·纳尔逊的缘故已经接连被提拔为上尉、中校、上校，而同龄人还不过是见习船员。据说，他生活放荡，举止粗野，一喝醉酒就骂骂咧咧，甚至大打出手。他的父亲在他出生后不久，甚至可能是出生之前就去世了。他的这些坏德行是不是遗传，我们就不得而知了。约翰·杰维斯担任地中海舰队总指挥的时候，就一次又一次宽恕他的荒唐行为。霍雷肖·纳尔逊一再训斥，却毫无作用。唯一对他的缺点视而不见的人自然是他的母亲弗朗西丝·纳尔逊。此时，弗朗西丝·纳尔逊试图在丈夫霍雷肖·纳尔逊面前为儿子乔赛亚·尼斯贝特争取利益，得到的很可能是对方忍无可忍的爆发。几个月后，霍雷肖·纳尔逊给弗朗西丝·纳尔逊去信："与其在国内过这种不愉快的生活，我宁愿永远待在国外。"经双方同意，1801年1月13日，他们正式分居，从此再也没有相见。在钱的问题上，霍雷肖·纳尔逊一向非常大方，决定每年给弗朗西丝·纳尔逊一千两百英镑，即使在当时，这笔钱对他也不是一个小数字。

四天后，霍雷肖·纳尔逊在普利茅斯港的"圣约瑟夫"号上升起了指挥旗，奉命前往托贝，听从约翰·杰维斯的调遣。当时，约翰·杰维斯刚刚被任命为英

"圣约瑟夫"号

国第一海军大臣。1801年2月中旬,霍雷肖·纳尔逊奉命将自己的指挥旗移到"圣乔治"号并接受波罗的海的舰队总指挥海德·帕克爵士的指挥——用官方的话说——去"执行一项特殊任务"。1801年2月21日,霍雷肖·纳尔逊到达斯皮特黑德。1801年2月23日到1801年2月26日,霍雷肖·纳尔逊在伦敦休了三天假,然后回到朴次茅斯。1801年3月2日,霍雷肖·纳尔逊带领一支由七艘军舰组成的舰队在雅茅斯与海德·帕克会合。1801年3月12日,舰队从雅茅斯起航。

海德·帕克

霍雷希娅·纳尔逊

两个月之前，霍雷肖·纳尔逊的生活里发生了一件重要的事。他和威廉·汉密尔顿的夫人埃玛如胶似漆整整两年之后，被迫离开了埃玛，因为她要当妈妈了。1801年1月29日或1801年1月30日，汉密尔顿夫人埃玛生下了一个女孩，后来取名霍雷希娅·纳尔逊。孩子出生时的具体情况始终被小心翼翼地刻意隐瞒，就连孩子的存在也被当作机密严守，直到最近几年才被披露。但在那两个月里，霍雷肖·纳尔逊与埃玛的通信证明了此事确凿无疑。因为在这期间，霍雷肖·纳尔逊把埃玛称为"我亲爱的妻子——在我眼中和上帝面前，你就是我的妻子"，并且反复讲到"我们亲爱的小宝贝"是他们"相爱的证明"。一次，他在信中说:"我坚信这次战斗会给我们带来和平,到时候我们就一起去勃朗特,直到你叔叔①去世。"

其间,他们的许多信是以汤姆森先生或汤普森②夫人和她"亲爱的朋友"的名义写的。有人说汤姆森先生和夫人是真有其人,是霍雷肖·纳尔逊和埃玛撮合的一对夫妻。但只要对这些信略微研究一下,就会发现情况并非如此。所有信都有霍雷肖·纳尔逊的签名,无论是霍雷肖·纳尔逊写给埃玛,还是霍雷肖·纳尔逊作为汤姆森夫人"亲爱的朋友"写给汤姆森夫人的,内容都一致:等她的"叔叔"死了,他也自由了,就立刻迎娶她。除此之外,在汤姆森的信里,常有人称的错误和混乱。比如,有一封说:"汤姆森夫人:你亲爱的好朋友现在不方便亲自执笔……他对上帝发誓,一旦情形允许他会尽快娶你……他让我转告你对他有多么珍贵……今天早上我给了N勋爵一百英镑,他会请埃玛转交给你。我恳求你把它分配给那些你需要的人。"显而易见,根本没有所谓的霍雷肖·纳尔逊的朋友汤姆森,也没有埃玛的朋友汤姆森夫人。

如今,英国即将与波罗的海诸国——俄罗斯帝国、瑞典王国和丹麦王国——开战,起因是北欧诸国缔结了俗称"武装中立"的条约。根据"武装中立"的条约,它们有权拒绝交战国"查访和搜查"船舶,以及有权维护国际法的一些原则。比如,除"战时禁运品"之外,交战国物资在中立国船舶上可以获得安全保障,所谓"自由的船舶意味着自由的货物";"战时禁运品"必须事先明确界定。如果英国政府承认这些原则,就等于法兰西可以通过出口商,从波罗的海进口海军所需的桅杆、焦油、烟卷等,所以英国政府提出异议。

二十年前,即1781年,北欧大国就曾尝试建立这样一个同盟,但由于其中盘根错节的问题没能成功。1800年,由于各种武装冲突频发,包括英国巡航舰强行搜查商船,北欧大国旧事重提。英国攻占马耳他的消息让沙皇保罗一世寝食难安,法兰西人很可能从旁怂恿。于是,俄罗斯帝国决定其港口对所有英

---

① 指威廉·汉密尔顿勋爵。——原注
② 拼写很随意。——原注

国船舶实行禁运,并且宣布维护武装中立。瑞典王国立刻加入了俄罗斯帝国阵营,丹麦王国虽然不情愿,但被迫加入。这样一个由疯狂的独裁者领导的同盟,一旦任由它发展壮大,一定会对英国形成威胁,所以必须打破同盟。如果外交斡旋能够行得通,就通过外交解决;如果行不通,就不惜诉诸武力。

当舰队从雅茅斯起航时,英国政府似乎认为迫使丹麦王国脱离同盟应该不难。因此,约翰·杰维斯给海德·帕克的命令是:一旦舰队从哥本哈根撤出,就立即前往雷瓦尔,进攻那里的俄罗斯舰队,摧毁那里的军火库,再前往喀琅施塔得,攻击并努力俘获或摧毁任何属于俄罗斯的军舰和其他船舶。总之,在不违反公平作战的原则和国际惯例的前提下,尽可能给俄罗斯帝国制造麻烦。

1801年3月24日,霍雷肖·纳尔逊给海德·帕克写了一封长信,力主如果哥本哈根谈判失败,就立即采取行动,因为根据从丹麦大使那里得到的情报,谈判很有可能失败。这封信非常完整、精湛地论述了霍雷肖·纳尔逊对哥本哈根战役的判断。任何人如果渴望了解霍雷肖·纳尔逊所谓"把风险降到最低"的

喀琅施塔得

第 8 章 哥本哈根战役 | 229

制胜思路,都应该详细研究这封信,这里有最明确的作战思路。"你现在在克龙堡附近。如果风向是顺风,你打算进攻对方的舰队和皇冠岛,必须做好损坏甚至损失一两艘军舰的准备,因为把你们送到目的地的风不可能再把你们送出来,失去控制的船就出不来了。如果这样进攻,在我看来就是迎难而上。但这样还是无法防止在雷瓦尔俄罗斯舰队或瑞典王国舰队来支援丹麦。依我的愚见,既要进攻哥本哈根,也一定要阻断援军。可以采取两种方式达到这个目的:第一种是取道克龙堡,冒着损失军舰的危险,然后从航道中浅滩前方最深、最直的海峡北上,再从加尔巴尔或国王海峡南下,进攻敌人的海防要塞或者其他我们认为适合进攻的目标。这样就能防止俄罗斯帝国和瑞典王国的舰队援助丹麦,而我们就可以炮轰哥本哈根。如果你觉得这个方法不合适,那我认为应该取道贝尔特海峡——我相信四五天就够了——然后攻打德拉戈,这样就阻断俄罗斯帝国的援军,我们对付丹麦的海防要塞就万无一失。如果我们在穿过贝尔特海峡的时候风向向西,可否考虑先去雷瓦尔摧毁俄罗斯帝国在当地的小分队?或者派出十艘两层或三层甲板的军舰、一艘炮艇和两艘火攻船去雷瓦尔?我认为兵分两路完全没有问题,剩余的力量足以进攻哥本哈根。这个计划听起来很大胆,但我一贯认为大胆的方案往往也是最安全的方案。"

第二个方案,用后来历史学家阿尔弗雷德·塞耶·马汉的话来说,"像拿破仑·波拿巴的方案一样了不起"。如果当时采用了这个方案,整个波罗的海同盟就会被摧毁,整个欧洲都会震惊。遗憾的是,海德·帕克最终采纳的是更保守的第一个方案。1801年3月30日,波罗的海舰队经过克龙堡,进入桑德海峡,在哥本哈根以北几英里处抛锚。正如霍雷肖·纳尔逊预言的那样,从北面进军,舰队暴露在敌人海防要塞的火力之下,会非常危险,战果必定差强人意。在艾尔希诺海域,霍雷肖·纳尔逊把自己的指挥旗移到了"大象"号上。曾经在阿布基尔战役表现出色的托马斯·福利上校担任"大象"号舰长。霍雷肖·纳尔逊主动请命实施自己提出的方案。如果总指挥海德·帕克给他十艘军舰和所有小型船舶,他就即刻南下。海德·帕克欣然同意,最后给了他十二艘军舰并授权他

波罗的海舰队进入桑德海峡

相机行事。此前,霍雷肖·纳尔逊乘坐"亚马孙"号巡航舰,已经巡视过周围环境,1801年3月31日夜间又派人仔细侦察过舰队即将通过的航道。1801年4月1日中午,舰队前进到航道中浅滩西北端抛锚,距哥本哈根六英里。与哥本哈根平行的航道中浅滩,把航道一分为二。霍雷肖·纳尔逊指挥舰队沿航道的最东侧,从炮台射程外绕过了哥本哈根,命令舰队在航道中浅滩的东南侧抛锚过夜,并且向几个舰长发出书面或口头的详细指示,要求侦察国王航道,即靠近哥本哈根一侧的航道。1801年4月2日9时30分,霍雷肖·纳尔逊发出了前进的信号。

舰队的领航员大多是在波罗的海从事贸易的商船上的大副。他们习惯了在有浮标的航道上驾驶小型船,而现在他们要引导这些大型军舰在撤掉了浮标的航道上航行,所以最初都畏缩不前,后来"贝娄娜"号舰长布赖尔利先生开始在前方引导,乔治·默里指挥"埃德加"号紧随其后。第二艘军舰"阿伽

乔治·默里

哥本哈根战役

"门农"号因为太靠东,撞上了航道中浅滩,只能原地不动,"贝娄娜"号和"拉塞尔"号也先后撞上了航道中浅滩,其余九艘军舰安全通过,停泊在海峡西侧的浅水区,与丹麦的海上浮动炮台并排。1801年4月2日10时,行动开始。到1801年4月2日11时30分,英国九艘军舰各就各位,战斗全面打响。双方相距约两百码[①],英国战列舰的间距大约是一百码。"大象"号位于舰队中央,面对丹麦海军准将奥尔费特·菲舍尔指挥的"丹麦国旗"号。

1801年4月2日13时,战斗进入白热化,丹麦舰队炮火齐发,英国军舰受损严重,"贝娄娜"号和"罗素"号发出求救信号。海德·帕克只看到求救信号,无法看到交战的全部情形,发出了撤退的信号。霍雷肖·纳尔逊大喊:"撤退?那我就真该死了!托马斯·福利,我的瞎眼睛有时还是能派上用场的。"然后,他把望远镜放在瞎眼睛上,说:"我真的没看到任何信号。"最早,这是从陆军上

---

① 英制长度单位,1码等于0.9144米。——译者注

校威廉·斯图尔特那里流传出来的。他当时正在霍雷肖·纳尔逊身旁，也是当时霍雷肖·纳尔逊说话的对象之一。这个细节被后世广泛传颂，以此证明霍雷肖·纳尔逊多么幽默机智又勇往直前。但事实上，早有证据证明海德·帕克让他的旗舰舰长罗伯特·奥特韦给霍雷肖·纳尔逊带了一个口信：允许撤退。也就是说，如果霍雷肖·纳尔逊认为战斗不宜继续，海德·帕克将承担撤退的所有责任；如果霍雷肖·纳尔逊主张继续战斗，海德·帕克也会支持。事实上，霍雷肖·纳尔逊坚决战斗到底，而那一出表演不过是玩笑而已。这一点，霍雷肖·纳尔逊和托马斯·福利都很清楚，而威廉·斯图尔特显然不知道罗伯特·奥特韦带来的口信。

罗伯特·奥特韦

丹麦的腓特烈亲王

1801年4月2日14时,战况证明霍雷肖·纳尔逊坚持战斗的决定是对的。丹麦舰队的大部分军舰都停止了开火。士兵不断从岸上前来增援。军舰上的伤亡数量极大。很多军舰的锚链被炸断,军舰失去控制,漂在海面上。"丹麦国旗"号上所有船员几乎不是阵亡就是受伤了,接着军舰也着火、爆炸。所有无法跳海逃生的人都被炸死。1801年4月2日14时30分,霍雷肖·纳尔逊眼看丹麦士兵源源不断地赶来增援,几近屠杀的战斗就不得不继续。于是,霍雷肖·纳尔逊给丹麦的腓特烈亲王写了一封信。霍雷肖·纳尔逊的手下弗雷德里克·特格爵士因为会说丹麦语,所以主动请缨去送信。这封后来为世人熟知的信是这样写的:"霍雷肖·纳尔逊奉命一直进攻到丹麦人放弃抵抗,所以如果丹麦人不停火,霍雷肖·纳尔逊就不得不点燃所有大炮,只能眼睁睁看着如此英勇

岸上的丹麦增援部队

运送受伤的丹麦海军士兵

的将士殉难。海德·帕克爵士的下属霍雷肖·纳尔逊，1801年4月2日，写于哥本哈根港外锚地英国大不列颠皇家海军'大象'号。"这封信如愿换来了丹麦的休战协议。后来，以丹麦同意退出武装中立同盟为条件，双方达成停火协议。有人认为，霍雷肖·纳尔逊信中所说的人道主义只是一种借口，是不太光彩的伎俩，其真正动机是希望把他的舰队从一个极端危险的位置上解救出来，因为即使哥本哈根的海防工事被完全压制甚至摧毁，英国舰队也不可能避开三冠堡垒和其他炮台火力安全撤离。这样的指控是完全没有依据的。霍雷肖·纳尔逊本人就曾彻底否认，坚称休战完全是出于人道主义，除此别无他意。还有一个不争的事实，无论是敌是友，都有目共睹：在刚休战后的头几个小时，他根本没有让各军舰撤离自己所在的位置。虽然霍雷肖·纳尔逊立即派人向海德·帕克报告丹麦接受和谈，但在海德·帕克确认休战协议生效之前，谁也不知道是否会再次开火。其间，英国的军舰都没有离开过自己的泊位。1801年4月2日14时30分它们在哪里，夜幕降临的时候它们还是在那里。直到丹麦将军汉斯·林霍尔姆带着休战协议离开海德·帕克的旗舰"伦敦"号，双方才确定解除敌对状态二十四小时，而英国舰队上缴了俘获的敌舰。

然后，霍雷肖·纳尔逊回到"圣乔治"号。前一夜就未曾合眼的他已经累坏了。即使如此，他睡前也不能不给埃玛写几句话。这几句话不是大白话，而是诗歌。他的手下托马斯·约瑟夫·佩蒂格鲁等人都认为那些歌颂爱情的诗歌的确出自霍雷肖·纳尔逊之手。我们的确知道不少人虽然不是诗人，但为情所动，也会诗兴大发。遗憾的是，这些诗的确不是霍雷肖·纳尔逊的杰作，因为那些忧伤的咏叹虽然没有什么艺术价值，但文法和韵律都无误，恰恰错在航海术语，所以绝不可能出自霍雷肖·纳尔逊本人。诗歌的作者极有可能是威廉·戈登勋爵。他自告奋勇写诗讴歌这对有情人。在哥本哈根战役三天之前，霍雷肖·纳尔逊还给埃玛写信说："我希望威廉·戈登勋爵不要再为我们献诗，恐怕我们当不起他的赞美。"在他看来，眼下他匆匆写就的这几句话，就是最饱含爱意的诗："一场苦战，一身疲乏。1801年4月2日21时，于'圣乔治'号。"

哥本哈根战役结束后,霍雷肖·纳尔逊会见丹麦特使

1801年4月3日一大早，霍雷肖·纳尔逊回到了还停泊在国王海峡的"大象"号，然后一整天都忙着修军舰和运走被俘获的敌舰。这些军舰是否都因投降而被缴，这是值得怀疑的。其中一艘军舰的来历颇有争议。据威廉·斯图尔特的话和书面记录，"西兰"号一直飘扬着丹麦国旗，那么"西兰"号到底算不算投降呢？

　　霍雷肖·纳尔逊亲自登上丹麦准将奥尔费特·菲舍尔的旗舰"丹麦国旗"号。他发现旗舰舰长是他在西印度群岛认识的约胡姆·尼古拉·米勒上校。他们非常客气地交谈了一番，劝降"丹麦国旗"号的目的就达到了。"荷尔斯泰因"号的投降，也遇到了点困难，最后是英国舰长罗伯特·奥特韦用了点诡计才解决的。很多人把这件事和霍雷肖·纳尔逊劝降"丹麦国旗"号混淆了。霍雷肖·纳尔

约胡姆·尼古拉·米勒

彼得·维莱默埃斯

逊与约胡姆·尼古拉·米勒的会面被张冠李戴,成了他和彼得·维莱默埃斯的会谈。其实,霍雷肖·纳尔逊从没见过彼得·维莱默埃斯。

1801年4月4日,霍雷肖·纳尔逊被授权与丹麦的腓特烈亲王商讨停战协议。1801年4月9日协议达成。霍雷肖·纳尔逊要求停战十四周,丹麦王国代表出于对俄罗斯帝国的顾忌表示反对。霍雷肖·纳尔逊非常坦率地说,他本打算对付俄罗斯帝国的舰队后再腾出手来攻打哥本哈根。其中一名丹麦代表拒绝让步,扬言大不了重开战局。霍雷肖·纳尔逊的法语[①]水平足以让他听懂对方的话。于是,霍雷肖·纳尔逊便对朋友——可能是威廉·斯图尔特,因为这件逸事出自他的记录——热情地喊道:"又要开战了!告诉他我们立刻准备,今晚就开始轰炸。"丹麦代表立即道歉。最后,经过长时间的争论,丹麦代表才接受了霍雷肖·纳尔逊的停战协议。

---

① 当时,英国上流社会流行法语。——译者注

1821年4月15日，胜利的消息传到了伦敦。1821年4月16日，上议院和下议院投票一致同意感谢海德·帕克、霍雷肖·纳尔逊、托马斯·格雷夫斯、威廉·斯图尔特及舰队的军官、海员和海军陆战队队员。下议院还同意向乔治三世请愿，要求在圣保罗教堂立一座纪念碑，纪念在这次战役中阵亡的"君主"号舰长詹姆斯·罗伯特·莫斯和"亚马孙"号舰长爱德华·里乌，但没有颁发奖章，并且据说由于政府的暗示，伦敦市没有投票进行表彰。对这两件事，霍雷

托马斯·格雷夫斯

约翰·伊默爵士

肖·纳尔逊非常恼火,导致他给第一海军大臣约翰·杰维斯和伦敦市市长约翰·伊默爵士写了好几封言辞激烈的信,同时拒绝与伦敦市市长约翰·伊默共进晚餐。

1801年4月17日,海德·帕克收到指示,得知1801年3月24日,沙皇保罗一世去世,圣彼得堡宫廷向英国示好。于是,进攻驻雷瓦尔的俄罗斯舰队的命令被暂时搁置。海德·帕克奉命尽快查明俄罗斯帝国政府表示接受和谈的真实意图。只有在俄罗斯帝国坚决、明确拒绝和谈的情况下他才可以采取军事行动。1801年3月28日,海德·帕克被召回,霍雷肖·纳尔逊被任命为波罗的海舰队总指挥。在战斗前后,海德·帕克都行事迟钝,在各种事情上显得不愿意承担责任,使第一海军大臣约翰·杰维斯下定决心,让一个个性更坚决的人指挥舰队。他知道霍雷肖·纳尔逊虽然敢打敢拼,但绝不是有些人误以为的那样——他是个有勇无谋的莽夫。

1801年5月5日,任命开始生效。在此之前,霍雷肖·纳尔逊一再试图说服海德·帕克把舰队驻扎到芬兰湾,但始终未奏效。现在,霍雷肖·纳尔逊立即向舰队发出准备出海的信号。他深信如果俄罗斯帝国政府意识到谈判进展越缓慢,危险就越大,一定会在谈判上让步,所以他要千方百计阻止俄罗斯舰队的两个分队会合,"同时坚决防止俄罗斯帝国把丹麦王国或瑞典王国的问题与扣押英国船的事搅和在一起"。

波罗的海舰队自从与丹麦王国签署停战协议后,就一直待在克厄湾。1801年5月7日,舰队终于起锚,只留下乔治·默里担任最高指挥官,指挥博恩霍尔姆岛的七艘军舰和所有轰炸艇、火攻船等。1801年5月12日,霍雷肖·纳尔逊率领十一艘军舰、一艘巡航舰和两艘单桅帆船来到雷瓦尔海域,却失望地发现俄罗斯舰队几天前才穿过结冰的海面,去了喀琅施塔得。他在信中一再坚称,英国舰队完全有可能并且应该在1801年4月2日就到达雷瓦尔海域。当时,俄罗斯舰队绝对任英国舰队摆布。他在信中写道:"如果我对攻击的判断是正确的,那么我国舰队一旦进入海湾,两小时就能让俄罗斯军舰插翅难飞。"事后看来,如果海德·帕克当初采纳了这个天才下属的大胆方案,那么在哥本哈根阵亡和受伤的九百四十三名英国将士及是阵亡、受伤英国将士两倍的丹麦将士,都可以幸免。因为1801年3月24日,沙皇保罗一世就被暗杀了,他的继承者沙皇亚历山大一世根本不打算延续他的政策。

尽管如此,俄罗斯帝国政府还不打算立刻就范。1801年5月16日,霍雷

暗杀保罗一世

肖·纳尔逊收到帕伦彼得·路德维希·冯·德·帕伦发来的一封信,表达了沙皇亚历山大一世的不解:为何英国政府一面表示追求和平,一面又陈兵于俄罗斯海域?俄罗斯帝国要求英国舰队立即撤出。霍雷肖·纳尔逊虽然向约翰·杰维斯抱怨,"要是俄罗斯舰队没有从雷瓦尔溜掉,我相信俄罗斯人绝不敢写这样的信",但霍雷肖·纳尔逊还是立即撤走了舰队。因为健康堪忧,他请求约翰·杰维斯解除自己波罗的海总指挥的职务。1801年5月17日,他在信中感慨道:"从1801年4月27日起,除不得不在雷瓦尔做一些民事工作之外,我没有离开过船舱,在到达英格兰之前我恐怕出不去了,除非是被抬出去。"也正是在这个时候,他收到了担任海军随行神职人员的弟弟莫里斯·纳尔逊的死讯。"我当然伤心极了。如果我不能尽快好好休息,恐怕下一个走的人就是我了。我家八个孩子已经死了六个。"我们从目击者威廉·斯图尔特的记述中得知,霍雷肖·纳尔逊当时的健康状况确实不佳:"他心神不宁,霍雷肖·纳尔逊的心情和健康从来都是相互影响的。"

但威廉·斯图尔特的话也许不能完全照字面理解。在威廉·斯图尔特的描述中,霍雷肖·纳尔逊的日常生活完全不像一个生命垂危之人的生活,甚至可以说相去十万八千里。威廉·斯图尔特先讲了霍雷肖·纳尔逊如何关心舰队的状况和物资的合理使用,又说:"他每天4时到5时起床,22时左右就寝。他吃早饭从不晚于6时,一般都是5时多,通常都会和舰上的几个候补军官共进早餐。同时我知道他经常邀请值完夜班的年轻人一起用早餐。在饭桌上,他会跟他们一起开些年轻人的玩笑,一桌人中数他最活跃。吃晚饭的时候,他总是轮流请舰上的每一位军官,既随和又好客。就像约翰·杰维斯当年一样,他在8时之前就把整个舰队的常规事务处理好了。霍雷肖·纳尔逊对时间的严格利用,带动了整个舰队,只有那些懂得一天之计在于晨的人才能理解这样的作风。"

舰队在罗斯托克湾待了一个星期或十天,1801年6月初又回到了克厄湾。1801年6月13日,霍雷肖·纳尔逊获准返回英格兰。同一天,托马斯·格雷夫斯少将获得了巴斯勋章。1801年6月14日,在"圣乔治"号后甲板上举行了隆重的庆

亚历山大一世

典，霍雷肖·纳尔逊以英王的名义用剑轻拍托马斯·格雷夫斯的肩膀，完成了授勋仪式。几天后，查尔斯·波尔爵士赶来接替霍雷肖·纳尔逊。1801年6月19日，霍雷肖·纳尔逊乘坐"风筝"号双桅帆船返回英格兰。临行之前，霍雷肖·纳尔逊向将军、上校及各级军官和船员做了告别演说，感谢他们对自己高尚、无私的支持，并且将舰队的优良状态归因于"严明的纪律和每一个人的自律"。为了表示他的赞美不是例行公事走形式，他还特别点名批评了两个炮艇军官和一个轰炸艇军官。

查尔斯·波尔爵士

1801年7月1日，霍雷肖·纳尔逊抵达雅茅斯，探望了在当地医院接受治疗的哥本哈根战役中受伤的人员，然后前往伦敦。1801年5月22日，霍雷肖·纳尔逊已经晋升为子爵——尼罗的纳尔逊子爵兼伯纳姆·索普的纳尔逊子爵。他本人同意，鉴于他当时没有子嗣，他的男爵爵位由哥哥威廉·纳尔逊继承；如果威廉·纳尔逊去世，则由他的两个妹妹博尔顿夫人和马乔姆夫人的男性继承人依次继承。1801年8月18日，继承顺序正式确定，颁布成文。

此时，英国政府认为，法兰西共和国可能从奥福德内斯到比奇角沿岸发起进攻。为此，英国调集了数量巨大的舰队，有巡航舰、双桅帆船和一些小型船舶。刚上任英国首相的锡德茅斯子爵亨利·阿丁顿和约翰·杰维斯都要求霍雷

锡德茅斯子爵亨利·阿丁顿

肖·纳尔逊担任指挥官。这是一项特殊任务,不属唐斯舰队管辖。该舰队总指挥正是霍雷肖·纳尔逊在"卡尔卡斯"号的老舰长,现在的海军上将斯凯芬顿·勒特威奇。约翰·杰维斯深知这种情形的微妙,在英吉利海峡和爱尔兰海任命斯凯芬顿·勒特威奇的老部下为独立指挥官,老长官难免觉得不痛快。然而,约翰·杰维斯的解释似乎被对方很愉快地接受了,毕竟双方都是真心为了国家好,并且当事双方,一方很得体,一方有雅量,所以完全没有产生任何摩擦。

在就任之前,霍雷肖·纳尔逊向海军部提交了一份报告,陈述他对在布洛涅河布防的设想。他认为法兰西人的目标是伦敦,所以他们一定会尽快上岸。在他看来,冒险从布洛涅河划船四十八小时到埃塞克斯海岸是绝对不可能的。

斯凯芬顿·勒特威奇

因此，他断定如果法兰西人从布洛涅、加来甚至阿尔夫出发，肯定会设法在肯特或萨塞克斯以南海岸登陆；如果法兰西人从敦刻尔克、奥斯坦德和佛兰德斯的其他港口出海，那么在埃塞克斯或萨福克海岸登陆的可能性就很大。他推断法兰西人可能打算用四万人突袭伦敦，那就需要分两路在多佛尔以西和泰晤士河以北各登陆两万人。这样就必须在布洛涅河邻近的港口集结两百到两百五十艘船；在敦刻尔克和佛兰德斯的港口大约也需要这么多船。因此，英国必须确定这些港口的敌船数量。基于这样的分析，两天后，即1801年7月27日，霍雷肖·纳尔逊详细阐述了自己的防御计划，然后在希尔内斯的"联合"号巡航舰上升起自己的指挥旗，但几天后指挥旗又被移至"美杜莎"号。

"美杜莎"号

霍雷肖·纳尔逊乘船巡视之后，很快就意识到，虽然布洛涅离英格兰最近，但法兰西人绝不会从这里发起进攻。1801年8月2日，霍雷肖·纳尔逊汇报说，在布洛涅，大大小小的船加起来不超过六十艘。1801年8月3日，他又汇报说："我看到的那些船根本不可能划到英格兰。当然，开过来也是不可能的。"1801年8月4日，他调集来了几艘轰炸艇，击沉了敌人五艘最大的船。他在信中向英国首相亨利·阿丁顿承诺："我想我可以向你保证，法兰西军队不会从布洛涅入侵英格兰。"1801年8月6日，他写信给第一海军大臣约翰·杰维斯："关于在布洛涅集结的军队数量，我们得到的消息绝对不准，明显是假消息，很可能是伦敦的法兰西移民造的谣。我现在比任何时候都确信，弗拉兴和佛兰德斯地区的港口更可能是敌人出发的地点，而不是加来、布洛涅或迪耶普，因为在佛兰德斯，我们无法亲眼看到他们集结了什么样的船来运送士兵。"1801年8月7日，霍雷肖·纳尔逊又写了一封信："我可以保证，法兰西军队不可能从

19 世纪初的迪耶普

布洛涅登船进攻英格兰,而一定是在佛兰德斯。想想那里的交叉水流等,敌人真是要背水一战了!至于划船到达英格兰,那是不可能的。对付一个疯狂的政府当然要有万全之策,但以你给我的这支舰队,我可以说敌人休想得逞。"

法兰西人在低地①国家的港口做些什么准备,霍雷肖·纳尔逊还没有获得任何情报,他只能祈祷敌人不会采取什么他没有料到的奇招。1801年8月12日,他在马盖特写道:"在我的指挥下,舰队上下斗志昂扬,跃跃欲试。如果拿破仑·波拿巴要来会会我们,他一定会后悔自己不在科西嘉老老实实待着。如果他打算来,我只希望他在1801年9月14日前到达,因为我的体力很不适应秋分时的大风和寒冷的天气。"然而,1801年9月15日,他得到了更确切的消息。"看来我们花钱收买的眼线都是无耻的混蛋,他们提供的法兰西集结军队的数量跟他们本人一样,完全不可信。我相信,在布洛涅的城镇及其周围的山区,法兰西军队总人数不会超过两千。'加尔戈'号是夜里从奥斯坦德开来的。舰长理查德·霍金斯向我保证,在奥斯坦德和布兰肯贝格集结了大约六十艘到七十艘小型船舶,每艘大约能运五十人到六十人。理查德·霍金斯得知这些可怜的家伙都是要去布雷斯特的。那么我亲爱的伯爵②,入侵英格兰的军队在哪里呢?"

我们来看看霍雷肖·纳尔逊是如何一点一点改变自己的部署的。一开始,他相信法兰西共和国入侵英国的消息极可能是真的,但经过两周仔细研究,他认为进攻成功的可能性几乎为零,所以基本肯定法兰西人不会发动进攻。得出这个结论后,他就想反守为攻,以惩罚法兰西的傲慢。他精心拟订了计划,五十七艘军舰分为四组,趁夜悄悄驶进布洛涅港,把法兰西人引出港或火烧港内所有的敌舰。

1801年8月15日夜间到1801年8月16日清晨,英国军队发起偷袭。但英国人发现,尽管法兰西舰队停泊在港口,军舰却离岸很近,彼此之间还用锁链系在

---

① 低地是对欧洲西北沿海地区的称呼,广义包括荷兰、比利时、卢森堡及法国北部与德国西部;狭义上则仅指荷兰、比利时、卢森堡。——译者注
② 此处指约翰·杰维斯。——译者注

一起。锁链既无法割断，在黑暗中也无法解开。英国舰队的很多士兵都登上了敌舰，但岸上的火力太猛，登上敌舰的士兵根本无法坚持到把军舰点燃。进攻部队不仅没有成功，而且伤亡惨重，不得不撤退。

在这种情形下，霍雷肖·纳尔逊写的信有力地说明了他如此深受下属爱戴的原因。他的部队遭遇了惨重的失败，他的指挥必定会受到严厉批评，他的虚荣心一定受到沉重的打击。但在失利的时候，胜利时不可一世的虚荣心好像消失得无影无踪了。他绝不像某些小人那样诿过于人，借口自己的命令在执行时变了样，或者下级没有服从命令，进攻不够坚决等。相反，他宣布："我们的许多将士表现出了惊人的勇敢……他们都表现出色。不幸的是，他们被派去执行一项因敌人的严密防范而根本无法完成的任务。派他们执行任务的是我，我承担所有责任。"他又给海军部、约翰·杰维斯和亨利·阿丁顿写信表达了同样的意思。

尽管1801年8月16日的行动失败，但霍雷肖·纳尔逊绝不会因无法靠近法兰西军舰而作罢。在当时写的几封信中，他反复建议进攻在弗拉兴等地的法兰西军舰。1801年10月3日，他又向约翰·杰维斯提议"北风一起，就派一艘火攻船开进布洛涅港"，如果不成功，那就"点燃一艘轰炸船，然后让火攻船把港口里的军舰堵住，把布洛涅港烧成炼狱"。他又补充道："不过，如果我们即将议和，这事恐怕不好和解。"事实上，就在第二天，即1801年10月4日，他得到消息称经过谈判和约已经初步达成。一周后，法兰西共和国大使莫斯洛伯爵路易-纪尧姆·奥托带着获准的和约草案抵达伦敦，受到英国人民的热烈欢迎。霍雷肖·纳尔逊给安德鲁·贝尔德医生去信："你能治疯病吗？因为我已经气疯了！有些恶棍竟然去给法兰西人拉马车。我真为我的国家感到羞耻。"事实上，无论是在和平时期，还是在战争时期，霍雷肖·纳尔逊对法兰西人都没有好感。1799年，在信中，霍雷肖·纳尔逊对托马斯·路易说："对付一个法兰西人，除了打倒他，别无他法。"1803年，他又写道："我的舰队中决不允许有法兰西人，除非是因犯。请原谅我，但没办法，我母亲凯瑟琳·萨克林讨厌法兰

凯瑟琳·萨克林

西人。"关于母亲凯瑟琳·萨克林的好恶,霍雷肖·纳尔逊恐怕并不太了解。读者可能觉得频频表达对法兰西人的仇恨和不屑不应该是一个伟人所为。但我们必须知道,十年时间里,霍雷肖·纳尔逊看到的都是法兰西人阴暗乖张的一面。在他看来,法兰西人的名字几乎就是"流氓无赖"的同义词。厌恶法兰西人绝不是他个人的偏见,而是那个时代的普遍特征。众所周知,霍雷肖·纳尔逊的老朋友威廉·亨利王子就无法对法兰西客人彬彬有礼,即使二十多年后,即位为英王,也很难改变。

不过,既然和约草案已经获准了,霍雷肖·纳尔逊就急于卸去指挥官的职务。他痛苦地抱怨海军部不肯放他离开,尤其对托马斯·特鲁布里奇很是恼火。托马斯·特鲁布里奇是他的老朋友。他认为,托马斯·特鲁布里奇在地中海的贡献能够得到认可,后来又获封从男爵,都有他的功劳。但现在,托马斯·特鲁布里奇似乎成了他卸职上岸的主要障碍。在那段时间里,他给埃玛写的信里,几乎没有一封不谈到托马斯·特鲁布里奇。1801年10月20日,他写道:"我敢说,托马斯·特鲁布里奇一定发福了,我自己却越来越瘦。要不是他对我的健康漠不关心,我绝不至于此。要是我也有温暖的房间,生一炉火,亲朋挚友围坐,我肯定早就好起来了。"

虽然海军军官早就认定海军部的老爷们都是一群没心肝的家伙,既不怕活着遭报应,也不怕死了下地狱,但我们完全可以想象,霍雷肖·纳尔逊多年的至交约翰·杰维斯和托马斯·特鲁布里奇绝不是因为无视他的健康才不放他离开,而是觉得还不到放松警惕的时候,或者他们认为霍雷肖·纳尔逊的满腹委屈不过是因为儿女情长罢了。至少托马斯·特鲁布里奇太了解霍雷肖·纳尔逊在巴勒莫不光彩的事情。托马斯·特鲁布里奇和他的上级虽然不打算从道德上谴责霍雷肖·纳尔逊,但认为这位为情而苦的海军将军那一点"甜蜜的惆怅"不足以让海军部收回成命。

第9章

地中海舰队总指挥

精彩看点

父亲埃德蒙·纳尔逊去世——威廉·汉密尔顿逝世——前往地中海——商业封锁——霍雷肖·纳尔逊的管理方法——对法兰西舰队的猜测——路易-勒内·勒瓦索尔·德·拉图什·特尔维尔——请求休假——对撒丁岛村民的感谢——西班牙王国向英国正式宣战——霍雷肖·纳尔逊对法兰西舰队状况的分析

最终，霍雷肖·纳尔逊如愿被准假了。1801年10月22日，他降下自己的将旗，匆匆赶往萨里郡的默顿。在离皮卡迪利不到九英里的地方，坐落着他委托埃玛为他置办的新家。在他们此前一个月的通信里，他多次直接或间接地提到买房的事。1801年9月月底或10月月初，这笔交易完成。霍雷肖·纳尔逊的好朋友兼经纪人亚历山大·戴维森告诉霍雷肖·纳尔逊需要多少钱尽管向他支

亚历山大·戴维森

取。如果没有虚荣心和享乐心态作怪，埃玛算是个很有商业头脑的人。房子很有品位，买得既果断又划算。霍雷肖·纳尔逊在信中说："你只管看着办吧，我很乐意把一切交给你打理。我相信你会精打细算，因为我确实需要把钱省着花。不过，我只有一个要求，把我以前用的东西都搬过来，就连床单、毛巾什么的也不要扔掉。" 1801年10月16日，威廉·汉密尔顿给霍雷肖·纳尔逊去信："我们现在已经在你的新家住了些时日，现在可以公平地说几句。我跟我们亲爱的埃玛共同生活好些年了，我很了解她的优点。上帝赐给她的心肠和头脑都令人羡慕。但恐怕只有一个像你这样常年在海上生活的人，才会全权委托一个妇人挑选和装修自己的房子，而自己连看也没有看过一眼。你很幸运——我凭良心说——要是你自己找，根本找不到这么合适的房子，况且价格如此低廉。你要是晚三天买这房子，就会追悔莫及，因为房子刚成交三天，就传来了和约签订的消息。现在，附近所有房子都涨价了，你如果明天把这房子卖了，就能赚上一千英镑。"

不过，在接下来的十五个月到十六个月，霍雷肖·纳尔逊基本都住在皮卡迪利大街二十三号。当然，这里也是威廉·汉密尔顿夫妇的家。威廉·汉密尔顿夫妇和他住在一起，共同分担家庭开支。这笔开支可不小，因为埃玛虽然已不复青春，却不知疲倦地热衷于享乐，并且家里常常宾客盈门。每周开支差别很大，从不到三十英镑到一百英镑以上，但平均水平大概是六十英镑，或者说一年三千英镑。最低的时候，一周开支二十七英镑，但接着一周就花掉七十七英镑，有一周甚至达到了二百一十八英镑，其中一百零三英镑用来买红酒和黑樱桃酒。看来，男人们那句祝酒词——"美酒满杯，美女满怀"，埃玛不但完全实现了，还为之做出了女性的注解。

威廉·汉密尔顿从前也喜欢社交，但现在七十一岁的他感到力不从心，享受了几十年的社交生活现在成了不堪承受的负担。他需要休息，希望自由支配自己的时间，不乐意每天饭桌上走马灯似地换着十几个人。他对这样的生活不满，免不了与埃玛产生摩擦。于是，思考良久之后，他给妻子埃玛写了一封信，述说自己的委屈,最初觉得宁可分居也不愿继续这种"愚蠢的争吵",不过,既然他不会再给"对方"添太久的麻烦了,他们还是"忍一忍,再忍忍"吧。因为分居会让霍雷肖·纳尔逊——"我们最好的朋友非常不舒服""比我们更敏感,更难受"。他还特意说明:"我很清楚,霍雷肖·纳尔逊对我和埃玛的友谊是多么纯洁。"

1802年4月26日,在巴斯,霍雷肖·纳尔逊的父亲埃德蒙·纳尔逊去世,享年八十岁。此前,他已经病重好一段时间了。埃德蒙·纳尔逊和儿子霍雷肖·纳尔逊的关系一向很亲密,但因为霍雷肖·纳尔逊夫人弗朗西丝·纳尔逊经常和老人埃德蒙·纳尔逊住在一起,所以霍雷肖·纳尔逊从波罗的海回来后就没有去看望过他。父亲埃德蒙·纳尔逊去世,霍雷肖·纳尔逊也待在默顿,没有去参加葬礼。1802年7月和1802年8月,他和威廉·汉密尔顿夫妇去威尔士旅行。当他们经过牛津大学时,他被授予荣誉学位。在访问蒙茅斯、赫里福德和

牛津大学的盾形徽章

伍斯特时，这些城市都授予他荣誉市民称号。1802年9月月初，他回到了默顿并一直待到年底。

然后，他们回到了皮卡迪利大街的家中。1803年4月6日，威廉·汉密尔顿在这里逝世。之前好几个月，他已经卧床不起，他的妻子埃玛和霍雷肖·纳尔逊一起精心地照料着他。这个时候，很难想象还有什么比这三个人的关系更令人费解了。霍雷肖·纳尔逊和威廉·汉密尔顿是最亲密的朋友，彼此尊敬，感情真挚。在威廉·汉密尔顿人生最后的六个夜晚，霍雷肖·纳尔逊守候在他的病床前。在他弥留的最后时刻，他的妻子埃玛扶着他的枕头，霍雷肖·纳尔逊紧握着他的手。几个小时后，霍雷肖·纳尔逊写信给威廉·亨利王子：“我亲爱的朋友威廉·汉密尔顿今天早上去世了。这个世界失去了一个正直、懂艺术的绅士。"同一天，他给自己的经纪人亚历山大·戴维森写信说："你可以想见，可怜的埃玛变得孤苦无依。"但现在我们知道，霍雷肖·纳尔逊本人的信中就有大量证据证明，至少三年来他一直对这个好朋友不忠，成了"可怜的埃玛"的女儿的父亲。他们一直盘算甚至盼望着这个"正直、懂艺术的绅士"的死期。

这不虚伪吗？在大多数情况下，我们会毫不犹豫地回答"虚伪"。但就这三个人的情形，我们恐怕只能满腹疑惑地回答"不虚伪"。至少有一点可以相信，霍雷肖·纳尔逊说服了自己——或者被他的情妇洗了脑——相信她只是威廉·汉密尔顿名义上的妻子，他娶她只是作为屋里的一件摆设。在他写给埃玛私密的信中，他总是称威廉·汉密尔顿为她的"叔叔"，称她为"最贞洁的女人"。他若是得知她过去的种种，一定会感到莫大的讽刺。总之，这种心理学的难题无论如何也难以得到令人满意的解释。

此时，霍雷肖·纳尔逊满脑子想的都是英国与法兰西共和国重新开战的可能性。在1804年3月月底之前，海军部已经决定：一旦再次出现战事，霍雷肖·纳尔逊必须作为总指挥前往地中海。事态在几周之后明朗了：1804年5月16日，拿破仑·波拿巴称帝，英国与法兰西帝国开战。英国以几乎前所未有的速度调兵遣将，霍雷肖·纳尔逊担任地中海舰队总指挥的任命于同一天下达。1804年5月

拿破仑·波拿巴加冕

18日，在朴次茅斯，"胜利"号升起了他的将旗。1804年5月20日，"胜利"号扬帆出海。霍雷肖·纳尔逊命令麾下所有能派用场的军舰开赴土伦港外，占据他认为有利的位置，俘获、击沉、摧毁任何属于法兰西海军和法兰西公民的船；扣押所有遇到的荷兰船；密切监督西班牙宫廷的举动及海军在西班牙港口的所有准备工作，防止西班牙军舰进入法兰西帝国的港口，或与法兰西舰队、荷兰舰队会合。

1804年5月17日，威廉·康沃利斯从普利茅斯出发，严密封锁布雷斯特。1804年5月19日，霍雷肖·纳尔逊到达布雷斯特港外。当时的形势显示他的舰

"胜利"号模型

队需要增援才能防止任何船逃跑，霍雷肖·纳尔逊奉命在途中与威廉·康沃利斯沟通，如果有必要就把"胜利"号留给威廉·康沃利斯，自己乘坐"安菲翁"号巡航舰前往地中海。然而，在约定会合地点阿申特岛外，他没能见到威廉·康沃利斯。霍雷肖·纳尔逊认为有必要马上赶到土伦港。于是，他把"胜利"号留给威廉·康沃利斯以解燃眉之急，然后立刻乘坐"安菲翁"号离开。

1804年6月15日，霍雷肖·纳尔逊到达马耳他。1804年6月25日，他经过那不勒斯。1804年7月8日，在土伦与舰队会合。面对如此艰巨的任务，霍雷肖·纳尔逊可支配的军舰却少得出奇。他到达土伦之前获悉，法兰西帝国在此有九艘战列舰和五艘巡航舰。现在可以一眼看到七艘战列舰。目前，霍雷肖·纳尔逊指挥的舰队有九艘战列舰，其中两艘有六十四门炮。这些战列舰因为长期在海上执行任务，状态都不好，人员配备也不理想，病倒的人不少。就是在这样的情况下，霍雷肖·纳尔逊开始对土伦港进行军事封锁，并且这种封锁前所未有地严密。布雷斯特港在战争中确实多次被封锁，但负责封锁的舰队实力更雄厚，普利茅斯又不断增援军舰或补充兵力。而在土伦港外，霍雷肖·纳尔逊率领的军舰数量比敌人少，同时因为舰队规模小，所以双方实力相差就更悬殊了。海军部几乎没有派来增援力量。这里也没有船坞，没有军需补给，没有可以依靠的基地，一切都得由他自己想办法。这次封锁任务特殊的地方就在于条件艰苦，而不是时间的长短。

在介绍这次任务之前，我必须先解释一下。商业封锁的关键在于堵住港口，确保没有商船敢冒被俘获或被毁坏的危险进入港口，军事封锁却要求密切监视港口内的动向，保证敌舰一旦出动，舰队有足够的力量投入战斗。因此，要有效地维持军事封锁，舰队就需要有足够的军舰，保证在个别军舰临时离岗的时候，仍有足够的军舰在港外时刻待命。但霍雷肖·纳尔逊麾下的军舰数量从来没有这样充足。法兰西人不断从土伦港内增加舰队的实力，战列舰的数量从七艘增加到十一艘，甚至十二艘。霍雷肖·纳尔逊能用于封锁土伦港的战列舰很少能达到八艘，因为附近还有别的任务，难免需要分散兵力。因此，每次只能允许几艘军舰轮休或补给。大部分时候,补给是被送到舰队驻地的。当淡水开始短缺时,舰队就去马达莱纳补充。这是"阿让库尔"号舰长乔治·弗雷德里克·赖夫斯发现的极好的锚地。霍雷肖·纳尔逊为了表彰他,以他的军舰名命名这个锚地为"阿让库尔湾"。后来,意大利舰队也学霍雷肖·纳尔逊在此停泊,并把它建成了一个长期锚地。

如果把封锁的日常事务一一记录,读起来一定就像这个任务本身一样枯燥。这里只重点讲霍雷肖·纳尔逊的管理方法,比如,在单调得可怕的任务执行过程中,如何使疲惫不堪的军官和士兵不时得到休整。霍雷肖·纳尔逊刚接手舰队时,有很多人患上了败血症,他认为必须有新鲜的洋葱和柠檬。"要治好大家的牢骚,只要让他们看一眼海上二十里格长的法兰西舰队",但治败血症还得靠洋葱和柠檬。在土伦港外,无论冬夏,无论晴雨,舰队坚守了整整十八个月,除偶尔不得不去阿让库尔湾躲避恶劣的天气之外,几乎从未间断。任务结束时,船员的健康大有起色,甚至可以说完全恢复了。

那些把霍雷肖·纳尔逊刻画成单纯战斗英雄的作家,既歪曲了他的性格,也忽略了他的专业行为。他的舰队能状态良好,坚不可摧,士兵能保持健康,靠的是他平日在无数的细节中花的心思,绝不只是战斗时才下的功夫。有些人把手段和目的本末倒置,称霍雷肖·纳尔逊的舰队纪律松懈,军舰疏于维护。有句老话说得好:"布丁好不好,尝了就知道。"同样,检验一支部队纪律的好坏,最好的办法是看它的战斗力,看它面对强敌时的表现,绝不是看它是否终日不停地操练,是否在一些没有意义的事情上累得人仰马翻。军容整肃一度被认为是赢得战争的制胜法宝。只有像"布罗克"号遭遇的紧急状况发生时,海军才重新认识到,军容整肃并不是最重要的。没有意义的辛劳和毫无必要的约束除令人厌倦和反感之外,毫无用处。水兵在海上应付恶劣的天气已经够辛劳了。作为指挥官,不遗余力地照顾好他们的身体和生活才是第一要务。

1805年8月,舰队医生的报告表明:在两年格外艰苦的任务中,六千名到八千名舰队将士,死亡一百一十人,患病人数平均为一百九十人,即千分之

吉尔伯特·布兰爵士

二十五。相比之下，1781年，吉尔伯特·布兰爵士舰队的一万两千人中，一年内就死了一千五百七十七人，其中只有五十九人是阵亡或由于外伤不治而亡，同时千分之六十七的船员患病。爱德华·霍克男爵和约翰·杰维斯已经证明，在海上长期执行艰苦的任务时，维持船员的基本健康是可能的。霍雷肖·纳尔逊则证明了，在执行艰苦的任务时，保障船员健康是完全可能的，死亡率也可以降到最低。

之所以能取得如此辉煌的成绩，是因为他高度重视舰队食物供应。比如，用优质的葡萄酒代替烈酒，尽可能采购新鲜牛肉、蔬菜和水果，保证充足的淡水。军舰上保持干燥和良好的通风，给患病的船员改善住宿条件，吃病号餐，保障新鲜的肉、蔬菜、水果和柔软的面包等。用葡萄酒或烈性酒泡上金鸡纳树皮，定期供给在水下或丛林中作业的人；军舰上放音乐，举行舞会和演出等娱乐活动，来帮助船员精神愉悦。所有这一切看起来似乎是细枝末节，但生活恰恰是由细节组成的，就像每个小时都是由一秒又一秒构成的。正是霍雷肖·纳尔逊对这些细节的不厌其烦，才保证了船员的健康，从而使长期的封锁成为可能，并在漫长的等待之后，迎来了敌人的失败。

1803年7月30日，"胜利"号归队了，霍雷肖·纳尔逊立即回到了自己的旗舰。托马斯·马斯特曼·哈迪任旗舰长，在哥本哈根战役中指挥"埃德加"号的乔治·默里担任舰队队长。舰队队长必须是海军少将或临时少将，是总指挥的参谋长，负责舰队所有日常工作的正常进行，包括向总指挥汇报舰队所有细节并与之协商所有军舰的供需，但不能制订计划或发布命令，除非有总指挥的授权。因为舰队队长负责全面而具体的工作，人们常常把总指挥的功劳归于舰队队长。比如，大家一说起乔治·布里奇斯·罗德尼大胜弗朗索瓦·约瑟夫·保罗·德·格拉斯，就常常认为这是其舰队队长的功劳。乔治·默里和舰队所有舰长一样，善良，勇敢，热情，但可以肯定的是，他并没有什么功劳被埋没，或者被霍雷肖·纳尔逊据为己有。其间，霍雷肖·纳尔逊的信、备忘录和命令都表明，他不仅是名义上的总指挥，而且实际上舰队的一切事务都由他指导和打理。

从一开始，霍雷肖·纳尔逊就坚信，只要法兰西人认为自己的舰队足够强大了，他们就会出港。至于他们的目的地，他只能猜测。从他后来采取的行动来看，他对此做过一系列预测。他先是想当然地认为法兰西帝国打算进攻撒丁岛，但又认为，这需要一支从马赛出发的远征军才能完成。特别值得注意的是，1803年8月25日，他写信给亨利·阿丁顿说："我把舰队驻扎在土伦以西，有点违背常理，这是因为我认为法兰西舰队一定会驶出英吉利海峡，目标可能是爱尔兰。据说，土伦已经集结了一万名法兰西士兵，我会一直跟着他们到安蒂波迪斯。"1803年8月26日，他写信给当时直布罗陀的最高长官理查德·斯特罗

直布罗陀

恩爵士："下面有要事相告，敬请留意。法兰西舰队已经做好了出航的充分准备，共七艘战列舰、六艘重型巡航舰及几艘轻型巡航舰。其中两艘战列舰已经在装弹药了。我认为法兰西人打算向西，离开地中海。因此，我决心跟随他们，不管他们去哪里。如果我跟丢了，我希望你能派一艘巡航舰或单桅帆船找到他们的下落，并告诉我派出的船联络点，我可以去与派出的船会合。同时，你最好在英吉利海峡峡口，或者欧罗巴角等我，因为我不能驶入直布罗陀湾。"

这样看来，霍雷肖·纳尔逊从未把法兰西人策划已久的从土伦港突围和入侵英格兰联系起来。我们有理由相信，如果他考虑到这种可能性，一定会说出来。但我们看到，他只是怀疑法兰西舰队要出地中海，并决心追踪。无论法兰西舰队打算干什么，他都不希望被蒙在鼓里。这种从未动摇的决心似乎可以解释他那么严密封锁和监视土伦港的原因。他一次又一次表示，他决不能让自己的军舰承受岸上防御工事的危险,所以要等法兰西舰队从港口出来才能与之交战。但同时,他必须等到法兰西舰队离开港口一定的距离才能出击,防止法兰西舰队在战斗失利时轻易逃回土伦港。那时,英国舰队很可能因为战斗的损失,连封锁港口也力不从心。

霍雷肖·纳尔逊时常流露出对军舰安危的深切关心,大部分时候表达得客气友好,从来没有像这次一般坚决。例如,他给直布罗陀总督理查德·斯特罗恩写信,分析自己认为与西班牙开战的可能性和西班牙人保护配备七十四门炮的法兰西军舰"爱格尔"号的决心。"爱格尔"号被理查德·斯特罗恩封锁在加的斯港内。霍雷肖·纳尔逊的结论是:"宁可让它逃脱,也不要拿'多尼哥'号、你和全船人的性命冒险。"他在1804年5月24日的一封信中,这样的慎重表达得

"多尼哥"号

乔治·坎贝尔

更加明确。当天,侦察小分队——乔治·坎贝尔乘坐的配备八十门大炮的"卡诺珀斯"号,与配备七十四门大炮的"多尼哥"号巡航舰、"亚马孙"号巡航舰,行至塞佩特角附近时,法兰西五艘战列舰、三艘巡航舰和好几艘炮艇驶出港口,显然是为了来拦截英国舰队。当时,地中海舰队的主体已经出海,完全看不见了。乔治·坎贝尔当然迅速逃离,而法兰西人因害怕舰队失去保护而不愿冒险离港口太远,于是放弃了追击。直到六个小时以后,"卡诺帕斯"号和其他军舰才回到了舰队。于是,霍雷肖·纳尔逊给乔治·坎贝尔写信道:"我对你的感激之情无法言表,因为你没有让实力占上风的敌人把你拖进战斗。无论你和同伴们的英勇会给你们带来多少荣誉,我们的国家都不会从中得到任何好处。法兰西人离自己的港口那么近,随时都可以撤退,你的军舰则可能陷入瘫痪。我再次感谢你明智的决定,我亲爱的少将。"

我们还可以举出更多的例子,来说明无论霍雷肖·纳尔逊战斗的决心多么坚定,他绝不是一个愚蠢的莽夫,不会让舰队去冒不必要的或无益的风险,更不会让他的军舰去撞个鱼死网破。1854年,英国上下一片骂声,指责查尔斯·约翰·内皮尔爵士在整整一个夏季,既没有攻克喀琅施塔得的防御工事,也没有摧毁防御工事背后的敌人的舰队。这时,真应该有人提醒他们,爱德华·霍克男爵、霍雷肖·纳尔逊、约翰·杰维斯和威廉·康沃利斯在防御工事更弱的土伦

查尔斯·约翰·内皮尔爵士

路易-勒内·勒瓦索尔·德·拉图什·特尔维尔

港、布雷斯特港甚至加的斯港,都宁愿在港外长期封锁。敌人的舰队只要还在这些防御工事之内,就权且让其安全一时吧。但只要敌人的军舰一探出头,爱德华·霍克男爵早就给我们上过一课,教我们该怎么办了。

1804年整个夏天,法兰西海军上将路易-勒内·勒瓦索尔·德·拉图什·特尔维尔形成了一个习惯,时不时地让几艘军舰到港外锚地来转转。当风向有利的时候,军舰就会驶离港口稍远一些,然后再返回土伦港。这是他能给手下提供的最合适的海上训练了。霍雷肖·纳尔逊一生对路易-勒内·勒瓦索尔·德·拉图什·特尔维尔的评价都不高。1780年,路易-勒内·勒瓦索尔·德·拉图什·特尔维尔扬言要肃清英国海岸的巡航舰,指挥配备三十六门炮的"赫敏"号巡航舰从波士顿出发,几天后却被配备三十二门炮的英国"艾里斯"号巡航舰打得落荒而逃。1792年12月,他被派往那不勒斯支援共和党人的革命军,却态度傲慢。可以肯定,传到霍雷肖·纳尔逊耳朵的一定不是什么好话。1801年8月,在布洛涅港担任总指挥的正是他。他加强了防范,导致霍雷肖·纳尔逊犯错。毫无疑问,在霍雷肖·纳尔逊的眼里,路易-勒内·勒瓦索尔·德·拉图什·特尔维尔在波士顿的表现证明他是个懦夫,而在那不勒斯则是个傲慢的人。路易-勒内·勒瓦索尔·德·拉图什·特尔维尔精明能干——其实,法兰西海军中不乏能人——是法兰西帝国少数海军老将之一,出身高贵,虽然他很早就开始为法兰西共和国效力,染上了共和党人的粗鲁举止和拿破仑·波拿巴党人睁眼说瞎话的习气。

总之,不管是对是错,霍雷肖·纳尔逊对路易-勒内·勒瓦索尔·德·拉图什·特尔维尔绝无好感,所以《箴言报》刊登的1804年6月15日法兰西海军的公函把他气得暴跳如雷。路易-勒内·勒瓦索尔·德·拉图什·特尔维尔在该函中称:1804年6月14日,法兰西舰队开出土伦港,英国海军中将霍雷肖·纳尔逊远远看见,望风而逃。法兰西舰队一直追到夜幕降临。第二天早上,英国舰队已经逃得无影无踪。霍雷肖·纳尔逊对此事的描述如下:"1804年6月14日那天,路易-勒内·勒瓦索尔·德·拉图什·特尔维尔率领八艘战列舰和六艘巡航舰出港,在塞佩特角周围溜达了一下。虽然我知道对方不过是活动活动拳脚,并不打算动真格,但我还是带了五艘战列舰上前,准备应战。不出所料,它们又缩回土伦港了。"这份令他恼火的公函,直到1804年8月8日他才看到,当时他给哥哥威廉·纳尔逊写信:"过去一年时间里,我每天都盼着路易-勒内·勒瓦索尔·德·拉图什·特尔维尔能跟我们过过招,希望他能在我离开之前出来……你会看到他在公函里说他是如何追赶我及我又是如何逃跑的。我对上帝发誓,我要留着这份公函,等我活捉了他,一定要让他吃下去。"霍雷肖·纳尔逊给海军部的信,语气当然没有这么激动。但在给熟人的信中,他一样毫不掩饰自己的怒气,一提到这位法兰西将军的名字,就伴随着汹涌的谩骂,一再表示要"给他点颜色看看"。然而,路易-勒内·勒瓦索尔·德·拉图什·特尔维尔"脚下开溜"

了——1804年8月19日,他去世。当霍雷肖·纳尔逊听到这个消息时,他不无遗憾地说:"他走了,带着他所有的谎言。"土伦港内舰队的指挥权移交给了海军少将皮埃尔·迪马努瓦尔·勒·佩利。几个星期后,皮埃尔·迪马努瓦尔·勒·佩利又将指挥权移交皮埃尔-夏尔·维尔纳夫。皮埃尔-夏尔·维尔纳夫也是法兰西海军的老将,曾在皮埃尔·安德烈·德·叙弗朗麾下效力。尼罗河战役时,他在"纪尧姆·泰尔"号上指挥舰队的后卫,率领四艘军舰逃走,幸免于难。在法兰西主战派的眼里,这分明是可耻的背叛,至少表明他优柔寡断。但在拿破仑·波拿巴眼里,皮埃尔-夏尔·维尔纳夫是一个福将。

与此同时,霍雷肖·纳尔逊几乎认定法兰西人打算前往西印度群岛。在1804年9月的好几封信中,他都表达了同样的判断。俄罗斯舰队太强大了,法兰

皮埃尔-夏尔·维尔纳夫

第9章 地中海舰队总指挥 | 275

西人不太可能去东边冒险。"如果法兰西舰队从土伦港逃出来，出了直布罗陀海峡，我恐怕也要西行。因为如果该舰队载着七千陆军——在马提尼克岛和瓜德罗普岛的陆军总数，圣卢西亚、格林纳达、圣文森特、安提瓜和圣基茨恐怕都会沦陷。这样一来，英国会强烈要求和谈，那我们就得受气了……无论法兰西舰队的目的地是哪里，我都要追踪，哪怕是去东印度。要是这样，我说不定还能恢复健康，这比什么医生都管用。"

但这个时候，他又开始想家了。看来这一年多，他的身体好多了，比进攻特内里费岛失败时大有起色。失去右臂的打击和后遗症造成的剧痛及他在尼罗河战役中受的伤，都随着时间的推移慢慢康复了。总指挥的位置一直是他梦寐以求的；他和梅尔维尔子爵亨利·邓达斯关系良好；家庭生活方面给他的精神压力也减轻了不少。埃玛嫁给他已经没有任何障碍了——他可能认为自己娶埃玛的障碍也能克服；不管怎么说，与妻子弗朗西丝·纳尔逊争吵造成的痛苦已

梅尔维尔子爵亨利·邓达斯

经平复了，他现在感受到的只有埃玛给予他的幸福，以及激情得到满足后的宁静。但他时不时又渴望回到埃玛的身边。相思病一犯，他又开始觉得身体不适了。威廉·斯图尔特在波罗的海执行任务的时候曾经说过："霍雷肖·纳尔逊的精神和健康总是相互影响的。"因此，1804年8月，他在好几封信中抱怨自己身体欠佳。1804年8月15日，他写信正式请求休假过冬。但他又渴望执行任务，如果允许，希望在春天恢复指挥权。不过，目前他"支离破碎"的残躯需要休息。幸好，忧郁、低落只是暂时的。到了1804年10月，他似乎忘了自己的病情，或者无论如何，他都希望在海上与法兰西舰队会一会。

他一直要求相关方面定期给他寄意大利和西班牙的报纸作为情报，让"胜利"号上的随行神职人员亚历山大·约翰·斯科特充当自己的外交秘书，把报纸上重要的或跟舰队有关系的消息念给他听。一天，霍雷肖·纳尔逊听说

亚历山大·约翰·斯科特

巴塞罗那有很多教堂的献金盘要出售。于是，他向亚历山大·约翰·斯科特提议离开一周，去巴塞罗那购买献金盘，顺便利用这个机会了解一下当地公众的情绪。他想要买献金盘的想法听起来很奇怪，但人们后来才明白，他是想给撒丁岛北岸的小村庄送一些礼物，因为他们曾经非常友好地接待了霍雷肖·纳尔逊的舰队。他向马达莱纳教堂献上一副银十字架和两根银烛台并附上了一封写给马达莱纳教堂神父的亲笔信："神父先生，请允许我向马达莱纳教堂赠送一个献金盘，聊表我对贵教区居民的尊敬，感谢他们对由我指挥的皇家海军的舰队的热情款待。愿上帝保佑我们所有人。我永远是你最驯服的仆人。1804年10月18日，霍雷肖·纳尔逊写于'胜利'号。"这封信被翻译成意大利语——可能是由亚历山大·约翰·斯科特翻译的——装裱之后，至今仍然悬挂在该教堂。霍雷肖·纳尔逊正是通过仁慈、周到、贴心的举动赢得民心，获得他们真诚、热情的帮助。当时，意大利人的支持是不可缺少的，因为1804年10月5日，在圣玛丽角附近，英国舰队强行夺取了西班牙商船，西班牙王国与英国几乎处于开战的状态。1804年12月12日，西班牙王国向英国正式宣战。

1805年1月19日15时，霍雷肖·纳尔逊率领舰队到达马达莱纳，"活跃"号舰长理查德·穆布雷前来报告：土伦港的法兰西舰队在前一天已经出海。1805年1月18日22时，在阿雅克肖，法兰西舰队与英国地中海舰队擦肩而过，然后转向南，当时正刮着猛烈的西北风。霍雷肖·纳尔逊立刻准备率领舰队追击。1805年1月19日18时左右，西北偏西的微风穿过比什和撒丁岛之间的海峡，他的舰队一直保持向南航行，希望能在撒丁岛南端遇到敌人。在黑暗中穿过这个"狭窄得只允许船排成单行，逐艘通过的海峡"，常常让不懂航海、不谙军舰操作的学者惊诧。在我们这样的外行眼中，一支舰队离开港口难道不就像一群猪挤过圈栏的大门吗？但事实上，这才是舰队出入港口的方式，并且这样的操作每天都在进行，对一支封锁土伦港长达十八个月的舰队来说，不过是轻车熟路。

然而，霍雷肖·纳尔逊的问题是，他不知道法兰西舰队要去哪里。当时有许多事情让他推翻了自己此前的猜测，不再认为法兰西人要驶出地中海。在他

阿雅克肖

们离开土伦之前,刮了两个星期的东风,他们一直等到风向转西才出海。之前的几个星期,有来源可靠的消息称,法兰西人一直在土伦集结部队,其中还有一批骑兵,已经有七千名士兵①登船,五千个马鞍和若干野战炮也已装船。这一切似乎都在暗示他们的目的地是埃及。不过,霍雷肖·纳尔逊并没有盲目地立即赶往埃及,而是进行了一番详细的分析。虽然"活跃"号和"海马"号在科西嘉岛以西看到了敌人,但持续不断的强劲西风和他所处的撒丁岛西南部的位置使他确信,法兰西人到达撒丁岛西端后并没有向南走,所以他确信法兰西

---

① 这么多人挤在十一艘战列舰和几艘巡航舰上,不可能做长途航行。——原注

人既没有去那不勒斯，也没有去西西里岛。在如此恶劣的天气中，法兰西舰队不是军舰受损，不得不返回土伦，就是去了埃及。如果法兰西人返航，那么英国舰队无须抢时间，因为无论在土伦港还是在亚历山大港，对法兰西舰队都没有区别。但如果法兰西人确实去了埃及，英国舰队显然就必须加紧追击。于是，霍雷肖·纳尔逊选择去埃及，但在埃及并没有找到法兰西舰队。于是，他立刻返回。1805年2月19日，在马耳他，他得知法兰西舰队果然已经返回土伦港，损失严重。但1805年3月27日，他还是坚称："法兰西舰队当初的目的地一定是埃及。对此，我一天比一天肯定。"

第10章
追踪法兰西舰队到西印度群岛

精彩看点

法兰西舰队的消息——向西印度群岛出发——现代观点——拿破仑·波拿巴的计划落空——皮埃尔-夏尔·维尔纳夫——霍雷肖·纳尔逊的几次猜测——找寻法兰西舰队无果——前往费罗尔的建议——与西班牙舰队发生战斗——霍雷肖·纳尔逊行动的关键日期——法兰西舰队和西班牙舰队到达加的斯港——霍雷肖·纳尔逊的虚荣心

舰队在帕尔马斯湾补充了给养。1805年4月1日，舰队从帕尔马斯湾出发，驶向撒丁岛南端的普拉锚地。1805年4月3日，舰队再次起航，打算返回土伦。但1805年4月4日上午，"菲比"号带来了关于法兰西舰队的消息，称1805年3月30日，法兰西舰队已经再次出海。霍雷肖·纳尔逊认为法兰西舰队肯定依然要去埃及，但跟上一次一样，他没有立刻就追。1805年4月5日，他写道："从柏柏里到托罗，我的巡航舰和战列舰已经把整个海峡都封锁了。法兰西人如果真的走这条路线，绝对还没有到达。我们决不能碰运气。在确认撒丁岛、西西里岛或那不勒斯没有危险之前，舰队绝不能冒险东进。法兰西人尽管已经走了这么远，但只要认为我会前往埃及，就依然可能掉头回来。这样一来，他们就可以对撒丁岛、西西里岛或那不勒斯为所欲为了。"1805年4月7日，他又写道："我必须要有更明确的信息，才能做进一步的决定。在这之前，我的活动范围不会超过西西里岛以东，撒丁岛以西。"

然而，1805年4月9日，他得出了敌人西行的结论，打算立刻追击。可惜当时起了强劲的西风，所以速度缓慢。1805年4月18日，霍雷肖·纳尔逊得知，1805年4月8日，法兰西舰队就已经趁着强劲的东风出了地中海，加的斯港的西班牙舰队也已经与法兰西舰队会合。霍雷肖·纳尔逊却被"糟糕透"的风向拖延了时日，直到1805年5月4日，才在特图安港靠岸并补水。1805年5月6日，他进入直布罗陀湾补给。此时，东风正盛，为了争分夺秒，他把补给船挂在战列舰上，立刻出海，打算在圣文森特角附近等候确切的消息。1805年5月9日，他在拉各斯湾抛锚，完成补给，通过从里斯本传来的消息及与葡萄牙海军上校约翰·坎贝尔的交流，霍雷肖·纳尔逊确信法兰西和西班牙联合舰队共十八艘军舰去了西印度群岛，进攻目标可能是牙买加。于是，1805年5月11日，霍雷肖·纳尔逊向西印度群岛出发。

有一种观点普遍认为，霍雷肖·纳尔逊其实是落入了一个隐藏很深的陷阱，被诱骗到西印度群岛去了。于是，英吉利海峡完全开放，已经在布洛涅待命的法兰西陆军部队将被直接送到英格兰登陆。这次入侵计划之所以没有得逞，完全是因为法兰西海军上将的软弱无能。虽然表面上似乎有足够的事实支撑这个观点，但其实这完全是错觉。的确，不断向布洛涅港集结的法兰西陆军部队很可能确实打算入侵英格兰。虽然有人不相信，但几乎可以肯定，法兰西帝国确实有过进攻英国的意图，也确实有过往英吉利海峡大量派兵的计划，甚至可以说，这确实是个陷阱。但说霍雷肖·纳尔掉进陷阱则是不对的，说他因中了调虎离山计而离开欧洲沿海是荒谬的。

早在1804年12月，拿破仑·波拿巴就制订了入侵英国计划。英国人对这个计划知之甚少，可能是因为英国海军一致认为这个计划根本行不通。简而言之，拿破仑·波拿巴打算让布雷斯特、罗什福尔和土伦的舰队同时冲破封锁，然后在马提尼克会合，组成一支约五十艘军舰的舰队，横扫英吉利海峡，为进攻英格兰的陆军扫清障碍。1805年1月11日，爱德华·托马斯·比尔格·德·米西指挥的罗什福尔舰队成功出海。如前文所述，1805年1月17日，土伦港的舰队在皮埃尔-夏尔·维尔纳夫的指挥下尝试出海，但舰队被恶劣的天气重创，无功而返。直到1805年3月30日，土伦港的法兰西舰队才成功出海，但1805年5月14日才到达马提尼克，已经超过四十五天内到达集合点的规定时限。爱德华·托马斯·比尔格·德·米西只得返回法兰西。布雷斯特的指挥官奥诺雷·约瑟夫·安托万·冈托姆就更不幸了。威廉·康沃利斯和艾伦·加德纳对布雷斯特的封锁

奥诺雷·约瑟夫·安托万·冈托姆

艾伦·加德纳

是如此彻底、牢固，以至1805年4月15日，他只能徒然摆摆突围的样子就返回了港口。

不过，皮埃尔-夏尔·维尔纳夫到马提尼克不仅是为了会合自己的同伴。他和先于他到达会合地点的爱德华·托马斯·比尔格·德·米西都收到了命令：尽一切可能骚扰、夺取或摧毁英国殖民地。这个任务无论如何是可以完成的。他可以利用奉命在此等待奥诺雷·约瑟夫·安托万·冈托姆的四十天来完成这项任务，但这要求他的舰队对这片海域有绝对的控制权。也就是说，这里不会有与他的力量旗鼓相当的敌军舰队。所以驶出加的斯港后，这支舰队就尽可能隐藏自己的目的地，误导霍雷肖·纳尔逊的舰队朝相反的方向驶去。因此，霍

爱德华·托马斯·比尔格·德·米西

雷肖·纳尔逊收到的关于军舰运载骑兵和马鞍的消息都是烟雾弹,虽然确实有一部分陆军上了军舰,但他们在马提尼克或瓜德罗普就登陆了。拿破仑·波拿巴的军队还散布了不少这样的消息,目的是调虎离山,误导霍雷肖·纳尔逊和他的舰队前往东印度群岛。拿破仑·波拿巴认定霍雷肖·纳尔逊一定会前往埃及,卡斯伯特·科林伍德则会从罗什福尔前往东印度群岛。但霍雷肖·纳尔逊决心得到确切的情报才动身去埃及,使拿破仑·波拿巴的第一部分计划落空。卡斯伯特·科林伍德很早就从海军部获悉皮埃尔-夏尔·维尔纳夫会前往西印度群岛,奉命率领一支劲旅尾随敌人前往,但他认为霍雷肖·纳尔逊已经跟去了,就只派出了一小部分力量作为增援,其余人在加的斯继续监视西班牙舰队,防止卡塔赫纳港的舰队前来与之会合。于是,拿破仑·波拿巴自以为设计完美的计划,因无人去追赶皮埃尔-夏尔·维尔纳夫而彻底泡汤。

在占领马提尼克岛附近著名的钻石岩后,皮埃尔-夏尔·维尔纳夫又得到了两艘军舰作为补充,然后从马提尼克出发,打算攻打安提瓜或巴巴多斯。然

法军攻打钻石岩

而，1805年6月8日，他得知霍雷肖·纳尔逊四天前已经率领十四艘军舰抵达了巴巴多斯。同时，皮埃尔-夏尔·维尔纳夫还误信了传言，以为亚历山大·科克伦爵士派来的五艘军舰也在巴巴多斯。他认定自己的二十艘军舰绝不是霍雷肖·纳尔逊十九艘军舰的对手，于是以一生都不曾有过的坚决果断，毫不犹豫地离开西印度群岛，遵照指示回到了费罗尔。

1805年6月4日，霍雷肖·纳尔逊的舰队确实到达过巴巴多斯。虽然参加这次任务的很多军舰老化得几乎已经不适航了，特别是"超凡"号，但霍雷肖·纳尔逊的舰队比法兰西和西班牙联合舰队少用了十二天到达巴巴多斯。霍雷肖·纳尔逊只带了十艘军舰，亚历山大·科克伦派来的五艘军舰也只有两艘到

亚历山大·科克伦

了巴巴多斯，其余三艘都在牙买加耽搁了。虽然只有十二艘军舰，但霍雷肖·纳尔逊还是立即率舰队出发寻找敌人。他想过直奔马提尼克。如果他真的这么做了，他在多米尼克就会处于下风向，很可能会追上皮埃尔-夏尔·维尔纳夫。二十三年前，即1782年，乔治·布里奇斯·罗德尼就是在这里全歼格拉斯伯爵弗朗索瓦·约瑟夫·保罗的舰队的。遗憾的是，霍雷肖·纳尔逊被圣卢西亚总督罗伯特·布里尔顿的一封信误导了，没有直奔马提尼克岛。信中说，有人看到法兰西和西班牙联合舰队向南航行，可能是前往特立尼达。驻巴巴多斯军队指挥官威廉·迈尔斯爵士主动提供了两千名陆军将士。他们立即登船，第二天一早就起航了。然而，1805年6月7日，当他们在特立尼达抛锚时，没有找到敌人的踪迹。霍雷肖·纳尔逊对假消息怒不可遏，当然也把发假消息的人痛骂了一顿，然后才赶往马提尼克，希望能在那里找到敌人的舰队，却一无所获。1805年6月12日，在安提瓜岛附近，他得知法兰西和西班牙联合舰队四天前到过这里，然后向北去了。

英国舰队抵达安提瓜岛

"奇特"号

霍雷肖·纳尔逊认为皮埃尔-夏尔·维尔纳夫是要返回欧洲,于是立即派"奇特"号去向英国海军部报告,并且把威廉·迈尔斯和他麾下的两千名将士送到圣约翰角。1805年6月13日,依旧没有敌人舰队的消息,霍雷肖·纳尔逊越发坚定自己的猜想是对的。他确信,无论是皮埃尔-夏尔·维尔纳夫还是拿破仑·波拿巴,都以为他会在西印度群岛待至少一个月,他们一定认为他害怕牙买加遭到进攻,会盲目地向下风向行驶,去解救牙买加。拿破仑·波拿巴确实是这么想的,他想当然地认为皮埃尔-夏尔·维尔纳夫得知霍雷肖·纳尔逊到来,一定会离开西印度群岛,而霍雷肖·纳尔逊找不到对方,一定会匆匆赶往牙买加。可惜拿破仑·波拿巴没当过水兵,不知道水兵如果没有明确的计划和目标,就绝不会凭着自己的猜想就轻易往下风向跑。霍雷肖·纳尔逊反复盘算各种可能性。他深信皮埃尔-夏尔·维尔纳夫已经往回走了,于是一刻不停立即追赶。他想到了法西舰队可能去了地中海,回了土伦;他也想到了敌人会认为既然没有人知道自己的行踪,就完全可以实施对埃及的计划了;他还想到敌人回地中海就像来西印度群岛一样，都是为了甩掉他。他唯一不去想的是这是不是陷阱。既然他的任务是监视土伦港的法兰西舰队，当然包括盯紧、咬住法兰西舰队，直到合适的机会出现就一举歼灭对方。于是，他转向直布罗陀海峡，即便一路上都找不到对方，至少还能确认他们是否到过直布罗陀。

1805年7月18日，他在加的斯海域与卡斯伯特·科林伍德会合。卡斯伯特·科林伍德也没有法兰西和西班牙联合舰队的任何消息。霍雷肖·纳尔逊已经意识到皮埃尔-夏尔·维尔纳夫去费罗尔的可能性。在离开安提瓜四天后，即1805年6月17日，他就向西印度群岛海域的巡航舰发出警报，强烈建议它们立即前往费罗尔，以便向驻费罗尔的海军上将提供信息。霍雷肖·纳尔逊的这个举措被很多人忽视了，竟然说他一心认定敌人的目的地是埃及，除直布罗陀海峡之外根本没想过其他地方，而卡斯伯特·科林伍德逻辑性更强，看问题更敏锐，立即就明白了怎么回事。其实，这完全不符合事实。1805年7月19日，卡斯伯特·科林伍德得知霍雷肖·纳尔逊的猜测和敌人没去直布罗陀的消息后，立刻给霍雷肖·纳尔逊写信说敌人可能去了费罗尔，目的地是爱尔兰。这并不是什么独到的见解。首先，霍雷肖·纳尔逊已经告诉他敌人的舰队可能去了费罗尔。其次，早在法兰西舰队逃出土伦港之前，霍雷肖·纳尔逊就推测过其可能去爱尔兰。在眼前这封信中，他没有重申爱尔兰可能是目的地的看法，也许是因为他得到的情报表明，当时爱尔兰的局势不适合鼓励这种猜测。

不管怎样，事实上，卡斯伯特·科林伍德的猜测是完全错误的，法兰西人此次完全没有入侵爱尔兰的打算。而霍雷肖·纳尔逊认为，既然法兰西人没有去直布罗陀海峡，那就一定去了费罗尔。至于法兰西舰队到费罗尔之后要干什么，霍雷肖·纳尔逊没有发表任何判断。1805年6月17日，霍雷肖·纳尔逊发出警告后，可能认为如果法兰西人真的到了费罗尔，一时半刻恐怕不会离开。他在警报中提到了法兰西舰队"已经向北去了"，可能是在暗示敌人会去与从布雷斯特来的舰队会合。如果果然如此，他认为他的老朋友威廉·康沃利斯自然会发表意见，说明敌人可能的意图。

1805年7月19日，霍雷肖·纳尔逊的舰队停泊在直布罗陀。1805年7月20日，他在日记中写道，这是他自1803年6月16日以来第一次上岸。整整两年，霍雷肖·纳尔逊踏出"胜利"号的时间只有十天。

与此同时，霍雷肖·纳尔逊派去给海军部送信的"奇特"号，在日夜兼程的航行途中发现了法兰西和西班牙联合舰队，注意到对方的航向不是朝加的斯，而是更加偏北。1805年7月8日，"奇特"号到达英格兰时，舰长乔治·埃德蒙·拜伦·巴特沃思更有把握了，认为敌人将在菲尼斯特雷角附近登陆。听到这个消息，海军部立即命令在罗什福尔和费罗尔的舰队联合起来，警戒西面三十里格到四十里格的范围。于是，1805年7月22日，由海军少将罗伯特·卡尔

罗伯特·卡尔韦尔爵士

韦尔爵士指挥的十五艘战列舰与皮埃尔-夏尔·维尔纳夫指挥的二十艘战列舰会合了。当时天气阴郁，雾蒙蒙的。因为法兰西和西班牙联合舰队正朝上风向航行，所以避免了一场近距离的战斗。然而，双方还是展开了局部战斗，结果是两艘西班牙军舰被俘获。1805年7月23日和1805年7月24日，双方都处于彼此的视线范围内，但没有继续作战。1805年7月28日，皮埃尔-夏尔·维尔纳夫让舰队停泊在维哥。他的舰队缺乏给养和饮用水，不少船员病倒了。1805年7月22日的战斗结束后，好几艘军舰遭到了严重损坏，其中三艘已经无法航行。

但直到1805年7月25日，霍雷肖·纳尔逊才得知1805年6月19日，"奇特"号已经在相对靠北的航线上发现了法兰西和西班牙联合舰队。霍雷肖·纳尔逊一边北上，一边捎信告知威廉·康沃利斯自己要去与他会和。1805年8月15日，双方会合后，霍雷肖·纳尔逊按威廉·康沃利斯的要求乘坐"胜利"号前往斯皮特黑德。到达斯皮特黑德的第二天，即1805年8月19日，他降下自己的将旗，回到了默顿，在这里休息了几周。

很多人认为，1805年8月15日之前的三个星期，霍雷肖·纳尔逊被诱骗到西印度群岛，使英格兰陷入迫在眉睫的危险。要正确认识这个问题，日期显得至关重要。如前所述，1805年7月28日，皮埃尔-夏尔·维尔纳夫到达维哥，在别无他法的情况下1805年7月31日到达了费罗尔。然而，拿破仑·波拿巴多次命令皮埃尔-夏尔·维尔纳夫，无论什么情况，绝不能去费罗尔。在舰队不能继续航行的情况下，皮埃尔-夏尔·维尔纳夫只能前往科伦纳。在科伦纳，他尽量充分补给。1805年8月13日，与从费罗尔来的舰队会合后，皮埃尔-夏尔·维尔纳夫按照命令率领二十九艘战列舰前往布雷斯特，因为拿破仑·波拿巴仍然希望他能到达布雷斯特与奥诺雷·约瑟夫·安托万·冈托姆的舰队会合。同时，五艘战列舰已经从罗什福尔出发，打算在费罗尔港外与皮埃尔-夏尔·维尔纳夫会合。皮埃尔-夏尔·维尔纳夫派了配备四十四门大炮的"迪东"号巡航舰去转告奥诺雷·约瑟夫·安托万·冈托姆，到布雷斯特会合。但"迪东"号在途中遇到了配备四十门炮的英国巡航舰"凤凰"号。最终，经过激烈的战斗，"迪东"号被

"凤凰"号俘获。因此，罗什福尔的舰队没有收到前往布雷斯特会合的命令，当然也就不可能参加此后的行动。

即使皮埃尔-夏尔·维尔纳夫按照指示前往布雷斯特，他是否能够和奥诺雷·约瑟夫·安托万·冈托姆伯爵会合，还很难说。威廉·康沃利斯在得到霍雷肖·纳尔逊的大量增援后，罗伯特·卡尔韦尔的舰队又派来大部分兵力，于是威廉·康沃利斯一共拥有三十五艘战列舰。在这样一支舰队的眼皮底下，敌人的舰队想会合恐怕很困难，甚至根本不可能。事实上，皮埃尔-夏尔·维尔纳夫非常清楚这一点，所以1805年8月15日，他看到东北方向来了三艘军舰①。他从一艘商船那里得知，那是英国舰队的一个分遣队，一共有二十五艘战列舰。他甚至无暇核实这个消息的真假，就立刻转向南方，向加的斯驶去。他派先头部队把卡斯伯特·科林伍德在港外监视加的斯的分舰队赶跑。1805年8月17日，法兰西和西班牙联合舰队到达加的斯港。

卡斯伯特·科林伍德立刻乘坐巡航舰"欧律阿罗斯"号把这个重要的消息送回英格兰。1805年9月1日，"欧律阿罗斯"号抵达斯皮特黑德。1805年9月2日5时，亨利·布莱克伍德来到默顿，发现霍雷肖·纳尔逊已经起床穿戴整齐了。霍雷肖·纳尔逊一看到他就大声说："我猜你给我带来了法兰西和西班牙联合舰队的消息，我正想教训它们呢。"几个小时后，霍雷肖·纳尔逊就跟他来到伦敦。在路上谈起即将返回地中海的时候，霍雷肖·纳尔逊反复说："亨利·布莱克伍德，你看着吧，我们会好好教训皮埃尔-夏尔·维尔纳夫的。"

后来，作家詹姆斯·哈里森在《霍雷肖·纳尔逊子爵传》中讲到此事时，称霍雷肖·纳尔逊不愿离开默顿，多亏埃玛的劝说才勉强同意。埃玛叹息道："要是世上多几个埃玛，可能就会多几个霍雷肖·纳尔逊！"埃玛散布类似言论不止一次了，都是为了让自我感觉良好，感觉自己对政府有巨大贡献。后来，历史学家罗伯特·索锡不知道出于无知还是轻率，把詹姆斯·哈里森的说法引用到自

---

① 后来才知道是"凤凰"号和被俘获的"迪东"号，以及护送它们的配备七十四门炮的"龙"号。——原注

己的书中,导致谎言前所未有地广泛流传,结果众口铄金,大家越发把这当作事实。霍雷肖·纳尔逊可能确实说了一些儿女情长的话,表达过不得不离开心上人的痛苦。但可以肯定的是,他对继续指挥舰队的事早就做了安排,只是具体时间要取决于皮埃尔-夏尔·维尔纳夫的行动。现在,他决定立刻乘坐"胜利"号动身,其他军舰准备就绪也要立即赶去。1805年9月2日前后的两个星期里,霍雷肖·纳尔逊多次到海军部和内阁大臣办公室。在内阁大臣办公室,他有一次见到了后来的威灵顿公爵阿瑟·韦尔斯利。多年后,威灵顿公爵阿瑟·韦尔斯利常常绘声绘色讲起这次谈话,以及他对霍雷肖·纳尔逊的双重评价:既

威灵顿公爵阿瑟·韦尔斯利

是个夸夸其谈、贪慕虚荣的老江湖，也是个对形势了如指掌的军事家和政治家，总之，"确实是个非常优秀的人"。实际上，大量证据表明，霍雷肖·纳尔逊不止一次表现出强烈的虚荣心，像小孩一样喜欢受人夸奖，像女人一样喜欢听奉承话。埃玛就非常懂得投其所好。至于霍雷肖·纳尔逊作为军事家的本事、作为政治家的判断力，我们不用听阿瑟·韦尔斯利的故事也知道了。

第11章
特拉法尔加战役

精彩看点

再次踏上征程——卡斯伯特·科林伍德——船员为霍雷肖·纳尔逊折服——拿破仑·波拿巴强迫皮埃尔-夏尔·维尔纳夫出海——请求海军部增援——霍雷肖·纳尔逊的备忘录——多次与手下沟通——特拉法尔加战役——法兰西和西班牙联合舰队的信息——英国舰队的信息——霍雷肖·纳尔逊的遗嘱附录——霍雷肖·纳尔逊的旗语——具体战况——敌军企图俘获"胜利"号——霍雷肖·纳尔逊被击中——法兰西和西班牙联合舰队投降——霍雷肖·纳尔逊阵亡——"阿希尔"号——特拉法尔加战役的成果——霍雷肖·纳尔逊的遗体

1805年9月13日，霍雷肖·纳尔逊离开了位于默顿的家。他在当天的日记中写道："1805年9月13日10时30分，我离开了亲爱的默顿，离开了我在这个世界上珍视的一切，去为我的国王和国家效力。愿伟大的上帝赐予我力量，让我实现祖国的期望。如果他乐意让我回来，我将永远为他的仁慈献上我无尽的感激；如果他决定这就是我的生命尽头，我将温顺地向他鞠躬，相信他会替我保护我最亲爱的人。他的旨意一定会得到执行。阿门。"1805年9月14日6时，他到了朴次茅斯。1805年9月14日14时，在崇拜者的簇拥下，他登上了更衣车。按当地的传统，更衣车安放在离古老的南海码头以西几码之处，就在集会厅下面。乔治·坎宁和乔治·罗斯陪他登船，共进晚餐。1805年9月15日，星期天，"胜利"号和"欧律阿罗斯"号一大早就踏上了征程。

与此同时，英国在加的斯海域的舰队得到了大量增援。理查德·比克顿爵士和罗伯特·卡尔韦尔分别从地中海和比斯开湾来增援卡斯伯特·科林伍德。于是，他的军舰增加到二十四艘。在部分舰长看来，这只不过又开始了一次漫长的封锁，只是比以往任何一次都更烦人、更沉闷。因为卡斯伯特·科林伍德从不是一个爱惜下属的指挥官，从不采取任何措施来缓解工作的辛苦。除执行任务之外，决不允许他们离开岗位。卡斯伯特·科林伍德从不娱乐，也不允许别人寻开心。来自非洲海岸渔村的小船几乎每天都载来新鲜的水果、蔬菜或家

乔治·坎宁

乔治·罗斯

理查德·比克顿爵士

畜，但斯伯特·科林伍德不允许把小船吊起来以获取物资，所以水果和蔬菜也买不到。"猎户"号舰长爱德华·科德林顿①在给妻子简·霍尔的信中描述了当时的情形。"霍雷肖·纳尔逊回不回来？我太盼着他来了。这样一来，我这一辈子就能够见识到一个总指挥如何在条件允许的情况下，尽力把艰难的海军生活变得好受些，把气氛变得尽可能轻松活泼些。但愿那些主事的人行行好，把霍雷肖·纳尔逊派来！"

事实上，主事的人还没有听到下属的许愿，他们的愿望就已经满足了。1805年9月28日，霍雷肖·纳尔逊就乘着"胜利"号来了。他还特意派"欧律阿

爱德华·科德林顿

---

① 二十二年后，即1827年，"纳瓦里诺"号总指挥爱德华·科德林顿爵士。——原注

罗斯"号先行到达,转告卡斯伯特·科林伍德既不要鸣礼炮也不要升旗致意,"最好还是不要让敌人都知道谁来了"。虽然没有正式的欢迎仪式,但迎接霍雷肖·纳尔逊的是船员由衷的快乐,因为霍雷肖·纳尔逊的前任卡斯伯特·科林伍德令他们叫苦不迭。1805年9月29日,爱德华·科德林顿在信中对妻子简·霍尔说:"霍雷肖·纳尔逊已经来了,大家都高兴坏了。接下来一定会面貌一新。昨晚,他到达的时候,已经太晚了,所以没来得及跟大家见面说话。你给我的信是今天早上霍雷肖·纳尔逊才转交给我的。他非常平易近人,彬彬有礼。转交你的信时,他说这是一位夫人对他的信任,所以一定要亲自转交。"1805年9月30日,爱德华·科德林顿又写道:"昨天没有到'胜利'号上用餐的人,今天早上都收到了邀请。我不知道我们的上一任指挥官对此做何感想,但我知道全舰队的人怎么看待现在和过去的差别。就连你们,船员的妻子们,都会觉得霍雷肖·纳尔逊非常懂得利用这样的交际来加强指挥官和舰长的感情。他已经下令允许从小商船上买水果、蔬菜和家畜等。我相信以后这会是常态,但今天毕竟是第一次目睹。"爱德华·科德林顿以前从没见过霍雷肖·纳尔逊,这是第一次打交道,但两天后就成了他的忠实拥趸。霍雷肖·纳尔逊转交家信时的周到,深深地打动了他;邀请他一起愉快用餐的热情感动了他;总指挥尊重他,待他如兄长、如好友的真诚彻底征服了他。舰队上上下下都为霍雷肖·纳尔逊的亲切友善折服。所有工作都完成得保质保量,因为每个人都出于真心,竭尽所能,而不是因惧怕失职会受到军事法庭的审判而勉强应付。

皮埃尔-夏尔·维尔纳夫撤退到加的斯,宣告拿破仑·波拿巴控制英吉利海峡、入侵英格兰的希望破灭了。神圣罗马帝国的局势让拿破仑·波拿巴焦虑。他认为面对奥地利、普鲁士和俄罗斯的联盟,急需采取行动。同时,他也认识到入侵英国的计划已经不可能实施,所以他决定让舰队暂时休整,等他解决了奥地利、普鲁士和俄罗斯联盟这个威胁,再让舰队采取行动。于是,1805年9月2日,拿破仑·波拿巴命令停止向布洛涅集结部队,把军队调入德意志,为他最辉煌的一次战役做准备。同时,他命令皮埃尔-夏尔·维尔纳夫离开加的斯港，巡逻意大利海岸后回到土伦。拿破仑·波拿巴对皮埃尔-夏尔·维尔纳夫舰队剩余的战斗力知之甚少，对加的斯海域上英国舰队的实力知之更少。他还不断辱骂皮埃尔-夏尔·维尔纳夫，扬言如果他不立即出海，就要撤了他的总指挥职务。于是，他不得不出海。

霍雷肖·纳尔逊从到达加的斯的那天起，就竭力避免舰队暴露在陆地视野内，让法兰西帝国无法了解英国舰队的实力。不过，看来皮埃尔-夏尔·维尔纳夫对英国舰队的实力了解得十分清楚，知道英国舰队的大致动向。比如，1805年10月3日，霍雷肖·纳尔逊派托马斯·路易率领六艘军舰到直布罗陀和特图安去补充给养。这几艘军舰离开的时候，皮埃尔-夏尔·维尔纳夫知道。1805年10月18日，托马斯·路易到达直布罗陀，皮埃尔-夏尔·维尔纳夫也知道。皮埃尔-夏尔·维尔纳夫还知道，托马斯·路易在乘坐"卡诺帕斯"号离开之前与霍雷肖·纳尔逊一起吃饭。席间，托马斯·路易说："你把我们派走，万一敌人出港，我们就没法参加战斗了。"霍雷肖·纳尔逊回答说："我亲爱的托马斯·路易，我只能让大家轮流去直布罗陀，否则无法保证整个舰队的补给。如果敌人出港，我们当然要打仗，但我觉得还能等到你们回来。我把'卡诺帕斯'号视为我的左膀右臂，所以先派你去，从而保证教训敌人的时候，有你给我帮忙。"霍雷肖·纳尔逊以为大海能守住秘密，坚信沿海贸易被禁，补给无法从海上到达加的斯，最终一定会迫使法兰西和西班牙联合舰队离开港口。但当时封锁的时间太短，尚未起效，所以它们暂时还不会行动。1805年10月18日，皮埃尔-夏尔·维尔纳夫一接到补给船队到达直布罗陀的消息，就断定这是最利于突围的好机会。于是，1805年10月19日，皮埃尔-夏尔·维尔纳夫就命令起锚。他的一部分军舰当天晚上就离港，还有一些则等到了第二天。1805年10月20日下午，三十三艘战列舰和所有巡航舰都已驶出。一开始，海面刮着南风，它们朝西行驶。后来，随着风向改变，舰队转向东南行驶。

当时，英国舰队有二十七艘战列舰。1805年10月19日下午，大部分军舰在加的斯西南偏西大约十六里格的地方，其余战列舰和护卫舰排成一列与海岸相连。于是,霍雷肖·纳尔逊可以随时了解敌人的动向。法兰西和西班牙联合舰队一驶出港口,他立刻就得到了消息。他决定,如果皮埃尔-夏尔·维尔纳夫想要进入地中海,他就堵住直布罗陀海峡峡口。1805年10月20日黎明,霍雷肖·纳尔逊还没有发现敌人,舰队继续顺风航行,白天向北航行,晚上向南航行。1805年10月21日4时,舰队向北航行。天一亮,英国舰队在东偏南方向七里格处看到了特拉法尔加角。法兰西和西班牙联合舰队出现在同一方位,与英国舰队相距十英里到十二英里。

在加的斯外监视敌人舰队的几周时间里,霍雷肖·纳尔逊一直敦促海军部给他增派军舰。托马斯·路易去了直布罗陀后,他只有二十三艘军舰,而敌人有三十六艘军舰。1805年10月5日,他在给第一海军大臣查尔斯·米德尔顿的信中

查尔斯·米德尔顿

写道:"如果敌人出港,我们必须立即上前作战。虽然我毫不怀疑我们绝不会让他们成行,但我还是希望海军部给我们增派军舰。如果能跟他们数量相当,我们一定能把他们全歼。"1805年10月6日,他在一封私信中说:"英国需要的是法兰西舰队的覆灭,而不是一场以二十三敌三十六的胜仗。这样的胜利虽然无限光荣,但对制伏拿破仑·波拿巴毫无用处。要全歼就得靠数量,所以我希望海军部能尽快给我提供需要的军舰。"

他认为,因为罗什福特和卡塔赫纳两个舰队的会合,法兰西和西班牙联合舰队有可能有四十六艘军舰投入战斗,他希望托马斯·路易的归来和新增的援军会使英国舰队的军舰数量不少于四十艘。满怀着这样的期待,他起草了那份著名的备忘录,并且于1805年10月9日下发给了舰队。他说,考虑到在变化不定的风向和天气下,四十艘军舰摆出作战纵队队形是很容易贻误战机的,所以他决心让舰队保持一定的顺序航行,航行的顺序就是战斗队列的顺序。舰队分成两列航行,每列十六艘军舰,再由八艘速度最快的双层甲板战列舰组成一个快速反应中队,随时准备"听他的号令加入两列中队之一,变成一个二十四艘战列舰的纵队"。然后,他继续部署了敌人处于上风向或下风向的各种作战情况。不管什么情况,核心计划是:由卡斯伯特·科林伍德指挥的背风向分舰队集中攻击敌人后卫的十二艘军舰,而他自己则率领顺风向舰队和快速反应舰队,扑向敌人舰队的前锋和中心。到双方真正交火时,英国全部四十艘军舰将聚集在敌人二十六艘军舰的左右。他非常明确地规定,由背风分舰队发动进攻,而他自己的首要任务是防止敌人舰队干扰背风分舰队进攻他们的后卫。

关于这场战役的战术原则,没有比这份备忘录阐述得更清晰了。在当时情况下做的备忘录虽然一些细节与后来的事实有一定的出入,但在战斗中,用背风分舰队打垮敌人舰队的后卫,用顺风舰队制伏敌人舰队的前部和中部的战术核心,得到了严格贯彻。从1805年10月9日到1805年10月21日,卡斯伯特·科林伍德、诺思克伯爵威廉·卡内基和几个舰队队长就这个备忘录的目的和精神多次同霍雷肖·纳尔逊进行了友好的口头沟通。1805年10月21日早晨,敌人的舰队

诺思克伯爵威廉·卡内基

一出现在视线中,每一位指挥官都清楚地知道要做什么、该怎么做。因此,只要下令作战就够了,其他信号都多余。整个战斗中,总指挥指霍雷肖·纳尔逊只发出了三次信号,并且都是在看到敌人舰队后几分钟之内完成的:一是"按航行序列分为两列";二是"准备战斗";三是"依次向下风偏转,沿着总指挥行驶的航线顺风航行"。

当时风力很弱,风向西北偏西。"胜利"号带头冲向敌人舰队时,扬帆全速行驶。其他军舰也是如此。因此,进攻的推进更像是对航行速度的考验,而不是要求精确的编队。纵队很不规则:之前担任瞭望任务的军舰早就来到舰队前方,脱离了舰队主体,如"非洲"号。还有一些军舰则根本没有进入队列,如"公主"号。

1805年10月20日晚上,皮埃尔-夏尔·维尔纳夫已经让自己的舰队列出战斗队形,向南行进,留一支分舰队顺风航行。英国人夜间的信号枪和信号弹使他一直担心英国舰队就在附近。1805年10月21日黎明,看见英国舰队时,皮埃尔-夏尔·维尔纳夫重复了一遍"右舷抢风航行"的信号。这时,机动分舰队才加入舰队先锋。西班牙统帅费德里科·格拉维纳的旗舰、一百一十二门炮的"阿斯图里亚斯王子"号打头。英国舰队冲过来的时候,皮埃尔-夏尔·维尔纳夫发现风势如此微弱,以至逃跑是不可能的,战斗不可避免。谨慎起见,他让战列舰的船首朝加的斯方向。1805年10月21日8时刚过,他发出信号,让舰队朝加的斯港左舷抢风航行。因为风实在太微弱,军官技能不娴熟,水手又缺乏训练,所以操纵军舰用了很长时间。直到1805年10月21日10时,舰队才掉头摆出战斗纵队。然而,队形极不规则,有的地方几艘战列舰挤在一起,甚至几艘并排;有的地方战列舰间隙过宽,整个纵队凌乱地朝背风向摆开。与其说是纵队,不如说是一个弯月形。因此,作者无法按照先后顺序罗列敌人军舰的信息,只能尽量参照队列顺序。

法兰西和西班牙联合舰队

军舰名称	火炮数量	结局
"海神"号	80	被俘，1805年10月23日再次被俘
"西皮翁"号	74	1805年11月4日被俘，送回英格兰
"无畏"号	74	被俘，被烧毁
"强大"号 （皮埃尔·迪马努瓦尔·勒·佩利的旗舰）	80	1805年11月4日被俘，送回英格兰
"拉约"号	100	1805年10月24日被俘，报废
"迪盖·特鲁安"号	74	1805年11月4日被俘，送回英格兰
"勃朗峰"号	74	1805年11月4日被俘，送回英格兰
"阿西西的圣弗朗西斯科"号	74	被俘，被烧毁
"圣奥古斯蒂诺"号	74	1805年10月23日被摧毁
"英雄"号	74	逃到加的斯
"圣提米西玛·特立尼达"号 （巴尔塔萨·伊达尔戈·德·西内罗的旗舰）	130	被俘，被凿沉
"神牛"号 （皮埃尔-夏尔·维尔纳夫的旗舰）	80	被俘，被摧毁
"海王"号	80	逃到加的斯
"可畏"号	74	被俘，被凿沉
"圣莱安德罗"号	64	逃到加的斯
"圣胡斯托"号	74	逃到加的斯
"顽强"号	80	1805年10月24日被摧毁
"圣安娜"号 （伊格纳西奥·马里亚·德·阿拉瓦的旗舰）	112	被俘，1805年10月23日再次被俘
"狂热"号	74	被俘，被摧毁
"莫纳尔卡"号	74	被俘，被摧毁
"冥王"号	74	逃到加的斯
"阿尔赫西拉斯"号 （夏尔·勒内·马贡的旗舰）	74	被俘，被敌人夺回
"巴哈马"号	74	被俘，送往直布罗陀
"雌鹰"号	74	被俘，被摧毁
"敏捷号"	74	被俘，送往直布罗陀
"船艄"号	74	逃到加的斯
"山地"号	74	逃到加的斯
"浮标"号	80	被俘，被凿沉

续 表

"贝里克"号	74	被俘，被摧毁
"圣胡安·内波穆塞诺"号	74	被俘，送往直布罗陀
"圣伊尔德丰索"号	74	被俘，送往直布罗陀
"阿希尔"号	74	着火，爆炸
"阿斯图里亚斯王子"号（费德里科·格拉维纳的旗舰的旗舰）	112	逃到加的斯

法兰西帝国还有五艘巡航舰"戈尼力"号、"埃尔米奥娜"号、"奥尔唐斯"号、"莱茵河"号、"忒弥斯"号，以及双桅横帆船"阿耳戈斯"号和"菲雷"号，战斗发生时远远位于背风航线，没有参加战斗。

同样，英国军舰也无法严格按照队列顺序来介绍，理由前文已经解释过了。但除个别军舰外，大部分军舰在战斗中的顺序可以参考下表。

英国舰队

	军舰名称	舰长	火炮数量	阵亡	受伤	伤亡
英国舰队顺风舰队	"胜利"号	托马斯·马斯特曼·哈迪（霍雷肖·纳尔逊阵亡）	100	57	102	159
	"勇猛"号	埃利伯·哈维	98	47	76	123
	"海王"号	托马斯·弗朗西斯·弗里曼特尔	98	10	34	44
	"巨轮"号	亨利·威廉·贝恩顿	74	4	22	26
	"征服者"号	伊赛尔·佩洛	74	3	9	12
	"不列颠"号	查尔斯·布伦（威廉·卡内基的旗舰）	100	10	42	52
	"阿伽门农"号	爱德华·贝里	64	2	8	10
	"埃阿斯"号	约翰·皮尔福德	74	2	9	11
	"猎户"号	爱德华·科德林顿	74	1	23	24
	"弥诺陶洛斯"号	查尔斯·约翰·摩尔·曼斯菲尔德	74	3	22	25
	"斯巴达"号	弗朗西斯·拉弗雷爵士	74	3	20	23
	"非洲"号	亨利·迪格比	64	18	44	62

续 表

英国舰队背风分舰队	"皇权"号	爱德华·罗瑟拉姆（卡斯伯特·科林伍德的旗舰）	100	47	94	141
	"百乐思"号	威廉·海古德	74	33	93	126
	"火星"号	乔治·达夫（阵亡）	74	29	69	98
	"坦娜特"号	查尔斯·泰勒	80	26	50	76
	"柏勒罗丰"号	约翰·库克（阵亡）	74	27	123	150
	"巨人"号	詹姆斯·尼科尔·莫里斯	74	40	160	200
	"阿希尔"号	理查德·金	74	13	59	72
	"无畏"号	约翰·康恩	98	7	26	33
	"波吕斐摩斯"号	罗伯特·雷德米尔	64	2	4	6
	"复仇"号	罗伯特·穆尔瑟姆	74	28	51	79
	"敏捷"号	威廉·古宁·拉瑟福德	74	9	8	17
	"反抗"号	P.C.德拉姆	74	17	53	70
	"雷电"号	约翰·斯托克姆	74	4	12	16
	"王子"号	理查德·格林尔	98	—	—	—
	"防御"号	乔治·约翰斯顿·霍普	74	7	29	36
	总计			449	1424	1691

舰长亨利·布莱克伍德的巡航舰"欧律阿罗斯"号、舰长托马斯·邓达斯的"水中仙女"号、舰长托马斯·布莱登·卡佩尔的"菲比"号、舰长威廉·普劳斯"天狼"号，以及上尉约翰·理查德·拉佩诺蒂埃的中型帆船"皮克尔"号和上尉R.B.扬的独桅纵帆船"进取"号也在顺风舰队中，但没有参加战斗。

在1805年10月9日的备忘录中，霍雷肖·纳尔逊说过，如果舰队要想处于优势，必须保持三列并列进入敌人的射程内。这样一来，背风分舰队就能全部向下风偏转，进攻敌人舰队的后卫；顺风舰队和快速反应舰队则攻打前锋，等到局势有利时再进攻敌人舰队的中部。然而，当时风力实在太弱，各军舰恐怕需要一天的时间才能进入规定的位置并与敌舰交火。毫无疑问，在战斗前几天，霍雷肖·纳尔逊讨论过这种偶发情况，所以大家立即意识到总指挥的计划要略做一些变动了。在理想的情况下，英国舰队应该排成两列，垂直于敌人的舰队。实际上，敌对双方的队列都非常不规则，尤其是英国舰队，几乎挤成一个椭圆。

霍雷肖·纳尔逊看到所有安排在当时的条件下已经得到了最大程度的执行，就回到自己的船舱，在日记里简短地记录了一下当天早上的进展。然后，他跪下祈祷道："伟大的上帝，为了整个欧洲的利益，请赐予我的国家伟大而光荣的胜利；不要让任何人的失误玷污了我们的胜利；愿追求光荣的精神在英国舰队彰显。而我把自己的生命托付给创造它的主，愿主指引我为国家忠诚地效力。我把自己及需要我保护的国家托付给主。"

然后，在亨利·布莱克伍德和托马斯·马斯特曼·哈迪的见证下，他写下了或者说签署了自己的遗嘱附录。在这份重要文件中，他简要叙述了他认为埃玛对国家做出的重大贡献：1796年，埃玛得到了西班牙国王斐迪南七世给那不勒斯国王斐迪南四世的信，其中讲到西班牙王国打算对英国宣战，于是埃玛及时向英国政府发出了警告；1798年，她通过"自己对那不勒斯王后玛丽亚·卡罗莱娜的影响，让玛丽亚·卡罗莱娜给锡拉库萨总督写信，让锡拉库萨总督保证英国舰队在西西里岛沿岸的任何港口都能得到所需的补给"。由于他无权对埃玛的重要贡献做出表彰，"埃玛是英国和国王的宝贵财富，因此，我留给她一个承诺，她将得到宽裕的生活用度，足以维持她应有的地位。我的养女霍雷希娅·纳尔逊·汤普森也请政府照顾。我希望她将来只使用'纳尔逊'这个姓。在我即将为国王和国家战斗的时候，以上是我的全部请求"。

英国舰队接近敌舰的过程非常缓慢，起初的速度不到每小时三海里。随着微风吹得越来越轻，这个速度也无法维持了。1805年10月21日大约11时，双方舰队相距不到两英里。霍雷肖·纳尔逊看到敌人笨拙的操作，明白了他们的意图，于是发电报给卡斯伯特·科林伍德，"我打算穿过敌人的纵队，阻止他们逃往加的斯"。半小时后，他发出了一个后来被世人熟知的旗语："祖国相信每个

西班牙国王斐迪南七世

人都会尽忠职守。"据说,卡斯伯特·科林伍德看到令旗升起时,对他的旗手嘟囔道:"我希望霍雷肖·纳尔逊不要发信号,我们都明白该干什么。"然而,旗手报告信号内容后,他十分高兴,下令向全体船员宣读,他们听完后一样振奋。整个舰队收到这个旗语后,都为之沸腾。

虽然因为受到天气影响,进攻计划要做适当调整,但没有根本性调整。卡斯伯特·科林伍德率领背风分舰队,仍然要切断敌人的后卫;霍雷肖·纳尔逊则要保证卡斯伯特·科林伍德的任务顺利完成。这不是靠运气,也不是靠精湛的航行技术,或者靠更细致地风帆调整,而是靠所有这一切及事先周密的安排。卡斯伯特·科林伍德的旗舰"皇权"号遥遥领先于"胜利"号,其后紧跟着"百乐思"号、"火星"号和"坦娜特"号。"皇权"号直奔法兰西和西班牙联合舰队的后部。大约正午时分,"皇权"号进入敌人舰队新月形的队列。在"皇权"号正前方是伊格纳西奥·马里亚·德·阿拉瓦的旗舰"圣安娜"号,其后是"狂热"号。"圣莱安德罗"号、"圣胡斯托"号和"顽强"号本应该在"圣安娜"前面,却远远落到了背风向。所以当伊格纳西奥·马里亚·德·阿拉瓦命令向"皇权"号开火时,这几艘军舰基本上被"圣安娜"号挡住了,火力优势发挥不出来。

伊格纳西奥·马里亚·德·阿拉瓦一开火,双方都升起自己的舰旗。虽然霍雷肖·纳尔逊和威廉·卡内基分别是白旗中将和白旗少将,卡斯伯特·科林伍德是蓝旗中将,但因为霍雷肖·纳尔逊认为各军舰使用自己的旗帜会难以辨认,所以英国军舰上一律升起白色舰旗。除了舰旗,每艘军舰还要在不同部位的索具上悬挂英国国旗,将级军官要悬挂自己的将旗,"胜利"号的主桅桅顶上还飘扬着信号旗,打出的旗语是:"靠近了再开火!"

到此时为止,英国舰队的前进速度非常缓慢。足足二十分钟,"皇权"号正面承受着"圣安娜"号、"狂热"号和周围多艘敌舰的炮火。"皇权"号本应该被打成筛子,但敌人的炮手技能太生疏,所以它只受了无关痛痒的小伤。卡斯伯特·科林伍德喊道:"哎呀,天哪!我竟然忘了换掉新的前桅大帆!这下彻

霍雷肖·纳尔逊在"胜利"号上命令士兵向舰队发信号

底报废了!"事实上,"皇权"号几乎就受了这么点损失。但大约二十分钟后,中午时分,"皇权"号从"圣安娜"号的船尾、"狂热"号的船首之间缓慢穿过,才第一次开火,发射的是左舷前甲板上的六十八磅重的近距臼炮。这种炮弹里装着是球形弹和五百发毛瑟枪子弹,现在被打进"圣安娜"号的船尾。几秒之后,"皇权"号右舷上的近距臼炮又朝着"狂热"号的船首轰了一炮。炮膛里早就填装好了炮弹,有的两枚,有的三枚,此刻一个接一个,朝着"圣安娜"号的船尾或"狂热"号的船首齐发。"皇权"号的船身完全穿过对方的舰队后,朝右舷猛转舵,与"圣安娜"号并排,仅隔几码的距离,向"圣安娜"号猛烈开火。但这个位置使"皇权"号暴露在"狂热"号、"圣莱安德罗"号、"圣胡斯托"号和"顽强"号的炮火中。也不知敌人怕误伤了"圣安娜"号,投鼠忌器,还是炮

特拉法尔加战役中的"皇权"号

手的技术实在差劲，"皇权"号的损失虽然严重，但远低于事前的估计。几分钟后，"百乐思"号就赶来给"皇权"号解围了。从"圣安娜"号的身后经过时，"百乐思"号略转向，改为迎风行驶，用左舷的火炮朝"圣安娜"号的右后甲板开火。不一会儿，"百乐思"号靠近了"顽强"号的船尾，凶猛地发射炮弹。"顽强"号急忙向下风偏转，"百乐思"号就依次与"狂热"号、"雌鹰"号、"阿希尔"号和"海王"号接火。回头看看这几艘军舰原本所在的位置，我们就可以发现法兰西和西班牙联合舰队的队列何等混乱。"百乐思"号也受重创，三个桅杆和船首斜桅无一幸免，死伤一百二十六人。

此时，霍雷肖·纳尔逊率领顺风舰队保证威廉·康沃利斯的进攻不被干扰，也忙得不可开交。他认为，一旦法兰西和西班牙联合舰队看明白了英国舰队的进攻策略，就有可能来援助中部和后部的军舰。因此，当他率领的顺风舰队接近敌人的舰队时，他略改变了方向，迎风行驶，假装绕到敌人舰队前方攻击。法兰西和西班牙联合舰队先锋的指挥官皮埃尔·迪马努瓦尔·勒·佩利在"强大"号上看到了霍雷肖·纳尔逊的举动，据说还识破了霍雷肖·纳尔逊的意图。其实，此时，法兰西和西班牙联军舰队是顺风航行，而"胜利"号始终都没有收起侧帆，明显是佯攻，不知为什么对方竟没有看穿。霍雷肖·纳尔逊看到敌人舰队的前锋准备迎战，认为佯攻已经收到了自己想要的效果，于是再次调转方向，朝对方舰队中部驶去。

法兰西和西班牙联军舰队的中部是庞然大物——配备一百三十门大炮的"圣提米西玛·特立尼达"号。大家通常称"圣提米西玛·特立尼达"号为四层甲板的甲级舰。其实，"圣提米西玛·特立尼达"号只有三层甲板，但的确是当时在海上行驶的最大军舰。这是一艘西班牙军舰，悬挂的是少将旗。霍雷肖·纳尔逊急于和皮埃尔-夏尔·维尔纳夫一较高下，并且他确信对方的旗舰"神牛"号就在舰队中部。然而，对方舰队到处悬挂着三色旗，这导致皮埃尔-夏尔·维尔纳夫的指挥旗很难辨认。因此，从哪两艘军舰之间穿过舰队，完全不能靠判断，而是靠运气。"胜利"号舰长托马斯·马斯特曼·哈迪提醒霍雷

特拉法尔加战役中英国舰队和法兰西舰队的阵形

特拉法尔加战役打响

肖·纳尔逊,中部的敌舰挤作一团,如果要从中穿过,不先消灭几艘是不行的。霍雷肖·纳尔逊回答说:"反正干掉哪艘敌舰都一样。你们中意哪艘,请便。"

其实,"神牛"号就在"胜利"号附近。在双方相隔一英里左右的时候,"神牛"号试着开火,但距离太远,没有打中。之后每隔几分钟,"神牛"号就开火一次,终于有一枚炮弹打中了"胜利"号的主桅。其他军舰意识到"胜利"号已经进入射程,于是都朝"胜利"号开火。虽然声势很大,硝烟弥漫,发射炮弹的声音此起彼伏,但相对而言,击中"胜利"号的炮弹不多。此时,"胜利"号的侧弦火力始终引而不发,只有船首的几门炮偶尔开了几次火。在半个小时左右的时间里,"胜利"号就这样暴露在强大的火力下。他的秘书亚历山大·约翰·斯科特站在霍雷肖·纳尔逊身旁,被球形弹击中身亡。又是两轮炮弹袭来,艉楼一排八个海军陆战兵被炸飞,其余将士立刻奉命卧倒、分散。中桅大帆损

特拉法尔加战场上的"胜利"号

失了三分之二，前桅帆和前中桅帆支离破碎，船舵被撞得粉碎。但在这场激烈的炮战中，"胜利"号受到的全部损失也只有这些，外加五十人左右伤亡。

1805年10月21日大约13时，"胜利"号终于紧贴着"神牛"号的船尾绕过，"胜利"号的桅桁端碰到了"神牛"号的斜桁支索。"胜利"号开火的过程和"皇权"号类似。左舷船首炮楼首先发射了六十八磅的炮弹，它的球形弹和五百发毛瑟枪子弹被轰进"神牛"号的舷窗里。然后，"胜利"号缓慢向前行驶，侧舷的五十门大炮都装上了几枚弹丸，一起开炮，行动整齐划一。事后，"神牛"号的军官说，就这一下，"神牛"号的二十门大炮就废了，近四百人伤亡。

此外，"胜利"号的船头从"神牛"号的船尾一露出来，就暴露在"海王"号和"可畏"号的炮火之中，但它们的火力远不如"胜利"号强大。相隔如此近的距离，像"胜利"号这样庞大的三层甲板的军舰，肯定会被击中，但主要是索具零星受损，击中船壳和船员的炮弹并不多。当"胜利"号的船身已经越过"神牛"号时，托马斯·马斯特曼·哈迪可能是想让"胜利"号的侧舷攻击"神牛"号的右舷，就像"皇权"号攻击"圣安娜"号一样。托马斯·马斯特曼·哈迪即使确实是这么打算的，也无法实现，因为此时"可畏"号已经离"胜利"号非常近了。不知道是纯属意外，还是有意为之，两艘军舰撞在了一起。"胜利"号的船头右侧撞上了"可畏"号的船头左侧。"胜利"号的帆桁和"可畏"号的索具纠缠在一起。两艘军舰都倾斜了，无法分开。

"胜利"号的下层甲板和中层甲板的火力使"可畏"号的炮手无法靠近大炮，但在顶层，法兰西军舰则明显占据优势。霍雷肖·纳尔逊曾两次见过法兰西军舰因起火而爆炸，所以对顶层可燃物质非常警惕，坚决禁止在顶层使用火炮。这样一来，"胜利"号的顶层甲板的火力尽失。相反，"可畏"号的顶层甲板则挤满了人，火枪手控制了"胜利"号的船首和顶层甲板。这让法兰西人认为他们可以登上"胜利"号，甚至俘获"胜利"号。"胜利"号的水手长威尔莫特看到法兰西人从舷梯上拥上来，便从船首炮楼右侧使用近距臼炮向舷梯猛轰，登船的敌人陷入恐慌，暂时撤退。但"可畏"号顶层甲板的火枪手继续开火。1805

年10月21日13时20分,从艉楼上射出的一枪击中了霍雷肖·纳尔逊的左肩。他当时正站在舱口附近查看船尾的情况。子弹从肩部射入,穿过肺部和脊椎,嵌在背部的肌肉里。霍雷肖·纳尔逊倒下了,就在他的秘书亚历山大·约翰·斯科特刚刚倒下的地方。托马斯·马斯特曼·哈迪抢上来想扶起他。霍雷肖·纳尔逊说:"哈迪,他们终于干掉我了。"托马斯·马斯特曼·哈迪回答道:"我觉得还没有。"霍雷肖·纳尔逊:"不,不,他们成功了。我的脊椎被打穿了。"接着,霍

霍雷肖·纳尔逊被子弹击中

霍雷肖·纳尔逊倒在甲板上

雷肖·纳尔逊被抬进船舱。虽然霍雷肖·纳尔逊从一开始就知道这是致命伤，但还是坚持了三个多小时。不过，大家很快就替他报仇了——虽然不知道到底是谁发出了这致命一击，但"可畏"号顶层甲板上没有一个人活下来。

法兰西舰队上的火枪手确实很拼命。霍雷肖·纳尔逊倒下后几分钟时间里，"胜利"号上的好几名军官和大约四十名水兵都在他们的枪下毙命或受伤。"可畏"号舰长让·雅克·艾蒂安·卢卡看到"胜利"号顶层甲板的障碍已经扫清，认为法兰西军队只要坚定决心仍有希望登船。但这时，"胜利"号和"可畏"号都倾斜得厉害，尤其是"胜利"号。在吃水线上下，它们已经互相摩擦，而它们的顶层甲板尚有数英尺之隔,要跨越并非易事。确实有几个水兵跳到了"胜利"号的后甲板上,但"胜利"号上的将士冒着法兰西火枪手的火力立刻把登船的法兰西人赶了回去。海军陆战队上校查尔斯·阿代尔等人倒在了火枪手的枪下。这时,"可畏"号舰长让·雅克·艾蒂安·卢卡已经放倒了主帆的帆架,要拿帆架作为跳板。法兰西士兵都拥到前后甲板上,准备登上"胜利"号。就在这时,"勇猛"号来到了"可畏"号的右后方,用侧舷的炮火一下扫清了甲板上聚集的人——据说有两百多人。这一击太致命了,"可畏"号失去了所有抵抗能力。"勇猛"号上的将士从右舷登上"可畏"号后,"可畏"号降旗投降,束手就擒。后来,统计的伤亡数字显示,"可畏"号上六百四十三名将士伤亡五百二十二人。

就在"可畏"号还没有投降,"胜利"号还在努力从"可畏"号的纠缠中脱身的时候,被背风舰队的"皇权"号等几艘战列舰痛打的"狂热"号穿过弥漫的硝烟,出现在了"勇猛"号的右后方。等"狂热"号距离"勇猛"号数码之遥,"勇猛"号的右侧侧舷火炮齐发,每炮双响,无一虚发。在滚滚硝烟中,"狂热"号就这样糊里糊涂地倒下了,前甲板上的索具被紧紧缠在"勇猛"号没有抛下的锚钩上。托马斯·福蒂斯丘·肯尼迪立即率领一小队人马登上了"狂热"号,法兰西人象征性地抵抗了一下,1805年10月21日14时不到,就被迫投降。据说,"狂热"号伤亡四百多人。

此时,"胜利"号已经脱身,勉强朝北驶去。"勇猛"号被自己俘虏的两艘军舰绊住,很长时间抽身不得。幸好,除偶尔远远开一炮之外,无论"胜利"号还是"勇猛"号都不需要再开火了。事实上,战斗至此已经结束了。

要具体讲述战役中每艘军舰的行动细节是不可能的。现场硝烟如此浓,队列如此混乱,以至当时很多军舰自己都不太清楚交火的对象到底是谁,更不清楚其他军舰的状况。到目前为止,各方的记录非常含混,甚至相互矛盾,有人试图弄清作战过程的细节,但效果不佳。可以这样说,当领头的几艘军舰投入战斗,其他军舰也就不在乎什么序列和队形了,在微弱的风力和军舰速度可及的条件下，碰上敌舰就开打。每艘军舰都根据自己所处的位置尽量选择最优的进攻方位。在霍雷肖·纳尔逊事先拟定的方案中，最根本、最有意义的内容都由他本人和卡斯伯特·科林伍德共同完成了，确保了英国舰队从一开始就占据优势。法兰西和西班牙联合舰队共有三十三艘军舰，但先头的十艘军舰几乎无法投入战斗，剩下的二十三艘军舰也陷入被动。英国舰队控制了主动权，决定了是否让对方参与战斗、多少艘军舰参战。

毫无疑问，如果对方炮手的水平没有如此不堪，不管当时的风势如何，英国舰队垂直两列的进攻队形都非常危险，更不用说当时风力极弱了。但霍雷肖·纳尔逊之所以敢冒这个险，是因为他深知法兰西和西班牙炮手的水平。在他的计划里，这是至关重要的因素。如果不是料定如此，他不会让"皇家至尊"号和"胜利"号冒着被炸成碎片的风险，而排出这样的队形。尽管法兰西和西班牙联合舰队的炮手技术差劲，但上表中的伤亡数字显示出，在两列纵队中，领头的几艘军舰确实蒙受了较大的损失。"胜利"号、"勇猛"号、"皇权"号和"百乐思"号这四艘领头的军舰，再加上背风分舰队的"柏勒罗丰"号和"巨人"号，伤亡占了整个舰队伤亡数量的一半。但一旦领头几艘军舰穿过敌人舰队的纵队，英国舰队的战术优势就显示出来了。它们可以同时或在很短时间内二比一、三比一甚至四比一作战，各个击破，直到对方寡不敌众，被迫投降。就是靠着这样的战术，从"皇权"号向"圣安娜"号发起侧弦进攻开始，不到两个小时，英国舰队就获得了胜利。

"圣安娜"号在与"皇权"号激烈交火后，又被经过的"百乐思"号不断轰炸，失去了所有桅杆，船员伤亡过半。1805年10月21日14时15分左右，"圣安娜"号终于降旗投降。伊格纳西奥·马里亚·德·阿拉瓦本人也受了重伤，获准留在"圣安娜"号上。"莫纳尔卡"号、"巴哈马"号、"阿尔赫西拉斯"号、"迅猛"号、"贝里克"号等都被重创。投降之前，每艘军舰上都伤亡了三百人到四百人。有很多例子能够证明敌舰的运气确实欠佳，这里只举两个。"神牛"号在被"胜利"号的第一波舷侧火力攻击后，就已经回天无力，但紧接着又被"海王"

号、"巨轮"号和"征服者"号轮番攻击,最终不得不向"征服者"号投降。海军陆战队上校詹姆斯·阿彻利率五个人乘小艇登上"神牛"号接受投降。在后甲板上,法兰西和西班牙联合舰队总指挥皮埃尔-夏尔·维尔纳夫和他的部下向詹姆斯·阿彻利交出佩剑。但詹姆斯·阿彻利认为皮埃尔-夏尔·维尔纳夫这样级别的将领向他投降不合适,于是带着皮埃尔-夏尔·维尔纳夫和"神牛"号舰长和两名大副回到"征服者"号上受降。不过,这时"征服者"号已经开走去寻找下一个攻击目标了。于是,这些身份显赫的俘虏又被带到了"火星"号上并被关押在此。"胜利"号从远处发起的左舷侧攻击已经使"圣提米西玛·特立尼达号"受重创了,"海王"号、"巨轮"号和"征服者"号又先后向"圣提米西玛·特立尼达"号开火。1805年10月21日大约14时30分,"圣提米西玛·特立尼达"号失去了所有桅杆,无法继续作战,但坚持整整三个小时不投降。

在这段时间里,法兰西和西班牙联合舰队的前锋舰队没有过来支援。皮埃尔-夏尔·维尔纳夫一再向前锋舰队发出求援的信号,但直到1805年10月21日14时,前锋舰队才开始顺风掉抢。这时,风已经渐渐停了,西边的浪却很大。前锋舰队的军舰花了近一个小时才从右侧掉头,有的甚至是靠小艇牵引才完成掉头的。"无惧"号撞上了"勃朗峰"号,失去了前桅。等它们终于全部掉头后,西班牙舰队指挥官皮埃尔·迪马努瓦尔·勒·佩利所在的"强大"号和另外四艘军舰努力迎风行驶,抢到战场的上风向。五艘军舰一直处于背风,其中三艘军舰转向东南,向西班牙指挥官费德里科·格拉维纳的旗舰"阿斯图里亚斯王子"号靠拢。"圣奥古斯蒂诺"号就没那么幸运了。"巨轮"号追上了它,距离不到五十码,连续三次用侧舷炮向它开火。"圣奥古斯蒂诺"号没有再做进一步抵抗就被俘获了。大约在同一时间,"无畏"号被小小的"非洲"号拖住,直到"猎户"号赶来。十五分钟以后,"无畏"号的主桅和后桅都倒了,伤亡两百人。"埃阿斯"号和"阿伽门农"号都在向"无畏"号逼近,1805年10月21日17时刚过,"无畏"号被迫降旗投降。

与此同时,皮埃尔·迪马努瓦尔·勒·佩利的旗舰和其他五艘军舰努力抢

受重创的"牛辆"号

到上风位置。如果领头的十艘军舰都紧跟他，他就有可能命令十艘军舰收缩队形来对付分散的英国舰队。他即便不可能扭转当天的局势，但很可能重创英国舰队，至少可以帮法兰西和西班牙联合舰队的一些军舰逃脱。然而，当他发现自己周围只有五艘军舰时，他胆怯了。他认为这样扑向战场无异于白白送死。于是，皮埃尔·迪马努瓦尔·勒·佩利远远向英国军舰胡乱开了几炮后便朝西南方向逃走了，另外四艘法兰西军舰纷纷效仿。而西班牙的"海神"号不知是不如法兰西军舰懂得抢风航行，还是舰长不愿意在战斗完全失败前就仓皇逃跑，或者根本就是舰长犹豫不决导致贻误了时机，结果，它在背风方向远远落在后面。"弥诺陶洛斯"号和"斯巴达"号因为列在顺风舰队的最后，一直没能投入战斗，直到皮埃尔·迪马努瓦尔·勒·佩利展开行动，才得到了机会。"弥诺陶洛斯"号和"斯巴达"号早已顺着左舷转为逆风行驶，但还是离得太远了，无法拦截"强大"号和其他逃跑的法兰西军舰。然而，它们能打到"海神"号。"海神"号经过一番英勇的抵抗，1805年10月21日17时投降。它和"无惧"号，谁是最后一个投降的，似乎存在争议。

到此，战斗就彻底结束了。十八艘敌舰被俘，其余敌舰都逃走了。虽然西班牙指挥官费德里科·格拉维纳的旗舰"阿斯图里亚斯王子"号被炸得千疮百孔，他本人也伤势严重，但他仍然号令其他军舰向"阿斯图里亚斯王子"号靠拢。十艘军舰围了过来，和他一起向北逃走了。英国舰队没有追击，因为霍雷肖·纳尔逊已经不在了。经历三个小时的剧烈疼痛和时昏时醒的弥留状态，1805年10月21日16时30分左右，霍雷肖·纳尔逊喊出了临终前最后一句话："感谢上帝！我完成了我的使命。"

还有一件事值得一提。法兰西的"阿希尔"号经历了英国同名军舰"阿希尔"号、"百乐思"号、"敏捷"号和"波吕斐摩斯"号的轮番炮轰，吃尽了苦头，失去了后桅、主桅和帆桁。它的前桅顶帆着了火，而消防设备已经被摧毁，所以无法灭火。1805年10月21日16时30分左右，船员设法把桅杆砍断，防止火势蔓延。这时，"王子"号已经投入战场，侧舷炮火朝"阿希尔"号猛轰，"阿希尔"

号的上半部分很快就被炸毁了。起火的帆掉到了船身和救生艇上。"王子"号又发动了两次侧舷攻击，直到确认"阿希尔"号已回天无力，才顺风掉头，然后停船，放下救生艇，去救"阿希尔"号上的船员。"敏捷"号同样加入救助。这是一项非常危险的任务，因为"阿希尔"号上的火炮都是上膛的，一旦火星点着引线，火炮就会爆炸。1805年10月21日大约17时45分，"阿希尔"号的弹药库着火引起爆炸，除被救生艇救走的两百多人之外，其余人都被炸死。有人认为"阿希尔"号根本没有降旗投降。一些法兰西作家还在书中大肆吹嘘，英勇的法兰西人至死也要让国旗飘扬。即使"阿希尔"号没有降旗，那也是因为双方分别忙于救人和被救疏忽了，绝不是"阿希尔"号上的将士誓死不降。因为在"王子"号派救生艇前来救援之前，"阿希尔"号已经停止了所有反抗。

  1805年10月21日中午时分，在战斗打响之前，霍雷肖·纳尔逊曾向整个舰队发出命令："准备在天黑之前抛锚。"显然，霍雷肖·纳尔逊知道会俘获许多敌舰，而这些敌舰一定不是损失了桅杆，就是在其他方面受损严重。气压计下降的液柱似乎预示着恶劣天气的到来。他受伤躺在船舱时，一直惦记着抛锚的事，于是不断催促托马斯·马斯特曼·哈迪，希望他尽快落实。战斗一结束，托马斯·马斯特曼·哈迪就登上"皇权"号，去通知卡斯伯特·科林伍德霍雷肖·纳尔逊的死讯，并且转告他霍雷肖·纳尔逊最后的命令。但卡斯伯特·科林伍德惊呼："让舰队抛锚？这在我看来是最不可能的决定。"既然他此时已经成了舰队的总指挥，他决定不抛锚。这时，舰队所处的位置距海底大约十三英寻，西面的浪正把舰队慢慢地推向几英里外的特拉法尔加浅滩。风势正在逐步加强，并且开始沿逆时针转向。到了半夜，大风从西南偏南的方向刮来，舰队又被吹向海岸。而那些被俘获的敌舰，因为桅杆折断或损坏严重，只能任凭天气摆布，或者说听凭俘虏的摆布。敌舰上的俘虏必须被释放，以免像笼子里的老鼠那样被淹死。其中一艘军舰就这样被造反的俘虏夺回了。还有一些军舰漂得靠近了加的斯港。这时，胆大的法兰西士兵发起了突袭，夺回了一些军舰。最终，法兰西人失去的军舰比夺回的要多。还有些军舰则失事了。为了避免再出现俘虏造反的情况,许多敌舰被凿沉。因此,1805年10月21日只有四艘被俘获的敌舰作为战利品被送到直布罗陀,而它们都非常陈旧,毫无价值。

有用的四艘军舰都是皮埃尔·迪马努瓦尔·勒·佩利"提供"的。它们先是朝西南方逃去,在逃出一段距离后转而向北,希望到达布雷斯特或附近的某个港口。这些军舰都受到不同程度的损伤,虽然谈不上非常严重,但考虑到战斗时一边倒的火力,损伤恐怕比我们想象的要严重。它们的桅杆或多或少断裂了,船身漏水很严重,水泵一刻不停地抽水。"强大"号甚至不得不把十二门大炮扔到海里,尽管在特拉法尔加它就已经卸掉了三门大炮。1805年11月4日,在奥特加尔角海域,皮埃尔·迪马努瓦尔·勒·佩利遇上了理查德·斯特罗恩爵士指挥的"恺撒"号、另外四艘战列舰和四艘重型巡航舰,法兰西人的四艘军舰很快就被俘获了。它们都被补充进了英国海军,其中"迪盖·特鲁安"号后来

俘获四艘法兰西军舰

改名为"无情"号,至今仍在德文波特作为训练船使用。从英国海军的角度来看,特拉法尔加战役的成果可以归纳如下。

从英国海军的角度看特拉法尔加战役的成果(单位:艘)

特拉法尔加战役中的敌舰		
法兰西	西班牙	总数
18	15	33

特拉法尔加战役中敌舰的结局			
	法兰西	西班牙	总数
1805年10月21日被俘获	9	9	—
1805年10月22日被夺回	1	0	—
1805年10月23日被夺回	0	2	—
被放弃的俘获军舰	8	7	15
1805年10月24日被俘获	0	1	1
1805年10月24日失事	1	1	2
1805年11月4日被俘获	4	…	4
逃往加的斯	5	6	11
总计			33

逃往加的斯的敌舰都毁坏严重,不适宜再航行,此后没有参加过战斗。

拿破仑·波拿巴希望的法兰西帝国和西班牙王国的联盟对英国构成的威胁,因特拉法尔加战役的失败而彻底瓦解了。他入侵英格兰的计划再也无法实施。事实上,他再没提过进攻英格兰。当时,法兰西帝国的海上力量已经完全崩溃。在接下来十年的战争期间,英国牢牢地掌握着制海权,令敌人绝不敢觊觎。这就是特拉法尔加战役的重要历史意义。但更重要的是,特拉法尔加战役给九十年后英勇战斗的现代海军提供的经验和启迪。人们普遍认为,尽管我们的先辈诞生了了不起的海军领袖,但时代在变化,航海技术和海战方式随之发生了巨变。他们的杰出才能令我们佩服，但可供学习的并不多。这种观点背后的逻辑是，战争的策略取决于当时的偶然因素，而不是取决于某些永恒的自然法则。但事实上，只要海洋还在翻滚，只要人类还活着，战争的决胜因素就一定是人的技术、性情和胆识，什么样的军舰、大炮、风帆或引擎都是次要的。

  关于特拉法尔加战役的尾声，寥寥数语足矣。1805年11月6日清晨，卡斯伯特·科林伍德的急信到达海军部，伦敦的公园和钟楼鸣炮报捷。但人们从《公报》上读到特拉法尔加战役的报道，得知了霍雷肖·纳尔逊的死讯。这让人们几乎忘记了这一辉煌的胜利。人们因英国遭受的巨大损失陷入了深深的悲痛。英国王室和国家慷慨地给予英雄的家人各种殊荣，以表达无尽的感恩之情。1805年11月9日，霍雷肖·纳尔逊的哥哥威廉·纳尔逊被封为特拉法尔加的纳尔逊伯爵，将来由他的妹妹博尔顿夫人和马乔姆夫人的男性继承人继承伯爵头衔。此外，下议院还慷慨地给予霍雷肖·纳尔逊每个妹妹一万五千英镑，给霍雷肖·纳尔逊的夫人弗朗西丝·纳尔逊每年两千英镑的终身津贴。爱国基金会投票决定赠予霍雷肖·纳尔逊夫人弗朗西丝·纳尔逊价值五百英镑的花瓶，霍雷肖·纳尔逊夫人弗朗西丝·纳尔逊去世后，该花瓶由特拉法尔加的纳尔逊伯爵及其继承人继承。人们意识到并且常常谈起，那份对埃玛有利的遗嘱附录并没有得到执行。这份附录强调，国家有责任供养她，不仅因为在上帝眼里她就是霍雷肖·纳尔逊亲爱的妻子，而且因为她是对国家做出过重大贡献的人。但英国政府认为，埃玛为国家做出的所谓的重大贡献，完全是她一厢情愿的想法，霍雷肖·纳尔逊被爱情蒙蔽了判断力。看来最近几年才被公众了解的历史真相，英国政府当年早就明了了。英国政府还知道，埃玛的丈夫威廉·汉密尔顿和霍雷肖·纳尔逊的遗嘱已经为她提供了充足的生活保障。在他们看来，对这样一个女人来说，每年两千英镑的收入已经足够了。然而，她很快挥霍一空，因欠债而身陷囹圄，后来多亏私人慈善机构的帮助才获释。在她生命的最后几年，她靠霍雷肖·纳尔逊为他们的女儿霍雷希娅·纳尔逊·汤普森留下的四千英镑存款的利息在加来度过了余生,虽然生活朴素,但绝谈不上一贫如洗。她后来成了罗马天主教教徒,据说还十分虔诚。1815年,她在加来去世,天主教会为她举行了葬礼。她从此长眠于此。

1805年12月5日,"胜利"号载着霍雷肖·纳尔逊的遗体抵达斯皮特黑德,然后从泰晤士河把他的遗体送往格林威治医院。1806年1月4日到1806年1月8日,霍雷肖·纳尔逊的遗体被安放在格林威治医院的绘厅①,供成千上万的人瞻仰和悼念。1806年1月8日,庄严肃穆的船队将霍雷肖·纳尔逊的遗体一直运送到泰晤士河畔白厅前的楼梯,他的棺木被人抬着步行到海军部。1806年1月9日,他的棺木又被送到圣保罗大教堂。霍雷肖·纳尔逊的遗体被安放在圣保罗大教堂地下室的一个石棺里。这个石棺是枢机主教托马斯·沃尔西出资为亨利

霍雷肖·纳尔逊的遗体由格林威治医院运到白厅

---

① 今皇家海军学院。——译者注

八世建造的。在石棺的上方，由约翰·弗拉克斯曼设计制造了一座纪念碑。全国各地纷纷为霍雷肖·纳尔逊立碑，大小城镇都不例外。但最真诚、最珍贵的纪念碑立在了英国人民的心中。在那里，人们对霍雷肖·纳尔逊的记忆涤荡了所有尘埃，他英勇无私、忠于职守的形象永远无瑕。

译名对照表

Aboukir Bay	阿布基尔湾
Achille	"阿希尔"号
Act of Parliament	《议会法令》
Active	"活跃"号
Adam Duncan	亚当·邓肯
Adriatic	亚德里亚海
Africa	"非洲"号
Agamemnon	"阿伽门农"号
Agincourt	"阿让库尔"号
Agincourt Sound	阿让库尔湾
Aigle	"爱格尔"号
Ajaccio	阿雅克肖
Ajax	"埃阿斯"号
Alan Gardner	艾伦·加德纳
Alassio	阿拉西奥
Albemarle	"阿尔比马尔"号
Alexande	"亚历山大"号
Alexander Ball	亚历山大·鲍尔
Alexander Cochrane	亚历山大·科克伦
Alexander Davison	亚历山大·戴维森
Alexander I	亚历山大一世
Alexander Ball	亚历山大·鲍尔
Alexander John Scott	亚历山大·约翰·斯科特

Alexandria	亚历山大港
Alfred Thayer Mahan	阿尔弗雷德·塞耶·马汉
Algesiras	"阿尔赫西拉斯"号
Amazon	"亚马孙"号
American War	美国独立战争
Amy Lyon	埃米·莱昂
Ancona	安科纳
Andrew Baird	安德鲁·贝尔德
Anne Suckling	安妮·萨克林
Anthony Hunt	安东尼·亨特
Antigua	安提瓜岛
Antipodes	安蒂波迪斯
Aquilon	"阿奎隆"号
Archduke Charles	卡尔大公
Archipelago	格利特群岛
Arctic	北极
Argo	"阿尔戈"号
Argonauta	"浮标"号
Argonaute	"船艄"号
Argus	"阿耳戈斯"号
Armed Neutrality	武装中立
Artemise	"阿耳特弥斯"号
Arthur Forrest	阿瑟·福里斯特
Arthur Wellesley	阿瑟·韦尔斯利
Artillery	"阿蒂勒里"号
Assembly Rooms	集会厅
Attack and Defence Places	《攻守要略》
Audacious	"狂热"号
Augustus de Butts	奥古斯塔斯·德·巴茨
Badger	"獾"号
Bahama	"巴哈马"号
Baltasar Hidalgo de Cisneros	巴尔塔萨·伊达尔戈·德·西内罗

Baltic Confederacy	波罗的海同盟
Barbadoes	巴巴多斯
Barbary	柏柏里
Barcelona	巴塞罗那
Barfleur	巴夫勒尔
Baron Mulgrave	马尔格雷夫男爵
Baron Walpole of Wolterton	沃尔弗顿的沃波尔男爵
Baronetcy	准男爵
Basse-Terre	巴斯特尔
Battle of Copenhagen	哥本哈根战役
Battle of Dogger Bank	多格滩战役
Battle of Gravelines	格拉沃利讷战役
Battle of the Nile	尼罗河战役
Battle of Valmy	瓦尔米战役
Bay of Biscay	比斯开湾
Bay of Loano	洛阿诺湾
Beachy Head	比奇角
Belleisle	"百乐思"号
Bellerophon	"柏勒罗丰"号
Bellona	"贝娄娜"号
Ben Hallowell	本·哈洛韦尔
Benjamin Hallowell	本杰明·哈洛韦尔
Berwick	"贝里克"号
Bey of Tunis	突尼斯的贝伊
Biche	比什
Biographia Navalis	《海军人物志》
Blakeney	布莱克尼地区
Blanche	"布兰奇"号
Blankenberg	布兰肯贝格
Blenheim	"布伦海姆"号
Bond Street	邦德街
Boreas	"北风神"号

Bornholm	博恩霍尔姆岛
Boston	波士顿
Boulogne	布洛涅河
Bourbons	波旁王朝
Brest	布雷斯特港
Bristol	"布里斯托尔"号
Britannia	"不列颠"号
Bromwich	布罗米奇
Bronte Nelson	勃朗特·纳尔逊
Bucentaure	"神牛"号
Burnham St.Albert	伯纳姆圣艾伯特
Burnham Thorpe	伯纳姆索普村
Bussorah	巴梭拉
Ça Ira	"无虞"号
Cadiz	加的斯
Caesar	"恺撒"号
Cagliari	卡利亚里
Calais	加来
Calvi	卡尔维
Candia	干地亚
Canopus	"卡诺珀斯"号
Canterbury	坎特伯雷
Cape delle Melle	代勒梅勒角
Cape Finisterre	菲尼斯特雷角
Cape Francois	弗朗索瓦角
Cape Ortegal	奥特加尔角
Cape Passaro	帕萨罗角
Cape Sepet	塞佩特角
Cape Sicie	锡谢角
Cape St. Mary	圣玛丽角
Cape St. Vincent	圣文森特角
Captain	"船长"号

Capua	卡普阿
Caramania	卡拉曼尼亚
Carcass	"卡尔卡斯"号
Cardinal	枢机主教
Cartagena	卡塔赫纳
Caserta	卡塞塔
Castellamare	卡斯特拉马雷
Castiglione	卡斯蒂廖内
Castles of Nuovo	诺沃堡
Castles of Uovo	优沃堡
Catherine Nelson	凯瑟琳·纳尔逊
Catherine Suckling	凯瑟琳·萨克林
Censeur	"监察官"号
Channel Fleet	海峡舰队
Charles Adair	查尔斯·阿代尔
Charles Bullen	查尔斯·布伦
Charles Emmanuel IV	查理·伊曼纽尔四世
Charles Francis Greville	查尔斯·弗朗西斯·格雷维尔
Charles Henri Hector d'Estaing	夏尔·亨利·赫克托尔·德·埃斯坦
Charles Inglis	查尔斯·英格利斯
Charles John Moore Mansfield	查尔斯·约翰·摩尔·曼斯菲尔德
Charles John Napier	查尔斯·约翰·内皮尔
Charles Middleton	查尔斯·米德尔顿
Charles Pole	查尔斯·波尔
Charles Rene Magon	夏尔·勒内·马贡
Charles Stuart	查尔斯·斯图尔特
Charles Townshend	查尔斯·汤森
Charles Turner	查尔斯·特纳
Charles Tyler	查尔斯·泰勒
Chatham	查塔姆群岛
Chesapeake	切萨皮克
Cheshire	柴郡

Chesme	切什梅
Chianchi	奇安希
Childers	"奇尔德斯"号
Civil War	英格兰内战
Civis Romans	罗马公民
Civitavecchia	奇维塔韦基亚
Colossus	"巨人"号
Commodore	准将
Comptroller	审计官
Comte de Guichen	吉尚伯爵
Comte de Mosloy	莫斯洛伯爵
Conception	"设想"号
Conquerant	"征服者"号
Conqueror	"征服者"号
Constantine Phipps	康斯坦丁·菲普斯
Corfu	科孚岛
Cork	科克港
Corunna	科伦纳
Count of Wallis	沃利斯伯爵
Count Thurn	特恩伯爵
Courageux	"勇气"号
Cronstadt	喀琅施塔得
Crown Islands	皇冠岛
Culloden	"卡洛登"号
Curieux	"奇特"号
Custom-House	海关楼
Cuthbert Collingwood	卡斯伯特·科林伍德
Daedalus	"代达罗斯"号
Dannebrog	"丹麦国旗"号
David Dundas	大卫·邓达斯
David Parry	大卫·帕里
Davidge Gould	戴维奇·吉尔德

Defence	"防御"号
Definance	"反抗"号
Deptford	德特福德
Devonport	德文波特
Diamond Rock	钻石岩
Diane	"迪亚娜"号
Dido	"狄多"号
Didon	"迪东"号
Dieppe	迪耶普
Dolphin	"海豚"号
Domingos Xavier de Lima	多明戈斯·沙维尔·德·利马
Dominic	多米尼克
Donegal	"多尼哥"号
Dorothy Walpole	多萝西·沃波尔
Dover	多佛尔
Downham	道纳姆
Downs	唐斯
Dragon	"龙"号
Dragor	德拉戈
Dreadnought	"无畏"号
Duguay-Trouin	"迪盖·特鲁安"号
Duke of Berwick	伯威克公爵
Duke of Bronte	勃朗特公爵
Duke of Clarence	克拉伦斯公爵
Duke of Wellington	威灵顿公爵
Duke of York	约克公爵
Dunkirk	敦刻尔克
Duquescne	"杜肯"号
Earl Nelson of Trafalgar	特拉法尔加的纳尔逊伯爵
Earl of Minto	明托伯爵
Earl of Northesk	诺思克伯爵
Earl of Orford	奥福德伯爵

Earl of Sandwich	桑威奇伯爵
Earl of St. Vincent	圣文森特伯爵
East India Company	东印度公司
East Indies	东印度群岛
Edgar	"埃德加"号
Edinburgh	"爱丁堡"号
Edmund Nelson	埃德蒙·纳尔逊
Édouard Thomas Burgues de Missiessy	爱德华·托马斯·比尔格·德·米西
Edward Berry	爱德华·贝里
Edward Boscawan	爱德华·博斯科恩
Edward Codrington	爱德华·科德林顿
Edward Despard	爱德华·德斯帕德
Edward Foote	爱德华·富特
Edward Hawke	爱德华·霍克
Edward Hughs	爱德华·休斯
Edward Riou	爱德华·里乌
Edward Rotheram	爱德华·罗瑟拉姆
Edward Walpole	爱德华·沃波尔
Egyptian Club	埃及俱乐部
Elba	厄尔巴岛
Elephant	"大象"号
Eliab Harvey	埃利伯·哈维
Elizabeth Andrews	伊丽莎白·安德鲁斯
Elizabeth Greville	伊丽莎白·格雷维尔
Elizabeth I	伊丽莎白一世
Elsinore	埃尔西诺
Engineers	"工程师"号
Enterprise	"企业"号
Entreprenante	"进取"号
Essex	埃塞克斯
Étienne Eustache Bruix	艾蒂安·厄斯塔什·布吕克斯
Europa Point	欧罗巴角

Euryalus	"欧律阿罗斯"号
Experiment	"实验"号
Fabrizio Ruffo	法布里齐奥·鲁福
Falkland Islands	福克兰群岛
Fanny	范妮
Fantasque	"幻想"号
Federico Gravina	费德里科·格拉维纳
Felicia Heman	费利西娅·希曼
Ferdinand III	斐迪南三世
Ferdinand IV	斐迪南四世
Ferdinand VII	斐迪南七世
Ferrol	费罗尔
First Empire of France	法兰西第一帝国
First Lord of the Admiralty	第一海军大臣
First Lord of the Treasury	第一财政大臣
First-Lieutenant	中尉
Fisher	费希尔
Flanders	佛兰德斯
Formidable	"强大"号
Fort Charles	查尔斯堡
Foudroyant	"闪电"号
Fougueux	"狂热"号
Frances Herbert Woolward	弗朗西丝·赫伯特·伍尔沃德
Frances Nelson	弗朗西丝·纳尔逊
Francesco	弗朗西斯科
Francis Drake	弗朗西斯·德雷克
Francis Laforey	弗朗西斯·拉弗雷
Francis Woodward	弗朗西斯·伍德沃德
Francisco Gaínza	弗朗西斯科·根萨
François Joseph Paul de Grasse	弗朗索瓦·约瑟夫·保罗·德·格拉斯
François-Paul Brueys d'Aigalliers	弗朗索瓦-保罗·布吕埃斯·德·埃格里尔斯
Franklin	"富兰克林"号

Frederick Theiger	弗雷德里克·特格
Frejus	弗雷瑞斯
French Directory	法兰西督政府
French Revolution	法兰西大革命
Furet	"菲雷"号
Gaeta	加埃塔
Galgo	"加尔戈"号
Ganteaume	"冈托姆"号
Garbar	加尔巴尔
Gazette	《公报》
General Hans Lindholm	汉斯·林霍尔姆将军
Genereux	"吉尼罗"号
Genoa	热那亚
George Blagdon Westcott	乔治·布拉格登·韦斯科特
George Brydges Rodney	乔治·布里奇斯·罗德尼
George Campbell	乔治·坎贝尔
George Canning	乔治·坎宁
George Duff	乔治·达夫
George Edmund Byron Bettesworth	乔治·埃德蒙·拜伦·巴特沃思
George Elphinstone	乔治·埃尔芬斯通
George Farmer	乔治·法默
George Frederick Ryves	乔治·弗雷德里克·赖夫斯
George Germain	乔治·杰曼
George III	乔治三世
George Johnstone Hope	乔治·约翰斯顿·霍普
George Matcham	乔治·马乔姆
George Mitchell	乔治·米切尔
George Murray	乔治·默里
George Romney	乔治·罗姆尼
George Rose	乔治·罗斯
George Spencer	乔治·斯潘塞
George William Manby	乔治·威廉·曼比

Gibraltar	直布罗陀
Gilbert Blane	吉尔伯特·布兰
Gilbert Elliot-Murray-Kynynmound	吉尔伯特·埃利奥特－默里－基宁蒙德
Goerge Keith	乔治·基思
Golfe Jouan	茹昂湾
Goliath	"歌利亚"号
Gornelie	"戈尼力"号
Gourjean Bay	乔治亚湾
Governor of St.Kitts	圣基茨岛总督
Governor-General of India	印度总督
Goveror of St. Lucia	圣卢西亚总督
Grammar school	文法学校
Grand Cross	大十字勋章
Grand Duke of Tuscany	托斯卡纳大公
Greenwich Hospital	格林尼治医院
Grenada	格林纳达
Guadeloupe	瓜德鲁普
Guerrier	"盖里耶"号
Guillaume Tell	"纪尧姆·泰尔"号
Gulf of Coron	科伦海湾
Gulf of Finland	芬兰湾
Gulf of Lion	利翁湾
Gulf of Palmas	帕尔马斯湾
Guy François Coëtnempren de Kersaint	居伊·弗朗索瓦·科内普林·德·凯尔桑
Haburg	汉堡
Hammuda ibn Ali	哈穆达·伊本·阿里
Hanover Square	汉诺威广场
Harve	阿尔夫
Henri-François des Herbiers	亨利－弗朗索瓦·德·埃尔比耶
Henry Addington	亨利·阿丁顿
Henry Benedict Stuart	亨利·贝内迪克特·斯图尔特
Henry Blackwood	亨利·布莱克伍德

Henry D'Esterre Darby	亨利·德·斯特雷·达比
Henry Digby	亨利·迪格比
Henry Dundas	亨利·邓达斯
Henry Hotham	亨利·霍瑟姆
Henry VIII	亨利八世
Henry William Bayntun	亨利·威廉·贝恩顿
Hereford	赫里福德
Hermione	"埃尔米奥娜"号
Heros	"英雄"号
Heureux	"幸福"号
Hilborough	希尔伯勒
Hinchinbrok	"欣钦布鲁克"号
Hispaniola	伊斯帕尼奥拉岛
History	《历史》
Holstein	"荷尔斯泰因"号
Holy Roman Empire	神圣罗马帝国
Honoré Joseph Antoine Ganteaume	奥诺雷·约瑟夫·安托万·冈托姆
Horace Vere	霍勒斯·维尔
Horatia Nelson	霍雷希娅·纳尔逊
Horatia Nelson Thompson	雷希娅·纳尔逊·汤普森
Horatio Townshend	霍雷肖·汤森
Horatio Walpole	霍雷肖·沃波尔
Hortense	"奥尔唐斯"号
House of Commons	下议院
Hugh Pigot	休·皮戈特
Hyde Parker	海德·帕克
Hyeres Islands	耶尔群岛
Ignacio Maria de Alava	伊格纳西奥·马里亚·德·阿拉瓦
Implacable	"无情"号
Inconstant	"常胜"号
Indomptbale	"顽强"号
Intrepide	"无畏"号

Iris	"艾里斯"号
Irresistible	"无敌"号
Isaac Coffin	艾萨克·科芬
Isael Pellow	伊赛尔·佩洛
Ischia	伊斯基亚岛
Jacob van Wassenaer Obdam	雅各布·范·瓦塞纳·奥普丹
Jacopo Stuart	雅各布·斯图尔特
Jamaica	牙买加
James Atcherley	詹姆斯·阿彻利
James Cook	詹姆斯·库克
James Douglas	詹姆斯·道格拉斯
James FitzJames	詹姆斯·菲茨–詹姆斯
James Harrison	詹姆斯·哈里森
James Nicoll Morris	詹姆斯·尼科尔·莫里斯
James Robert Mosse	詹姆斯·罗伯特·莫斯
James Saumarez	詹姆斯·索马里兹
Jane Hall	简·霍尔
Janus	"贾纳斯"号
Jean François Renaudin	让·弗朗索瓦·勒诺丹
Jean Jacques Étienne Lucas	让·雅克·艾蒂安·卢卡
Jean-Baptiste François Desmarets	让–巴蒂斯特·弗朗索瓦·德马雷
Jean-Baptiste Perrée	让–巴蒂斯特·佩雷
Jochum Nicolay Müller	约胡姆·尼古拉·米勒
John	"约翰"号
John Acton	约翰·阿克顿
John Campbell	约翰·坎贝尔
John Charnock	约翰·查诺克
John Conn	约翰·康恩
John Cooke	约翰·库克
John Culverhouse	约翰·卡尔弗豪斯
John Duckworth	约翰·达克沃思
John Duncan	约翰·邓肯

John Eamer	约翰·伊默
John Elphinstone	约翰·埃尔芬斯通
John Flaxman	约翰·弗拉克斯曼
John Hampden-Trevor	约翰·汉普登-特雷弗
John Hoppner	约翰·霍普纳
John Jervis	约翰·杰维斯
John Macarthur	约翰·麦克阿瑟
John Montagu	约翰·蒙塔古
John Moutray	约翰·穆特雷
John Peyton	约翰·佩顿
John Pilfold	约翰·皮尔福德
John Pitt	约翰·皮特
John Polson	约翰·波尔森
John Rathbone	约翰·拉思伯恩
John Richards Lapenotiere	约翰·理查德·拉佩诺蒂埃
John Richardson Herbert	约翰·理查森·赫伯特
John Stockham	约翰·斯托克姆
John Suckling	约翰·萨克林
John Sykes	约翰·赛克斯
Joseph de Richery	约瑟夫·德·里歇利
Joshua Reynolds	乔舒亚·雷诺兹
Josiah Nisbet	乔赛亚·尼斯贝特
Juan de Langara	胡安·德·兰加拉
Justice	"正义"号
Kent	肯特
King of Sicilies	西西里国王
King's Channel	国王海峡
Kioge Bay	克厄湾
Kite	"风筝"号
Knight of the Bath	巴斯骑士
Kronborg	克龙堡
Lady Hamilton Emma	汉密尔顿夫人埃玛

Lagos Bay	拉各斯湾
Lake Nicaragua	尼加拉瓜湖
lazzaroni	拉扎罗尼人
Leander	"利安得"号
Leeward Islands	背风群岛
Leghorn	里窝那
Levant	黎凡特
Leviathan	"巨轮"号
Lieutenant	中尉
Lieutenant-Colonel	陆军中校
Lion	"狮子"号
Lisbon	里斯本
Lively	"活力"号
London	"伦敦"号
Louis XVI	路易十六
Louis-Guillaume Otto	路易-纪尧姆·奥托
Low Countries	低地国家
Lowestoft	"洛斯托夫特"号
Luc Urbain de Bouëxic	吕克·于尔班·德·布埃克
Luc-Julien-Joseph Casabianca	吕克-朱利安-约瑟夫·卡萨比安卡
Luis de Córdova y Córdova	路易斯·德·科尔多瓦·科尔多瓦
Maddalena	马达莱纳
Madeira	马德拉群岛
Majestic	"威严"号
Malta	马耳他
Manila	马尼拉
Manuel Godoy	曼努埃尔·戈多伊
Margaret	"玛格丽特"号
Margaret Nugent	玛格丽特·纽金特
Margate	马盖特
Maria Carolina	玛丽亚·卡罗莱娜
Marie Antoinette	玛丽·安托瓦内特

Marittimo	马里蒂莫
Mark Robinson	马克·鲁宾逊
Marquis de Gallo	迪加洛侯爵
Marquis de L'Estenduère	德拉埃斯特恩侯爵
Marquis de Niza	尼萨侯爵
Mars	"火星"号
Marseilles	马赛
Martinique	马提尼克
Mary Bland	玛丽·布兰德
Mary de Vere	玛丽·德·维尔
Mary Herbert	玛丽·赫伯特
Mary Walpole	玛丽·沃波尔
Marzio Mastrilli	马尔齐奥·马斯特里利
Maurice Shelton Suckling	莫里斯·谢尔顿·萨克林
Maurice Suckling	莫里斯·萨克林
Mediator	"调停者"号
Mediterranean	地中海
Medusa	"美杜莎"号
Medway	梅德韦河
Melpomene	"墨尔波墨"号
Mengal	门加尔
Mercure	"水星"号
Merton	默顿
Middle Grounds	航道中浅滩
Mignonne	"玲珑"号
Miguel de la Grúa Talamanca	米格尔·德·拉·格鲁阿·塔拉曼卡
Mihrişah Sultan	米哈来沙·苏丹
Minerve	"米内尔夫"号
Minorca	梅诺卡岛
Minotaur	"弥诺陶洛斯"号
Miss Andrews	安德鲁斯小姐
Monarch	"君主"号

Moniteur	《箴言报》
Monmouth	蒙茅斯
Montanes	"山地"号
Mont-Blanc	"勃朗峰"号
Montenotte	蒙特诺特
Mrs. Bolton	博尔顿夫人
Mrs. Matcham	马乔姆夫人
Mrs. St.George	圣乔治夫人
Mutine	"反叛"号
Myngs	明格斯
Mysore	迈索尔
Naiad	"水中仙女"号
Naples	那不勒斯
Napoleon Bonaparte	拿破仑·波拿巴
Narbrough	纳伯勒
Narrow Seas	爱尔兰海
Naval Chronicle	《海军编年史》
Navarino	"纳瓦里诺"号
Navigation Laws	《航海法案》
Nelson and Bronte	纳尔逊和勃朗特
Nemesis	"天敌"号
Neptune	"海王"号
Neptuno	"海神"号
Nerot's Hotel	内罗酒店
Newfoundland	纽芬兰
Nootka Crisis	努特卡危机
Nootka Sound	努特卡海湾
Nore	诺尔
Norfolk	诺福克郡
North Foreland	北佛兰德
North Walsham	北沃尔舍姆
Northern Confederation	北方联盟

Norwich	诺里奇
Old Royal Naval College	旧皇家海军学院
Southsea pier	南海码头
Olfert Fischer	奥尔费特·菲舍尔
Olivier	奥利维耶
Oporto	波尔图
Orfordness	奥福德内斯
Orient	"东方"号
Orion	"猎户"号
Ostend	奥斯坦德
Otchakoff	奥恰科夫
Ottoman Empire	奥斯曼帝国
Oxford	牛津
Painted Hall	绘厅
Palermo	巴勒莫
Pantellaria	潘泰莱里亚
Parthenopeian Republic	帕特诺珀共和国
Patriotic Fund	爱国基金
Paul I	保罗一世
Peace of Paris	《巴黎和约》
Pegase	"天马"号
Pegasus	"珀伽索斯"号
Penelope	"佩内洛普"号
Persian Gulf	波斯湾
Peruvian bark	金鸡纳树皮
Peter Ludwig von der Pahlen	彼得·路德维希·冯·德·帕伦
Peter Parker	彼得·帕克
Peter Willemoes	彼得·维莱默埃斯
Peuple Souverain	"主权"号
Phoebe	"菲比"号
Phoenix	"凤凰"号
Piccadilly	皮卡迪利

Pickle	"皮克尔"号
Piedmont	皮埃蒙特
Pierre André de Suffren	皮埃尔·安德烈·德·叙弗朗
Pierre Dumanoir le Pelley	皮埃尔·迪马努瓦尔·勒·佩利
Pierre-Charles Villeneuve	皮埃尔 – 夏尔·维尔纳夫
Plume of Triumph	凯旋者的羽冠
Pluton	"冥王"号
Plymouth	普利茅斯
Polyphemus	"波吕斐摩斯"号
Ponza	蓬扎岛
Port Egmont	埃格蒙特港
Port Mahon	马洪港
Port Royal	罗亚尔港
Portsmouth	朴次茅斯
Prague	布拉格
Prebendary of Westminster	威斯敏斯特的受俸牧师
President Of Nevis Council	内维斯岛委员会主席
Prime Minister	首相
Prince	"王子"号
Prince Eugene of Savoy	萨伏依的欧根亲王
Prince George	"乔治王子"号
Prince Rupert of the Rhine	莱茵河的鲁珀特亲王
Prince William Henry	威廉·亨利王子
Princess Augusta	"奥古斯塔公主"号
Princess Royal	"皇家公主"号
Principe de Asturias	"阿斯图里亚斯王子"号
Pula Road	普拉锚地
Quebec	"魁北克"号
Queen Charlotte	"夏洛特王后"号
Quiberon Bay	基伯龙湾
Racehorse	"赛马"号
Raisonnable	"合理"号

Ralph Willett Miller	拉尔夫·威利特·米勒
Ramillies	"拉米伊"号
Rayo	"拉约"号
Rear-Admiral	海军少将
Red Sea	红海
Redoubable	"可畏"号
Reval	雷瓦尔
Revenge	"复仇"号
Rhin	"莱茵河"号
Richard Bickerton	理查德·比克顿
Richard Bowen	理查德·鲍恩
Richard Grindall	理查德·格林尔
Richard Hawkins	理查德·霍金斯
Richard Howe	理查德·豪
Richard Hughes	理查德·休斯
Richard King	理查德·金
Richard Moubray	理查德·穆布雷
Richard Strachan	理查德·斯特罗恩
Robert Adair	罗伯特·阿代尔
Robert Brereton	罗伯特·布里尔顿
Robert Calber	罗伯特·卡尔韦尔
Robert Digby	罗伯特·迪格比
Robert Linzee	罗伯特·林齐
Robert Man	罗伯特·曼
Robert Moorsom	罗伯特·穆尔瑟姆
Robert Otway	罗伯特·奥特韦
Robert Redmill	罗伯特·雷德米尔
Robert Suckling	罗伯特·萨克林
Robert Walpole	罗伯特·沃波尔
Robust	"强健"号
Rochefort	罗什福尔
Roman Catholic	罗马天主教

Rome	罗马
Rostock Bay	罗斯托克湾
Royal George	"皇家乔治"号
Royal Naval Academy	皇家海军学院
Royal Sovereign	"皇权"号
Russel	"拉塞尔"号
Saint Kitts	圣基茨
Saint Lucia	圣卢西亚
Saint-Tropez	圣特罗佩
Salerno	萨莱诺
Salisbury	"索尔兹伯里"号
Samuel Barrington	塞缪尔·巴林顿
Samuel Granston Goodall	塞缪尔·格兰斯顿·古尔多
Samuel Hood	塞缪尔·胡德
San Augustino	"圣奥古斯蒂诺"号
San Fiorenzo	圣菲奥伦佐
San Francisco de Assisi	"阿西西的圣弗朗西斯科"号
San Ildefonso	"圣伊尔德丰索"号
San Josef	"圣约瑟夫"号
San Juan	圣胡安
San Juan Nepomuceno	"圣胡安·内波穆塞诺"号
San Justo	"圣胡斯托"号
San Leandro	"圣莱安德罗"号
San Nicolas	"圣尼古拉"号
San Pietro	圣彼得罗岛
Santa Ana	"圣安娜"号
Santa Cruz	圣克鲁兹
Santa Sabina	"圣萨比娜"号
Santimisima Trinidad	"圣提米西玛·特立尼达"号
Sapphire	"蓝宝石"号
Sardinia	撒丁岛
Savannah	萨凡纳

Saxony	萨克森
Scipion	"西皮翁"号
Seahorse	"海马"号
Sébastien Le Prestre de Vauban	塞巴斯蒂安·拉·普雷斯特雷·德·沃邦
Secretary of State	内阁大臣
Secretary of War	战争大臣
Selim III	塞利姆三世
Serieuse	"严肃"号
Seven Years' War	七年战争
Sheerness	希尔内斯
Sheriff	警长
Shovell	肖维尔
Shrewsbury	"什鲁斯伯里"号
Shuldham Peard	舒德汉姆·皮尔德
Sidney Smith	悉尼·史密斯
Sir Roger Townshend	罗杰·汤森爵士
Sirius	"天狼"号
Sixty-Ninth Regiment	六十九步兵团
Skeffington Lutwidge	斯凯芬顿·勒特威奇
Sorrento	索伦托
Sound	桑德海峡
Spanish Armada	西班牙无敌舰队
Spanish Main	西班牙珍宝海岸
Spartiate	"斯巴达"号
St Lucia	圣卢西亚
St. George	"圣乔治"号
St. Jame's Street	圣詹姆斯街
St. John's	圣约翰
St. Lawrence	圣劳伦斯
St. Lucia	圣卢西亚
St. Omer	圣奥默尔
St. Petersburg	圣彼得堡

St.Elmo	圣埃尔莫
St.Helen's	圣海伦
St.John's	圣约翰角
Staten Island	斯塔滕岛
Strait of Messina	墨西拿海峡
Success	"成功"号
Suffolk	萨福克
Superb	"超凡"号
Surrey	萨里郡
Surveillante	"监督者"号
Susanna Linzee	苏珊娜·林齐
Susanna Nelson	苏珊娜·纳尔逊
Sussex	萨塞克斯
Swiftsure	"敏捷"号
Syracuse	锡拉库萨
Syrian	叙利亚
Tancredi	"坦克雷迪"号
Tele maque	"泰勒·马科斯"号
Temeraire	"勇猛"号
Teneriffe	特内里费岛
Terpsichore	"忒耳西科瑞"号
Tetuan	特图安
Thames	泰晤士河
Themis	"忒弥斯"号
Theseus	"忒修斯"号
Thomas Bladen Capel	托马斯·布莱登·卡佩尔
Thomas Bolton	托马斯·博尔顿
Thomas Boulden Thompson	托马斯·博尔登·汤普森
Thomas Dundas	托马斯·邓达斯
Thomas Fellowes	托马斯·费洛思
Thomas Foley	托马斯·福利
Thomas Fortescue Kennedy	托马斯·福蒂斯丘·肯尼迪

译名对照表 | 357

Thomas Francis Fremantle	托马斯·弗朗西斯·弗里曼特尔
Thomas Graves	托马斯·格雷夫斯
Thomas Joseph Pettigrew	托马斯·约瑟夫·佩蒂格鲁
Thomas Lawrence	托马斯·劳伦斯
Thomas Louis	托马斯·路易
Thomas Masterman Hardy	托马斯·马斯特曼·哈迪
Thomas Pringle	托马斯·普林格尔
Thomas Shirley	托马斯·雪利
Thomas Troubridge	托马斯·特鲁布里奇
Thomas Wells	托马斯·韦尔斯
Thomas Wolsey	托马斯·沃尔西
Thompson	汤普森
Thomson	汤姆森
Three Crowns	三冠堡垒
Thunderer	"雷电"号
Timoleon	"蒂莫莱翁"号
Tipu Sultan	提普·苏丹
Tonnant	"轰鸣"号
Torbay	托贝
Toro	托罗
Toulon	土伦港
Trafalgar	特拉法尔加
Trapani	特拉帕尼
Trinidad	特立尼达
Triumph	"喜悦"号
Tunis	突尼斯
Turin	都灵
Turkey Company	土耳其公司
Turks Islands	特克斯群岛
Unite	"联合"号
Ushant	阿申特岛
Vado	瓦多港

Valetta	瓦莱塔
Vanguard	"先锋"号
Vice-Dean	副院长
Victor	"胜利者"号
Victory	"胜利"号
Vigo	维哥
Viscount Keith	基思子爵
Viscount Melville	梅尔维尔子爵
Viscount Sackville	萨克维尔子爵
Viscount Sidmouth	锡德茅斯子爵
Wales	威尔士
Walter Serocold	沃尔特·塞罗科尔德
War of the Austrian Succession	奥地利王位继承战争
Wars in Italy	《意大利战争史》
West Indies	西印度群岛
William Carnegie	威廉·卡内基
William Cornwallis	威廉·康沃利斯
William Fearney	威廉·费尔南
William Gordon	威廉·戈登
William Gunion Rutherford	威廉·古宁·拉瑟福德
William Hamilton	威廉·汉密尔顿
William Hargood	威廉·海古德
William Hoste	威廉·霍斯特
William IV	威廉四世
William Langdon	威廉·兰登
William Locker	威廉·洛克
William Myers	威廉·迈尔斯
William Nelson	威廉·纳尔逊
William Pitt the Younger	小威廉·皮特
William Prowse	威廉·普劳斯
William Stewart	威廉·斯图尔特
William Suckling	威廉·萨克林

William Villettes	威廉·维莱特
William Waldegrave	威廉·沃尔德格雷夫
William Woolward	威廉·伍尔沃德
Wilmot	威尔莫特
Wolterton	伍尔特顿
Woolwich	伍利奇
Wooton in Norfolk	诺福克郡伍顿教区
Worcester	"伍斯特"号
Yarmouth	雅茅斯
Zealand	"西兰"号
Zealous	"热忱"号